중국 조선족 음악교육의
변천 과정 및 발전 방안

중국 조선족 음악교육의
변천 과정 및 발전 방안

-초·중학교를 중심으로

김 성 희 지음

조선족학교 모아노래들

서문

　민족이 있는 지역이나 사회는 나름대로의 문화가 발생하고 변화, 발전하기 마련이다. 그러한 문화 속에서 민족 구성원들은 공동체의 역사적 과거를 끊임없이 돌아보고 현실적인 대안은 물론, 미래에 대한 지향에 있어서도 유익하며 합리한 방식과 경로를 찾아나가게 되는 것이다. 또한 특정 민족 밖의 타민족의 문화와의 간단없는 교호 속에서 본 민족문화의 전승과 발전이 더욱 박차를 가하게 되고 인류 전체의 문화를 위한 보다 광범위하고 의미 깊은 기여가 가능하게 되는 것이다.

　바로 이 책은 지역 문화로서의 중국 조선족 초·중학교 음악교육의 변천사를 고찰하고 교육의 내용과 방법을 검토하며, 존재하는 문제점을 분석하고 미래의 교육 내용과 방법을 탐색해 그 개선 방향을 제시함으로써 지역 사회와 민족의 공동체의 문화 발전에 기여하기 위하여 쓴 것이다.

　길림성吉林省, 요령성遼寧省, 흑룡강성黑龍江省 등 동북3성에 살고 있는 200여 만 명의 조선족은 국적은 중국이지만 언어와 문화, 생활 습관, 정신적 지향은 여전히 엄연한 조선민족으로 남아 있다. 이러한 민족적 특징을 결정짓는 가장 중요한 요인은 바로 조선족 문화예술로, 이 중 모국어와 함께 그들의 일상생활과 의식 속에 면면히 흐르는 조선족 음악의 정신사적 위치와 작용은 더할 나위 없이 지대하다. 하지만 불행하게도 이러한 민족음악은 중국의 주체민족인 한족 중심의 거대한 문화의 소용

돌이 속에서 점점 잊혀져 가거나 사라져 가는 위기의 늪으로 빠져들고 있다. 이러한 현실적 위기를 극복하는 실질적인 대안으로 이 책에서는 중국 조선족이 설립한 6년제 초등학교와 3년제 초급 중학교의 9년제 의무교육기관에서 정규교육과정과 교과서에 의하여 이루어지는 학교 음악교육을 연구 대상으로 설정하고 조선족 음악교육의 변천 과정을 역사적 관점에서 살펴보면서 역사적 흐름의 과정과 함께 현재의 문제점이 무엇인지 살펴보고, 향후에 바람직한 개선 방향이 무엇인지 규명하고자 하였다.

우선 중국 조선족 음악의 실태와 초·중등 교육의 실태를 살펴보고 이를 통해 조선족 사회에서 음악교육이 지니는 성격과 의의를 파악했다. 조선족 초·중학교 음악교육을 초등과 중등으로 나누어 그 역사적 변화 과정을 돌아보고 음악교과 교육목표 및 음악교육의 기본 내용과 방법의 변화 과정을 고찰했다.

다음 조선족 초·중학교 음악교육에 존재하는 문제점을 여러 측면에서 알아본 결과, 초·중학교 교육과정 및 교과서에 대한 상호 연계성이 적고 음악교육을 위한 기본적인 자료가 부족하고 음악 교사의 선발 제도가 미비한 것과 전통음악 교육이 서양음악에 위축되는 심각한 상황을 발견하였다.

상기의 문제를 해결하기 위하여 실질적인 개선 방안을 제시하고자 우선 조선족 학교 음악교사 50명과 학생 1250여 명을 대상으로 설문조사를 실시, 그 데이터에 기초하여 조선족 음악교육을 혁신적으로 개선할 방향을 교과서 편찬, 수업 과정 등 내용적 측면과 학습 방법, 교원 양성 등 방법적 측면으로 나누어 모색하였다.

이 책에서 가장 의미 있게 다루고자 하는 부분은 조선족 음악교육의 미래지향적인 발전을 위해 보다 구체적인 표준 모형을 제시해보는 것이다. 이 모형은 음악과 교육과정의 총적목표 설정하고, 초등학교와 중학교의 음악과를 유기적이면서도 독립적으로 구분해서 교과과정을 재구성하고, 종합예술로서의 음악교육의 특성을 살려 여러 학과 사이의 연계성을 중시하며 학생들의 자율적인 참여를 이끌어내는 등 다양한 내용으로 이루어질 것이다.

다른 어느 나라, 어느 사회와 마찬가지로 중국 조선족 음악교육도 결국 교과과정과 교과서, 교수 방법론적 측면에서 다양한 개선 노력이 전개되어야 한다. 특히 초·중학교 교육과정을 기능적으로 통합하고, 조선족 특색에 맞는 잘 짜인 교과서를 만들어야 비로소 중국 내 소수민족 음악교육의 모범적 전형이 될 수 있을 것이다.

누차 강조하지만 민족교육의 요체가 언어와 문화예술이라는 점을 제대로 인식해야 조선족 음악교육이 나아갈 방향을 제대로 제시해 볼 수 있다. 이러한 관점에서 이 연구가 조선족 음악교육의 각종 문제점 해결을 위해 어떠한 모델이 가장 적합한지 스스로 자문하는 기회를 갖고, 향후 조선족 음악교육의 새로운 모델을 설정하기 위한 전초작업을 진행하는 데 보탬이 되기를 희망하면서 중국 사회에서 자체 민족의 정체성을 지키는 데 도움을 주는 조선족 음악교육의 바람직한 발전 방향을 모색하는 데 초석을 놓는 계기가 된다면 그 이상 바랄 것이 없겠다.

이 책이 나오기까지 수 년 동안 온갖 심혈을 아끼지 않으신 한국교원대학교 음악교육과의 이홍수 교수님과 변미혜 교수님, 그리고 바쁘신 와중에도 열심히 도움을 주신 연변대학교 김경훈 교수님의 노고에 진심으로 고맙다는 인사를 머리 숙여 드린다. 더불어 책의 출판에 선뜻 응해 주신 박길수 대표와 알심 들여 편집해 주신 편집자 분께도 감사한 마음 일일이 전하고 싶다. 2008년의 새해 벽두에 가치 있는 일을 책으로 펴 낸다는 뿌듯함을 앞세우면서 민족의 음악교육의 더욱 발빠른 발전을 기대해 본다.

2008년 4월

연길에서 김성희

목차

서문

[표 목차]

[도표 목차]

[악보 목차]

제1장 서론

제1절 연구의 필요성 및 목적

중국은 국토가 960만 km²에 달하며, 인구가 13억이 되고, 12개 나라와 접하고 있으며, 한족(漢族, 94%)을 비롯한 56개의 다양한 민족으로 구성되어 있다.

중국의 동북 3성 곧 길림성吉林省, 요령성遼寧省, 흑룡강성黑龍江省 지역에 200여만 명의 조선족이 살고 있다. 중국 조선족은 1869년에 한반도로부터 중국 동북지방으로 이주하기 시작하여 오늘에 이르기까지 130여 년의 역사를 가지고 있는 중국 내 소수민족이다.[1] 56개의 민족에 13억 인구를 포용하고 있는 거대한 중국에서 200만이라는 조선족의 존재는 그야말로 창해일속滄海一粟을 방불케 하는 미미한 존재이다. 그러나 중국의 조선족은 중국 내 기타 민족에 비해 교육열이 높고 교육 수준이 월등하며, 문화 수준이 가장 높고, 모범적인 산아제한 실시로 비교적 안정된(小康) 생활을 영위하고 있는 우수 민족이며, 연변 조선족 자치주

---

[1] 중국 조선족 명칭은 1952년 9월 3일, 연변 조선족 자치주가 성립된 이후에 생겼다.

는 중국의 민족 자치 지역 가운데서도 각 방면에서 가정 모범적인 자치주로 손꼽히고 있다.

조선족은 중국의 56개 소수민족들 중에서 가장 앞서 1949년에 민족대학인 연변대학을 설립하였고, 그 후에 두 개의 사립대학을 더 세웠으며, 흑룡강성과 요령성 연변 자치주에 중등사범학교를 설립하여 후대 양성에 힘써 왔다. 그리고 9년제 의무교육을 가장 먼저 실시하여 현재 전 중국에 210여 개의 조선족 중학교와 1,500여 개의 조선족 초등학교를 운영하고 있고, 이러한 초·중등학교에서 정통正統 음악교육이 이루어지고 있다.

조선족은 한글 교재도 편집·출판·발행하고 있다. 이는 주로 동북조선민족교육출판사에서 맡고 있는데 조선족 초·중등학교의 조선어문2·한어문漢語文·외국어·음악·체육·미술·무용 등의 교재를 자체적으로 편찬·출간하고 있으며, 정치·역사·지리·화학·수학·생물·자연지리 등의 교재는 전국 통용 교재를 번역 출판하여 보급하고 있다. 한편 조선족 사범학교, 유치원 및 직업기술학교의 부분적인 교재를 편집·번역하여 출판함과 동시에 민족 이론 상식·민족 역사·향토 지리 등의 교재와 교수 참고서·사전류·교원 연수 교재·학생 과외 도서 등을 편집하여 출판하고 있다. 이 출판사는 조선문 교재 협의 기구, 조선문 교재 심사 기구도 갖고 있다.

그런데 정규 교육과정으로 운영되는 초·중등학교의 시작은 9년제 의무교육이 실시된 1986년으로, 이제 20년밖에 되지 않는다. 그 이전에

---

2 중국에서는 한국어를 '조선어문'라고 한다.

는 중국 자체가 일제의 식민지 시기, 새 중국의 사회주의 시기, 서당교육-반일교육-문화혁명(書堂敎育-反日敎育-文化革命)의 혼란 시기 등을 지나면서 조선족 민족교육 역시 정상적으로 이루어지지 못하였던 것이다.

진정한 국민으로 인식되기 시작한 1949년 이후의 20년이라는 짧은 기간 동안 정규교육으로서의 음악교육이 이루어졌으나 이렇다 할 실질적인 발전은 이룩하지 못한 상태이다. 조선족 음악교육의 이러한 침체 상황이 발생한 원인은 음악교사는 있으나 다방면의 전문 음악인이나 전문 연구가가 없고, 음악 및 음악교육에 관한 깊은 연구가 이루어지지 않았다는 데에서 찾을 수 있다.

이 연구에서 필자는 상술한 문제를 해결하기 위하여 조선족 음악교육의 실태를 변천사적 측면에서 고찰하고, 그동안 3차에 걸쳐 개편된 교육과정과 교과서 및 교사용 도서 등을 심층 분석하고 여기에서 도출된 내용을 바탕으로 조선족 음악교육의 바람직한 발전 모형을 정립하고, 아울러 내용적 측면과 방법적 측면에서 구체적인 개선 방안을 제시하고자 하였다.

제2절 연구의 내용 및 방법

이 연구는 중국 조선족이 설립한 6년제 초등학교와 3년제 초급중학교의 9년제 의무교육기관에서 정규 교육과정과 교과서에 의하여 이루어지는 학교 음악교육을 변천사적 측면에서 비교·분석하고, 새롭게 개

선할 점을 모색하기 위하여 다음과 같은 내용과 방법에 의하여 연구를
진행하였다.

제1장에서 연구의 필요성과 목적, 연구의 내용과 방법을 고찰하고,
이를 바탕으로 제2장에서 중국 조선족 초·중등 교육의 실태와 음악교
육의 실태를 파악하고, 이주 시기 중국 조선족 음악과 남북한 음악의 유
입, 조선족 음악 예술의 발전을 살펴본 다음 본 연구와 관련된 선행 연
구를 검토하여 분석 연구의 틀을 구축하였다. 연구 분석의 틀은 주로 음
악교육 목표를 한 축으로 하고, 음악교육의 기본 체계, 음악 수업 방법
을 다른 한 축으로 하였다.

음악교육 목표는 학교 단위별로 제정하는 것과 종합예술로서의 특성
에 맞추어 제정하는 것을 내용으로 하며, 이것이 조선족 음악교육의 바
람직한 모형 정립에 기초적 역할을 하도록 하였다. 또한 음악교육 기본
체계와 수업 방법의 측면에서는 내용의 개선과 방법의 개선을 목적으로
하고 있으며, 이것은 조선족 음악교육의 체계 개선에 결정적인 영향을
미치도록 하였다. 이러한 음악교육의 목표와 체계, 방법 등은 최종적으
로 조선족 초·중학교 음악교육의 합리적인 발전에 획기적으로 기여할
것으로 기대된다.

중국 조선족 초·중등 교육의 실태를 체계적으로 살펴보기 위해서는
그 맥락을 서당교육書堂敎育 단계와 반일사립학교反日私立學校 단계, 민족
교육 체계의 형성 및 발전 단계, 개혁·개방 정책 실시 이후의 단계 등
으로 나누어 고찰하였다.

제3장에서는 조선족 초·중학교 음악교육의 변천사를 초등학교와 중
학교의 두 부분으로 나누어 살펴보았는데, 특히 각급 학교의 음악교육

목표가 변천한 과정을 중국 건국 이전과 항일 전쟁 시기, 국내 해방전쟁 시기, 중국 건국 이후 등으로 시대 구분하여 알아보고, 음악교육의 기본 내용과 방법의 변화 과정을 분석하였다.

특별히 1989년부터 3차례에 걸쳐 단행된 '음악과 교육과정 표준(音樂 課 敎育課程標準)'을 토대로 음악교육 목표의 변천 과정을 살펴보고, 각 시기별 초등학교와 중학교의 교과서 편찬 변화상을 탐구하였다. 교과서 분석은 현재 조선족 학교에서 사용되는 교재를 수집하여 조사하는 방식으로 이루어졌으며, 각 교재의 내용과 소단원까지 수록하고, 국적별로 분석해 조선족 관련 음악이 어느 정도 교과서에 실려 있는지 알아보았다. 또한 초·중학교 음악교육의 기본 내용과 방법의 변천 과정을 통해 일선 학교 현장에서 채택하고 있는 교수법과 학습 방법을 검토하였다.

제4장과 5장은 이 연구의 핵심 부분인데, 앞에서 이루어진 조선족 초·중학교 음악교육의 실태 파악과 변천사 고찰을 토대로 문제점을 검토하고 개선 방안을 제시하였다. 우선 제4장에서는 조선족 초·중학교 음악교육의 실태와 문제점을 탐구하는 과정에서 교육목표의 문제점과 초·중학교 교육과정 및 교과서에 대한 상호 연계성 문제를 살펴본 후 음악 교과의 기본 체계와 수업 방법의 문제점을 분석하였다. 이와 함께 현행 양성대학 음악교육과 교육과정을 교사 선발 기준과 전통음악 보존 측면에서 살펴보고, 음악교육 개선 방향을 교육목표와 기본 체계 등의 내용적 측면과 교수 방법 및 교사 양성 등의 방법적 측면에서 예측해 보았다.

특히 초·중학교의 음악교육과정 실태를 파악하고 조선족 음악교육의 실질적인 개선 방안에 관한 의견을 조사하기 위해 각 성省, 주州, 시市,

현縣의 교사 50명과 학생 1250여 명을 대상으로 설문조사를 실시, 연구의 근거를 마련하였다. 설문지는 장춘長春, 연길延吉, 훈춘琿春, 왕청汪淸 등 길림성 내 주요 지역의 조선족 학교에서 실시하였는데, 음악교과서 및 교사 양성 등 5개 분야에 걸쳐 교사 설문지 48개 문항, 학생 설문지 32개 문항을 조사하였다.

　제5장에서는 먼저 조선족 초·중학교 음악교육의 발전 방안 수립을 위한 설문조사와 그에 관한 인식 분석 결과를 도출하고, 국내외 새로운 음악교육과정의 내용을 토대로 조선족 학교 음악교과 목표와 내용 체계의 바람직한 모형을 정립하고, 이와 함께 내용적 측면과 방법적 측면의 구체적 개선 방향을 제시하였다. 특히 각 학년별 음악교과 목표와 교과 내용, 지도 체계 표준 모형을 음악 표현 기법, 음악 감상, 음악 개념 이해, 연습 등 4개 부문으로 나눠 살펴보고, 조선족 음악 교수·학습 방법의 실제 모형을 종합예술 음악교육의 관점에서 다루고자 하였다.

제2장 중국 조선족 음악교육에 관한 기초연구

제1절 중국 조선족 초·중등학교 교육의 실태

1. 조선족 교육의 변천 특징

중국 조선족은 중국으로 이주해 온 이래 다수민족의 포위망 속에서 힘들게 살면서도 줄곧 민족성과 민족문화를 고스란히 보존, 발전시켜 왔으며, 그 어려운 환경 속에서도 민족의 말과 글을 가르치는 민족학교를 설립하여 조선족 교육을 견실히 발전시켜 왔다. 더욱이 중화인민공화국이 창건된 후에는 중국공산당의 올바른 민족정책과 민족교육 방침의 혜택을 입어 조선족 집거지에 명실상부한 조선족 초·중등학교 또는 민족연합학교를 설립함으로써 조선족 문화교육이 비약적으로 발전하게 되었으며, 나라와 민족의 사회 경제 발전과 인재 양성에 크게 기여하게 되었다.

1) 서당교육書堂敎育 단계(1883년-1906년)

조선족이 한반도에서 처음으로 만주 쪽으로 이주하기 시작한 시기를 서당교육 시기로 본다. 조선족은 예로부터 자녀 교육을 특별히 중시해 왔고 지식을 존중하고 교육을 숭상하는 우수한 전통을 소유해 왔으며, 여타 민족에 비해 남다른 교육열과 교육이념을 갖고 있다.

중국 조선족은 1883년 9월에 「길림조선상민무역지방장정吉林朝鮮商民貿易地方章程」이 체결되고, 도문강圖們江 이북과 해란강海蘭江 이남의 길이 700리(350km), 너비 50리(25km) 되는 '한인개간구'가 확정됨에 따라 점차 안정된 정착 생활을 시작하게 되었다.

이주 초기 조선족의 원초적인 교육이념은 전통 사회에서 흥행했던 입신양명立身揚名, 즉 개인적인 지위 획득과 신분 향상에 대한 지향이었다. 이러한 가치관은 자신의 신분을 제고시키고 스스로의 운명을 바꾸어 보려는 강력한 성취동기로 작용하면서 초기 조선민족 교육을 정착시킬 수 있는 밑거름이 되었다. 당시 서당이나 서숙은 이러한 욕구를 성취할 수 있는 장소로 이용되었고, 교육의 도구적인 기능의 중요성은 부모들이 자녀에게 현실적인 성공에 대해 강조하고 전망하는 것으로 나타났다. 조선족 선민들은 '글을 읽어야 사람이 되고 출세할 수 있다'는 소박한 교육이념을 안고 사숙과 서당 교육으로부터 조선민족 교육사의 첫 페이지를 열었으며, 그 교육의 내용은 주로 유교적인 윤리도덕이었다.3

---

3 이주 초기 조선족의 인구가 상대적으로 적었고, 당시 실시되고 있던 봉금정책으로 하여 비교적 분산되어 있었으며, 경제적인 여건도 허락되지 않았을뿐더러, 서구적인 신식학교 교육이 조선족 거주지에 파급되지 않았기에 초기 조선족교육에 있어서 서당교육이 비교적 보편화된 교육 형태였다. 어떻게 보면 서당은 근대 교육기관이 설립되기 전까지 향촌의 유일한 민족교육기관이었다고 할 수 있다. 서당은 기본 자산이나 허가를 요구하지 않고 자유로 설립되고 또는 폐지할 수 있기에 교육에 뜻을 둔 사람이면 모두 서당을 꾸리고 어린이에게 계몽교육을 실시할 수 있

이러한 서당교육은 청소년들에게 민족문화 교육과 지식 전수 및 인격 수양에 있어서 매우 큰 계몽적인 역할을 하였으며, 민족주의 교육을 확산시키는 주요 터전이 되었다. 20세기 초반이 되자 이러한 개인적인 입신양명을 목적으로 실시되었던 서당교육은 근대적인 신식 교육과 반일 애국 활동과 합류하면서 근대 애국 계몽운동으로 발전하였다.

1905년부터 근대 문화가 도입되고 근대 학교교육이 실시되면서 서당교육은 형식뿐 아니라 교육 내용과 성격에서도 변화가 일어났다. 1906년 용정龍井에 세워진 서전서숙을 비롯한 사립학교와 신식 서당들에서는 유교적인 윤리 교육에서 벗어나 근대적인 과학 지식을 전달해 주었고 반일 민족의식을 키워 주었다. 이 시기의 서당이나 서숙은 단순한 식자 계몽을 위한 글방에서 탈피하여 민족적 긍지와 자부심을 키워 주고 반일 사상을 고취하는 민족의식 고양 기관으로 전환되기 시작하였다.[4] 어떻게 보면 근대적 의미에서의 조선족 교육은 그 첫 시작부터 반일 애국 성격을 띠고 있었다고 할 수 있다.

있는데, 주로 천자문·사서오경·한국어 등을 가르쳤다.

[4] 민족 지사 이상설이 세운 서전서숙은 신문화 교육과 반일 민족교육을 진행하는 것을 중점으로 하였으며, 민족 독립군의 양성소 역할을 하였다. 서전서숙의 설립은 중국 조선족 교육 발전사에서 전통적인 구식 서당교육으로부터 근대적인 학교교육으로 넘어가는 첫 시작이었다는 것을 상징하며, 중국 조선족의 근대 학교는 첫 시작부터 이미 반일적인 성격을 띠었다는 것을 의미한다(박규찬, 『중국 조선족교육사』, 동북조선족교육출판사, 1991, 18쪽).

2) 반일 사립학교 단계(1906년-1945년)

반일 사립학교 단계는 중국 조선족 교육이 근대적인 학교교육으로 발전한 시기이며, 또한 조선족 교육의 특징이 형성된 시기이다. 을사조약乙巳條約이 강제로 체결된 후 한국의 애국지사들이 중국 동북 지역에 망명하여 이미 형성된 한인 집단 거주지를 기반으로 국권 회복을 위한 민족 독립 운동을 활발히 전개하였다. 1906년 '서전서숙'의 설립을 계기로 근대 사립학교 설립 운동이 활발히 전개되기 시작하였던 것이다.

이 시기에 조선족 집거구集居區에서 반일 사립학교가 크게 발전할 수 있었던 것은 무엇보다 조선에서 일어난 반일 계몽운동의 영향과 민족 선구자들의 노력의 결과이다. 사립학교 설립은 조선에서 시작된 애국적인 교육 구국운동의 연장선에서 이해할 수 있으며, 민족 생존과 발전, 민족문화의 전승 및 반봉건 투쟁의 성격을 띠었다고 할 수 있다.

둘째, 전통적 가치관이다. 문화를 숭상하고 자녀 교육에 남다른 애착을 가지고 있는 조선족은 그들의 자식들만이라도 자기와 같은 비참한 운명에서 벗어날 것을 갈망하였다. 그리하여 민족 선각자들의 '아는 것이 힘이다', '배워야만 망국노의 처지에서 벗어날 수 있다'는 호소에 쉽게 공감하였다.5

---

5 당시 한인들은 생계 문제로 인하여 자녀 교육에 전력할 여력이 없었다. 따라서 민족 선각자들은 한인들을 설득하여 자녀를 학교에 보내게 하였다. 서전서숙을 설립한 이상설은 애국지사로서 학생들에게 철저한 민족교육을 실시하기 위해, 용정(龍井) 외에도 온성(穩城), 종성(鐘城), 회령(會寧)에 이르기까지 한인들을 찾아다니며 서숙의 설립 목적과 교육의 필요성을 역설하고 자제들을 입학시킬 것을 권유하기도 하였다. 그러나 이곳 주민들은 민족교육이나 인재 육성에 관한 필요성과 절

셋째, 당시 중국의 사회 문화적 환경의 영향이다. 중국에서 아편전쟁 이후 서구 열강의 침략이 심해지자 통치 집단 내부의 비교적 개화된 일부 관리들은 교육을 개혁하고, 서학西學을 배울 것을 주창하였다. 근대적인 학교 제도가 도입된 것은 청말淸末의 '폐과거廢科擧 흥학교興學校'부터이다. 1903년에는 중국 교육사에서 처음으로 전국에서 실시한 계통적인 새 학제인 「주정학당장정奏定學堂章程」을 만들었고, 청정부에 의해 정식으로 공포되었다. 이것이 「계묘학제癸卯學制」로서 처음으로 전국에 적용된 학교교육 제도이다. 연변에서도 1904년 '학무서원'6의 설립을 출발점으로 하여 한족의 근대적인 사립학교들이 설립되기 시작하였다.

넷째, 조선족 반일 사립학교가 발전할 수 있었던 것은 당시 중국정부의 방침과도 밀접한 관련이 있다. 당시 중국정부는 반일 성격을 띤 조선족 사립학교의 발전을 묵인하는 태도를 취했다. 1915년 전까지만 해도 간도 한인들의 교육 활동에 대한 중국정부의 강력한 통제와 간섭이 확인되지 않았다.

조선족 사립학교의 유형은 대체로 반일 민족 단체, 종교 단체, 민중에 의해 설립·운영된 것으로 말할 수 있다. 조선족 사립학교의 특징은 첫째, 반일정신과 민족의식을 지녔다는 것이다. 반일 사립학교는 반일 정치적 성격을 띠었다. 민국 8년(1920년)에 화룡현和龍縣 지사知事 조계위租

박성을 이해하지 못하여 서전서숙의 개교에 대하여 냉담하였다. 그리하여 교사들은 직접 동포 주민들의 가택을 방문하면서 입학을 권유하여 20여 명을 입학시킬 수 있었다.

6 '학무서원'의 설립 연도를 『중국조선족교육사』에서는 1904년으로, 『연변조선족교육사』에서는 1901년으로 보고 있다. 연길현지와 <계묘학제>의 발표가 1903년인 점을 미루어 볼 때 '학무서원'의 설립 연도는 1904년으로 추정된다.

界좋는 상주문에서 "사립학교 교직원의 반수 이상은 구사에 열중하고, 독립을 창도하는 사람들로서 조국의 광복을 취지로 삼지 않는 자가 없었다"고 썼다. 민족사립학교는 민족의 독립과 자유, 민족의 생존과 발전, 개화, 문명, 계몽을 내용으로 하는 민족적·민주적 성격의 구국운동의 중요한 부분인 것이다. 둘째, 근대성을 띠었다. 사립학교의 근대성은 교육 내용과 교육 대상에서 나타났다.7 교육 내용에 있어서 전통적인 유학儒學 교육으로부터 근대적인 지식을 주요 교육 내용으로 하는 근대교육으로 발전하였다. 당시 명동학교의 교육 과정에 소학부에서는 성경, 수신, 국어, 산수, 한문, 이과, 동국역사 등의 교과목을 개설하였다. 셋째, 사립 및 대중성의 특징을 지니고 있었다. 반일 사립학교 설립을 통해 조선족 교육의 발전기반을 마련하였던 것이다.

신식학교의 주요 교육 내용을 보면, 초기에 각기 다른 인사들에 의해 각기 다른 장소에서 학교가 세워졌기 때문에 학제에 대한 규정이 없었다. 처음에는 대개 초급교육, 즉 소학 단계의 교육을 중심으로 하였다. 과목은 주로 조선어(국어) 교육이었는데 이는 문화 지식을 전수하여 반일 민족주의 사상을 형성시키는 가장 중요한 과목이었다. 또한 조선역사 과목 역시 학생들에게 반일 민족주의 사상을 주입하는 중요한 과목

---

7 조선족 사립학교에서는 여성 교육도 중요시하였다. 1911년에 명동학교에 여학부를 증설하였다. 명동학교 여학부의 설립을 계기로 다수의 여학교가 설립되었다. 1914년에 용정촌의 명신여학교, 1920년에 화룡현 명신사 삼도구 충신향의 삼 여학교, 1921년에 화룡현 삼개사 만진기의 정신여학교, 유하현 삼원포의 삼성여학교, 연길현 용진사 대교동의 교향여학교 등이 있었다(『중국조선족교육사』, 1991. 20쪽). 사립 동흥중학교는 1925년 12월부터는 남녀 공학을 실시하였다(『연변조선족교육사』, 1987, 45쪽).

이었다. 이 외에 조선지리, 음악, 체육, 대수, 기하, 한문, 화학, 경제, 실업, 중국어 등의 다양한 과목을 설정함으로써 학생들이 근대 학문을 배우도록 하여 서당에서 가르친 천자문千字文, 사서오경四書五經을 통해 시행되던 유교적 윤리 교육을 대체하였다.

반일 지사들이 설립한 신식학교 외에 군사적 역량을 키우기 위한 군사학교도 설립되었다. 왕청汪淸, 나자구羅子溝, 태평구太平溝의 무관학교武官學校가 가장 유명하였다. 태평구 무관학교는 1914년 4월 이동휘와 김립이 소영자에서 한국 교포 장기영, 오영선, 김광은 등과 함께 설립한 것이다. 학생들은 태흥서숙에서 온 학생들이 위주였고 연변의 기타 지역, 심지어 한국과 러시아 연해주에서 온 학생들도 있었다. 나자구 군사학교에서는 학생들에게 반일 독립, 국권 회복의 사상 교육과 군사 훈련을 진행하였는데, 반일 투쟁을 전개하기 위한 군사적 소양을 갖춘 인재를 양성하기 위한 활동에 주력하였다. 후에 일본은 이 군사학교를 탄압하였으며, 1916년에 일제는 중국의 지방정부를 협박하여 이 학교를 해산시키게 하였다.

1931년 9·18사변 이후 일제는 동북에 거주하는 조선족에게 식민지 노예 교육을 강요하였다. 1935년 12월 13일 공포한 「초등학교 교과서 규정」(이하 「규정」)에는 각급 초등학교에서 설치한 교과목과 각 교과목의 수업 목표를 규정하였는데, '규정'에 제시된 초등학교 수업 과목은 수신數訊, 국어, 독경, 일어, 산술, 역사, 지리, 자연, 실업, 체육, 음악, 도화이며 여학생들에게는 가사와 재봉 두 과목을 추가하였다.

「규정」에서는 각 교과목의 수업 목표를 다음과 같이 명확히 규정하였다. 수신과는 '건국 정신에 근거하여 학생의 덕성을 배양하며 선량한 국

민의 신념을 육성하고 도덕 실천을 지도하는 것을 요지로 한다.'

'독경과는 주로 수신과와 국어과 수업과 밀접히 결부하여 경서를 읽음으로써 국민의 도덕을 진흥시키는 것을 요지로 한다.'

일본어는 필수과목으로 규정하였다. 이에 대하여서는 만주국 정부의 「학교교육요강」에서도 '어떤 학교든지 모두 일어를 필수적인 국어과로 정하여 수업함으로써 장차 만주국의 유일한 공동언어를 일어로 규정함에 적응해야 한다'고 명시했다. 즉, 일어로 동북 여러 민족 언어를 대체하여 '준대화민족准大和民族'으로 만드려는 것이었다.

그 결과 이 시기에 극렬한 반일 단체나 민족 지사들에 의하여 설립되었던 사립학교들이 강제적으로 폐교되고, 서당의 교육 방침, 교육 질서, 교수 내용과 교재를 폐지하였다. 그리고 70% 이상의 사립학교와 서당을 이른바 반일 경향이 있다는 죄명으로 접수 관리하거나 폐교시켰다. 나머지 학교와 서당은 조선총독부에서 제정한 노예화奴隸化 교육 체계에 따라 4-6년제의 보통학교 혹은 초등학교로 고치고 조선총독부에서 출판한 교재를 쓰도록 강요하였다.

일제는 1938년에 조선교육령을 공포한 후 중국 조선족 학교에서 조선말과 글을 취소하고 모든 교재를 일본어로 편찬하고 일본말로 가르쳤는데, 교실에서뿐만 아니라 과외 시간이나 집에 돌아가서도 조선말을 못하게 하였다. 일본어를 초등학교 1학년부터 개설하였으며, 수업 시간도 매주 6시간 내지 10시간에 달했다.

일제 시기 중국 공산당이 이끄는 연변 5개 현의 항일 유격구의 인민 정부에서는 1932년부터 1936년까지 일제의 민족문화 말살 정책에서 벗어나 민족문화를 계승 발전시키고, 식민통치로 인한 민족문화의 낙후성을 극복하고, 미래의 민족문화 발전의 기반을 다지기 위해 민족교육을 적극적으로 추진하였다. 혁명정부는 일제의 식민지 교육제도를 폐지하고, 신민주주의 교육을 발전시키는 것을 중요한 과제로 「초등학교의무교육법初等學校義務教育法」을 반포하고, 근거지 학령 아동에게 의무교육을 실시하였다. 학교 설립과 운영에 필요한 교과서, 경비, 교사 등은 혁명정부에서 해결하였다. 각 학교의 모든 교과목을 민족 언어인 한국어로 가르쳤고, 교과서도 민족 언어와 문자로 편찬하였다. 학교에서 개설한 교과목들로는 조선어·정치·산술·군사·체육·창가 등이 있었고, 중학교에는 이과理科를 추가하였다. 당시 유격구에는 상술한 유형의 학교가 30여 개 설립되어 있었다.

따라서 조선족 사립학교의 교육이념이 반일 사상과 민족 독립 의식으로 정립된 민족교육에 터를 잡고 있었음은 물론 이로부터 움직일 수 없는 시대적 요구에 따라 배일·반일·항일의 이념으로 조선족의 자녀들을 교육한 것도 자명한 일이었다. 그리하여 조선족 사립학교는 반일 민족 해방 사상을 고양하는 온상이 되었고, 반일 민족 해방 운동의 터전이 되었다.[8]

이 시기 조선족 교육은 일제와 중국 봉건封建 세력의 지배에서 벗어나고 민족 동화 정책에 맞서 싸우면서 민족의 독립과 주권의 회복을 쟁취하려는 민족 해방을 위한 교육이념으로 바뀌었던 바, 순수하게 민족의식을 키워 주고 민족문화를 전파하며 근대 과학 지식을 전수했다는 차원에서 보면 이 시기의 조선족 교육이 매우 성공적이었음을 알 수 있다.

---

8 박규찬, 『중국조선족교육사』, 중국: 동북조선민족교육출판사, 1991, 63-64쪽.

3) 민족교육 체계의 형성 및 발전 단계(1945년-1970년대)

중국 조선족의 교육 체계 형성은 초등교육으로부터 대학에 이르는 교육 체계의 형성과 교육에서의 민족성의 형성이라고 볼 수 있다.

조선족 교육은 광복 이후 특히 중화인민공화국이 성립된 후 중국공산당의 민족 정책과 민족교육 방침, 정책, 해방 전 조선족 교육의 발전 토대와 조선족의 높은 교육열을 바탕으로 규모 면에서 급속히 발전하여 초등학교로부터 대학에 이르는 민족교육 기관을 설립하였고, 교육 내용, 학교 운영 형태, 교원, 수업 용어에서 민족성을 구현하면서 완전한 민족교육 체계를 확립하였다. 그 내용을 구체적으로 살펴보면 다음과 같다.

첫째, 초등학교로부터 대학에 이르는 교육기관의 설립이다.

광복 이후의 조선족 교육에서는 학교교육의 회복에 주력하였다. 학교교육이 회복되면서 1948년 말부터 1949년 초까지 동북 해방구에서는 정규화正規化 교육을 추진하였다. 길림성 교육청에서는 1948년 6월 12일에 각 현 교육과장 회의를 열고 '학교교육에서 정치사상 교양을 강화하면서 문화 지식을 위주로 가르쳐야 한다'는 방침을 제시하였다. 학교에서는 이 과업을 실천하기 위하여 문화 지식을 위주로 하는 교육과정을 작성하였다. 동북국東北局에서는 교육과정의 편성에서 문화 지식이 차지하는 비중을 큰 폭으로 증가시켰다. 일반 중학교의 교육과정에서 문화 지식 과목이 95%, 정치 과목이 10%를 점했으며, 사범학교는 문화 지식 과목이 70-75%, 정치 과목이 10%, 실무 과목이 15-20%였으며, 직업학교에서는 원칙상에서 문화, 실무 과목이 90%, 정치 과목이 10%를 차지하였다.9

조선족 학교에서는 정규화 교육을 실시하되 점진적으로 추진하는 방침을 제정하였다. 이 방침에 따라 1개 이상의 중학교를 '중점학교'로 선정하고, 또 중점학교에서는 1-2개 학급을 선정하고 집중 투자하여 운영하였다. '중점학교重點學校', '중점학급重點學級'을 운영하는 목적은 당시 인력과 재정이 부족한 상황에서 새로운 교육 경험과 새로운 학급 운영 경험을 모색하여 기타 학교에 보급시킴으로써 민족교육을 보다 빨리 발전시키려는 데 있었다.

1946년 6월에 반포한 「길림성 잠행 교육 방침과 잠행학제 및 과정 표준(吉林省潛行敎育方針和潛行學制及課程表準)」에 따라 중학교 과정안(학습방법)10에 어문(조선어와 한어), 정치상식, 물리, 화학, 동식물, 생리위생, 수학, 사지(역사, 지리), 부과(음악, 체육, 미술, 수공) 등의 과목을 설치하였다. 한족 학생들에게는 조선어를, 조선족 학생들에게는 조선어 외에 한어를 가르치게 하였다. 초·중등학교의 수업 연한은 초급 초등학교를 4년으로, 고급 초등학교를 2년으로, 중학교를 4년으로 하였다.

교수 방법과 교수 내용은 다음과 같았다. 첫째, 교수 방법은 이론과 실천을 통일시켜야 하고 교수가 실제에 적용되게 하여야 한다. 둘째, 교수 내용은 중국인민의 실제에 맞게 하여야 한다. 셋째, 의문되는 점을 질문하며 어려운 문제에 대하여 변론하는 것을 제창해야 하며 자각, 자동, 자치하는 정신과 능력을 잘 길러야 한다. 넷째, 계발식啓發式 교수에 주의를 돌리며 주입식注入式 교수를 반대해야 한다.

---

9 조윤덕, 「중국 조선족의 정체성 형성과 교육」, 강원대학교대학원, 교육학박사졸업 논문, 2001, 98쪽.
10 학습 방법을 중국에서는 과정안(課程案)으로 호칭한다.

민영民營 학교에 대한 개혁 사업도 단행하였다. 「연변행정독찰전원공서延邊行政督察專員公署」에서는 교육의 질을 높이기 위하여 1949년 12월에 「민영중학교를 정돈할 데 관한 의견」을 성정부에 제기하였다. 1952년부터 학교 교육에서 조절·정돈·공고·제고의 방침을 추진하였는데, 1952년 4월 동북행정위원회 문교부는 「동북지구 조선족 민영중학교를 국가운영 중학교로 고칠 데 관한 결정」을 발부하였다. 이 결정에 따라 연변 지구에서는 19개의 조선족 민영 중학교를 전부 국가 운영 중학교로 전환시켰고, 규모가 작아 복합復合 수업을 실시하던 분산 초등학교는 서로 통합하였다. 도시의 민영 초등학교는 전부 공립公立으로 바꾸었다. 민영 학교에 대한 방침, 교육과정, 관리, 제도도 통일하였다. 민영 학교 교장과 교도주임은 현에서 위임하고, 학교 운영 경비를 조달하기 어려운 민영 학교에 대해서는 정부가 지원하였다.

중화인민공화국이 성립된 이후에는 의무교육을 추진하였다. 「중국인민정치협상회의공동강령中國人民政治協商會議共同綱領」에서는 '계획적으로 절차 있게 보급교육을 실현하여야 한다'고 규정하였다. 중국에서는 초등학교 교육을 보급함에 있어서 '두 다리로 걷는' 방침을 견지해 왔다. 즉 국가에서 운영하는 것과 기업·농업사에서 운영하는 방침을 제정하였다. 이로부터 전일제全日制, 반일제半日製, 2부제二部制, 순회교수제巡廻教授制, 야간제夜間制 등의 형식을 통한 다양한 교육을 실시하기 시작하였다. 연변에서는 1952년에 조선족 아동의 초등학교 취학률이 90%를 넘어 국가에서 제기한 초등학교 보급교육을 앞당겨 실현하였다. 1958년에는 중학교 교육을 보급하였다.

초등학교로부터 대학에 이르는 조선족 교육 체제의 초보 단계는 조선족 교육으로 하여금 건국 직후부터 벌써 다른 소수민족들보다 우수한 기반 위에 높은 출발점을 가질 수 있게 하였다.(표-1 참조)

<표-1> 동북 조선족 학교 통계표

학교 성별	소학교			중학교			사범학교			대학교		
	학교	교원	학생	학교	교원	학생	학교	교원	학생	학교	교원	학생
길림성 (吉林省)	660	3,046	121,630	40	575	15,474	1	29	667	1	72	451
료동성 (遼東省)	327	657	22,282	8	38	905						
료서성 (遼西省)	43	85	3,206	2	11	294						
심양시 (沈陽市)	3	24	1,040	1	15	410						
합강성 (哈江省)	150	458	13,164	3	16	464						
송강성 (淞江省)	226	892	32,077	9	130	2,616	1	3	60			
흑룡강성(黑龍江省)				1	2	49						
지련맹 (地聯盟)	4	7	156									

자료: 『동북조선인 각종 통계표』(1949년), 길림성 문교청 「길림성 조선족 소학교 개황표 (1949년 4월)」, 『조선족 중학교 개황』(1949년 하반년)에 의하여 작성하였음. 소학교란에 흑룡강성 통계가 포함되지 않았음

1950년대 초·중등교육의 기본적인 보급, 청장년의 문맹 퇴치 운동, 민족교육의 특색을 갖춘 교육 체계의 확립은 소수민족 가운데 처음으로 이룩한 쾌거이다.

중화인민공화국 정부는 체계적인 민족교육 행정을 위하여 민족교육 행정 기구를 설립하게 되었다. 소수민족 교육을 관리하고 소수민족 교육의 균형적인 발전을 촉진하기 위하여 중앙으로부터 지방에 이르는 민

족교육 행정 체계를 확립한 것이다. 1952년 정무원에서 「민족교육 행정
기관을 건립할 데 관한 결정」[11]이 반포된 후 교육부로부터 각 성, 지구
와 현에 이르기까지 민족교육 행정기관을 설립하거나 전담 인원을 배치
하였다.

　연변은 민족자치지방으로서 "민족자치지방 혹은 소수민족 인구가 현
지 인구의 약 반수를 차지하는 지구의 각급 인민정부 교육행정기관의
중요한 과업은 소수민족 교육을 관리하는 것으로 민족교육 행정기관을
별도로 설치하지 않는다."는 규정에 따라 별도로 민족교육 행정기관을
설립하지 않았으며, 조선족 교육행정을 주州 인민정부 교육행정 부문의
'주요한 임무'로 하였다. 1980년에 교육부와 국가민족사무위원회에서
는 「민족교육 사업을 강화하는 데 관한 의견」에서 "소수민족 인구가 비

11　1952년 4월 16일 중앙인민정부 국무원에서 반포한 「민족교육행정기구를 걸립할
　　데 관한 결정」의 주요 내용은 다음과 같다. ①중앙인민정부 교육부에 민족교육사
　　(民族敎育司)를 설치한다. ②각 행정구 인민정부 교육부 혹은 문교부는 교육 발전
　　의 필요에 의해 민족교육처(과)를 설치하거나 또는 관련처(과)에 전담 인원을 배
　　치한다. 정원은 현유의 정원 내에서 조절한다. ③각 성·시·전원공서·현 인민
　　정부 교육청(처)·국·과에는 반드시 자기 지구 소수민족 인구와 민족교육의 실
　　제에 근거하여 민족교육 행정기관을 설립하거나 전담인원을 배치한다. ④각급 인
　　민정부 교육행정기관의 민족교육 행정 부문과 고등교육·중등교육과 초등교육기
　　관은 적당히 분공한다. 전국적으로 통일된 교육행정·경비·교원·학제·교육과
　　정·교재 등 사항은 의연히 각 주관 사(司)·처(處)·과(科)에서 책임지고 처리한
　　다. 소수민족 교육행정·경비·교원·학제·교육과정·교재 등 면의 특수 문제
　　는 민족교육사·처·과 또는 전담 인원이 책임지고 처리한다. 쌍방에 모두 관계
　　되는 문제는 관련사·처·과와 민족교육사·처·과 또는 전담 인원이 협상하여
　　처리한다. ⑤각급 인민정부 교육행정 부문에서는 해당 규정에 근거하여 적극적으
　　로 기구를 설립하고 관리[幹部]를 배치한다. 소수민족관리[幹部]와 소수민족 교
　　육에 애착심이 있는 관리[幹部]를 영입하여 사업하게 해야 한다.

교적 많은 성·지구·현에서는 마땅히 교육행정 부문 내에 민족교육 행정기관을 설치해야 한다."고 재차 강조하면서 동북3성의 교육위원회에서는 1978년을 기점으로 '민족교육처處'를 설립하였다.[12]

건국 초기부터, 특히 1952년 전반부터 중국에서는 러시아의 경험을 전면적으로 학습하고 교육 지도 사상, 교육 제도, 교육 관리 체계, 학습 방법, 교육 내용, 교육 방침에 이르기까지 전반에 걸쳐 러시아의 경험을 적용하였다. 그러나 러시아의 경험에 따라 학습함에 있어서 중국의 실정을 고려하지 못하고 맹목적으로 따른 경우가 많았으며, 좋은 교육전통을 살리지 못하는 결함과 일면성이 나타났다. 이에 대하여 쩌우언라이(周恩來) 총리는 1957년 6월에 열린 전국인민대표대회 제1기 제4차 회의 정부 사업 보고에서 "주요하게는 낡은 교육의 일부 합리한 부분을 부정하고 해방구 혁명 교육의 경험에 대하여 체계적으로 총화하고 계승하지 못했으며 러시아의 경험을 학습함에 있어서 중국의 실정에 결합시키는 것이 부족하였다. 이러한 결함을 금후 사업에서 마땅히 시정하여야 한다."고 지적하였다.

건국 후 17년간은 초등학교로부터 초급중학에 이르는 민족의 기초교육을 기본적으로 보급한 시기이다. 이 시기에 조선족 초등교육과 중등교육을 보급하는 문제는 주로 농촌교육을 실시하는 것이었다. 농민들에게는 거대한 교육열이 잠재되어 있었던 바, 많은 학교들이 그들에 의하여 세워졌다. 민족어로 된 교과서를 사용하고 민족어로 수업하려면 학교 경영 방식이 이에 알맞아야 했다. 이 시기 9% 이상의 조선족 학교는

---

12 조윤덕, 앞의 논문, 102쪽.

단일 민족 학교였다. 인구가 적고 한족과 함께 거주하고 있어 단일 민족 학교를 세우기 어려운 곳에서는 민족별로 학급을 편성하고 각 민족어로 수업하였다.

예를 들면, 문화대혁명 시기에 조선족 교육은 학교 운영 형태 및 교육 내용 가운데에서 민족 특성을 부분적으로 상실하였으며13 학제에서도 획일적으로 전국의 통용학제를 적용하였다. 문화대혁명 시기에 향鄉14 마다 보통 고급 중학교(고등학교로서 한국의 인문계 고등학교에 해당함)가 있어야 하고, 촌마다 초중(중학교)이 있어야 한다는 요구에 의하여 보통 고등학교와 중학교가 급속히 증가하였다. 당시 촌마다 중학교를 설립해야 한다는 정책에 따라 길림성, 흑룡강성, 요령성의 조선족 초등학교에 보편적으로 중학교 학급을 부설하여 초·중등 통합학교를 운영하였다. 그래서 조선족 학교는 점차 7년제 혹은 9년제 민족학교로 되었다. 이 시기에 흑룡강성에는 499개의 조선족 촌이 있었는데 초등학교에 부설된 중학교가 280개소나 되었다. 흑룡강성 상지현尚志縣에는 25개소의 조선족 초등학교가 있었는데 19개소 초등학교에 중학교가 부설되어 7년제 초·중등 통합학교로 되었다. 연변조선족자치주의 훈춘현琿春懸에는 1965년에 조선족 고등학교가 1개소였으나 1975년에 이르러서는 13개소(민족연합학교를 포함)로 증가했으며, 고등학교 학생 수도 1965년의 743명에

---

13 조선족 교육은 문화대혁명 시기에도 민족 특성을 완전히 상실한 것은 아니었다. 이 시기 조선족 교육의 특징이라고 할 수 있는 단일 민족학교 운영 형태는 민족연합학교로 바뀌었지만 민족연합학교는 명색뿐이었다. 학급은 의연히 민족별로 편성되었고, 교육과정, 교과서도 서로 다른 것을 사용하였으며, 수업도 민족 언어로 했다.
14 향(鄉): 중국의 행정 단위로서 한국의 읍에 해당한다.

서 3,841명으로 5배 이상 증가하였다.

4) 개혁개방정책 실시 이후의 교육 단계(1980년-1990년)

중국의 개혁개방정책 실시는 기존의 교육 현장에도 획기적인 변화를 가져 왔다. 과거에는 무산계급 정치를 위해 복무한다는 교육 방침에 머물렀지만 이제는 그 굴레에서 벗어나 나라의 경제 건설과 현대화 건설을 위해 인재를 배양한다는 취지로 교육 개혁을 단행하였으며, 대학 입시 제도도 회복하였다.

민족교육에 대해서도 중공중앙中共中央은 여러 가지 결의를 표명하였다. 1981년 2월 북경에서 열린 제3차 전국 민족교육 사업 회의에서는 민족교육 사업에 대해 다음과 같이 지적하였다.

첫째, 민족교육 사업을 강화함에 있어서 우선 민족교육 사업을 강화하는 전략적 의의를 심각히 인식해야 하는 바, 이는 국세 전반에 관계되는 중대한 일이다.

둘째, 민족적 특성을 존중해야 한다. 민족교육은 여러 민족들의 발전과 진보에 유익한 민족적 형식을 취하여야 한다. 학교교육에서는 소수민족 어문 교수를 확충하여야 하며 소수민족 문자 교재 개발에 박차를 가해야 한다.

셋째, 각 민족 지구에서는 절대로 한족 지구의 방법을 그대로 옮겨 써서는 안 된다. 반드시 실제에 부합되는 민족교육 발전 계획을 수립하여야 한다.

넷째, 민족교육 발전을 위해서는 반드시 국가의 지원과 소수민족 지구의 자력갱생自力更生을 정확히 연계하여야 한다.

이처럼 민족교육에 대해 정책적으로 일관되게 민족 형식을 강조하고 있었기 때문에 조선족 교육 역시 초기 민족의식 고취와 전통문화 고양을 주요 이념으로 하던 양상과는 달리 우리 민족의 언어와 문자라는 형식을 통해 후손들에게 민족정신을 심어 주자는 방침으로 전환하게 되었다. 이것은 우수한 사회주의 인재가 될 수 있는 현대 과학 지식과 애국주의, 집단주의 등 사회주의 도덕 이상교육이었다. 이러한 보편성과 특수성을 유기적으로 결합시킨다는 원칙에 입각하여 조선족 초·중등학교의 학제와 교육과정을 전국 통일학제와 교육과정에 근거하여 민족교육에 적합토록 개혁하였던 것이다. 이 시기 동북3성 조선족 초·중등학교에서는 「동북3성조선문교재협의소조東北三省朝鮮文敎材協議小組」와 공동으로 작성한 교육과정 초안을 기준으로 하되, 성省의 실정에 따라 부분적으로 수정하여 본성 교육행정 부문의 비준에 따라 사용하였다. 1979년에는 조선족 학교의 학제를 한족 학교보다 1년을 더 연장하여 11년제로 전환하였다. 초등학교 5년, 중학교와 고등학교(고중)는 각각 3년으로 하였다. 1982년부터는 11년제를 12년제로 전환하여 6·3·3제를 정착시켰다.15

---

15 동북3성 조선족 학교들은 12년제를 실시하는 과정에서 각 성(省)의 여건에 따라 타당하게 운영하였다. 예를 들면 요령성에서는 1981년 후반기부터 여건이 충족되는 초등학교에서는 6년제를 실시하고, 첫 1년을 예비반(豫備班)으로 하고 주로 자기 민족 언어 교육을 실시하였다. 1982년부터 초등학교 6년제가 전면적으로 실시되면서 이미 예비반이 부설되어 있는 학교는 학습 연한을 7년으로 하였다(박규찬, 『중국 조선족교육사』, 동북조선민족출판사, 1991, 298쪽).

2. 조선족 교육의 실태

1) 조선족 교육의 목표와 내용

조선족 교육은 교육목표의 단일성, 교육 내용의 보편성과 민족성, 단일 민족학교 운영 형태, 이중 언어 교육 등으로 특징지어 볼 수 있다.

교육목표는 사회문화적 환경의 변화에 따라 설정된다. 해방 이전 조선족 교육의 목표는 특수한 역사 상황에서 조선의 독립과 중국의 민족 독립을 위해 봉사한다는 두 개의 목적을 지니고 있었다. 해방 이후부터 조선족 교육의 목표는 획일화되어 국가 교육목표와 일치하게 된다. 즉, 중국의 사회주의 혁명과 건설이란 하나의 목표를 위하여 인재를 양성한다는 것이다.

사회주의 건설 시기의 교육 방침은 "우리의 교육 방침은 교육 받는 자들로 하여금 덕육·지육·체육 등 모두 발전을 가져오게 함으로써 사회주의 각성을 가능케 하고 문화가 있는 노동자가 되게 하는 것이어야 한다."고 명문화하였다. 「중화인민공화국교육법中華人民共和國敎育法」 제 5조에는 교육의 목표를 "교육은 반드시 사회주의 현대화 건설에 이바지 해야 하고, 생산 노동과 결합해야 하며, 덕·지·체를 고루 갖춘 사회주의 사업의 건설자와 후계자를 배양해야 한다."고 규정하였다. 중국의 교육목표는 교육 발전에 대한 청사진이다. 이러한 목표는 중국 내의 모든 교육에 적용되는 근본적인 목표이다.

조선족 교육에서의 교육 내용은 구체적으로 교과서를 통해 반영되며 교과서를 편찬하고 출판하기 위해서는 민족 출판 기관이 필요하다는 실제적인 요구에 부응하여, 조선족 사회는 1947년 3월 24일에 <연변교육출판사>를 설립하였다. 자체로 편집한 수업 지침과 교과서는 주로 조선어문, 한어漢語, 음악, 미술 교과목 등이다. 그 중에서도 역점을 둔 것은 조선어문 교과서의 편찬이다. 조선어문 교과서의 편찬에서는 '민족문화 내용 위주'의 편찬 원칙을 견지하였다. 이 방침에 따라 조선어문 교재에서 민족 관련 내용이 60% 이상을 점하였으며, 체육·음악·미술 세 과목의 교재는 전국 통용 교재를 번역해 사용하다가 처음으로 수업 지침을 자체로 제정하고 교재에 민족 문화재를 삽입하게 되었다. 음악과에서는 노래와 감상에서 조선민족 민요를 40% 포함시켰다.

조선족 사회는 민족 언어를 보존하고, 발전시키기 위해 학교교육에서 줄곧 민족 언어 교육을 중시하였다. 특히 중화인민공화국이 성립된 후 당의 소수민족의 언어·문자 정책에 의해 우리 민족의 언어를 더욱 잘 보존하고 발전시킬 수 있게 되었다.

민족 사립학교에서는 일찍이 중문을 가르쳤는데 이 시기에 이미 중국어는 사립학교 교육과정에 정식으로 배정되어 있었다. 당시 명동학교 중학부의 교육과정을 보면 수신, 조선어, 역사, 신한독립사, 지리, 이화, 생리, 위생, 박물, 식물, 광물, 농림학, 외교, 통역, 사범교육학, 지나어(중어) 등 23개 교과목 중에 지나어(중어)가 배정되어 있었다.[16] 조선민족 사립학교에서 중어를 교과목으로 개설한 것은 조선족 교육에서 이중 언어(二重言語) 교육의 효시라고 할 수 있다.

현행 전일제 민족 초·중등학교 「한어문수업지침(漢語文敎學大綱)」(199

---

16 조윤덕, 앞의 논문, 29쪽.

2)에서는 민족 초·중등학교 한어문 수업의 수업 목표와 요구를 다음과 같이 규정하고 있다. "민족 초·중등학교 한어 수업은 민족학교의 민족 어문, 한족 학교의 어문 및 외국어과 수업 목표와 동일시해서는 안 된다. 민족 초·중등학교의 한어문과의 수업 목표는 소수민족 학생들로 하여금 초보적으로 현대 한어문을 응용하는 능력을 보유하게 하며, 졸업 이후 생산 활동과 사업, 상급학교에 진학하여 학습할 수 있는 기초를 마련하는 데 목적을 두어야 한다."

수업 목표로 한어 병음(漢語拼音)을 습득하고 식자識字, 읽기, 표준말을 배울 수 있게 하여야 한다. 3,000개의 상용한자를 습득하고, 6,000개의 상용단어를 학습하며, 자전字典과 사전辭典의 사용법을 익힌다. 또한 일부의 단어를 활용하여 문장을 구성하는 규칙을 습득하며, 현대 한어를 응용하여 듣고, 말하고, 읽고, 쓸 수 있는 응용 능력을 신장시킨다는 내용을 담고 있다.

중국 조선족 이중 언어 교육의 가장 큰 특징은 많은 국가 및 민족교육에서 실시하는 '징검다리'[17] 이중 언어 교육이 아니라 유치원으로부터 고등학교에 이르기까지 민족 언어를 제1언어로 하고 한어를 제2언어로 하는 이중 언어 교육이라는 것이다. 이중 언어 교육의 목표는 이중 언어

17 이중 언어 교육에서 민족 언어를 학습하는 목적은 학생들의 학교생활의 적응을 돕고 학생들이 학교생활 초기부터 주체 민족의 언어로부터 시작함으로 해서 나타나는 부작용을 취소화하기 위해 이중 언어 교육을 실시하는데, 이러한 목적에 따라서 자기 민족 언어는 초등학교 1학년에서만 배우는 경우도 있고, 초등학교 3학년까지만 배우는 경우도 있고, 자기 민족어를 주체 민족 혹은 공용어를 배우는 데 토를 다는 데(중국) 이용하기 위해 배우는 경우도 있다. 이러한 이중 언어 교육을 징검다리 이중 언어 교육이라고 한다.

를 모두 능숙하게 구사할 수 있는 인재를 양성하려는 데 있다.

2) 조선족 초·중등학교 교육의 현황

조선족 초등학교는 연변조선족자치주 안에만도 139개가 있다. 그 중 단일 민족학교가 74개이고 민족연합학교가 65개이다. 초등학교 재학생 수는 3만 7,049명(민족연합 초등학교 재학생 포함)이고, 교직원은 4,388명(민족연합 초등학교 교직원수 포함)이며, 그 가운데서 전임교원은 3,708명(민족연합 중학교 전임교원 포함)이다.(표-2 참조)

<표-2> 조선족 초·중등학교 운영 규모

급별 \ 지역	학교	단일 민족학교			민족연합학교		
		도시	농촌	합계	도시	농촌	합계
초등학교	학교	22	52	74	2	59	65
	반	610	425	1,036	20	308	328
	재학생	23,236	8,800	32,036	451	4,598	5,049
보통초급 중학교	학교	16	9	25	5	28	33
	반	460	125	585	44	123	167
	재학생	24,800	4,649	29,449	1,481	3,339	4,820
보통고급 중학교	학교	8	0	8	0	0	0
	반	249	14	263	0	0	0
	재학생	13,534		13,988	0	0	0
완전중학교	학교	4	2	6	2	0	2
	반	보통초급, 고급 중학교에 포함되었음			13	0	13
	재학생				482	0	482
9년일관제 학교	학교	2	7	9	0	4	4
	반	보통초등학교, 초급중학교에 포함되었음		32	15	0	15
	재학생			886	0	400	400

자료: 延邊朝鮮族自治州敎育委員會 編 2002년 《교육통계》에 근거하여 작성한 것임

조선족 보통 중등학교는 87개이다. 그중 보통 초급 중학교는 58개(민족연합중등학교 포함)이고 9년 일관제日管制 교육학교는 13개(민족연합 9년 일관제 교육학교 포함)이며 보통 고급 중학교와 완전 중학교는 각각 8개와 2개이다. 조선족 보통 중학교 재학생 수는 초급 중학교가 3만 4,269명(민족연합 초급중학교 재학생수 포함)이고 1만 3,988명(완전중학교 재학생수 포함)이다. 교직원은 3,795명(민족연합 중학교 교직원수 포함)이며 그 중 전임 교원은 3,846명(민족연합중학교 전임 교원 포함)이다.

3) 조선족 학교의 학제와 학과 편성

현재 실행하고 있는 조선족 초·중등학교의 학제는 6·3·3으로 나누어 초등학교는 6년, 초급 중학교는 3년, 고급 중학교는 3년으로 하고 있다. 그리고 학년의 시작은 8월 중순부터 시작하여 다음해 1월 중순에 끝나고, 2학기는 3월초부터 시작하여 7월말에 끝나게 된다.[18]

초등학교의 교육과정에는 품덕과 사회(생활), 조선어문, 한어문, 수학, 외국어, 과학, 체육, 음악, 미술, 종합 실천, 지방(校本) 등의 교과목이 개설되어 있으며 중등학교의 학습 방법에는 정치, 조선어문, 한어문, 수학, 외국어, 물리, 화학, 생물, 역사, 지리, 체육, 음악, 미술, 종합 실천, 지방 등이 개설되어 있다.

매주 수업 시수는 초등학교가 30~33시간, 중등학교가 35~44시간을

---

18 허명철 외, 『연변조선족교육의 실태 조사와 대안연구』, 중국: 료녕민족출판사, 2003, 60-61쪽.

배당하고 있다. 2002년도 조선족 초·중등학교 학과 편성은 다음과 같다.(표-3 참조)

<표-3> 조선족 초·중등학교 학제 및 학과 편성

학과＼학년	초등학교						초급중학교			고급중학교		
	1	2	3	4	5	6	1	2	3	1	2	3
품덕과사회	1	1	2	2	2	2						
정 치							2	2	2	3	3	6 (문)
조선어문	5	5	5	4	4	4	4	4	4	3	4	4
한어문	5	5	5	5	5	5	5	5	5	4	4	5
수 학	4	4	4	5	5	5	5	5	5	6	6	10
외 국 어	4	4	4	5	5	5	5	5	6	6	6	6
물 리								2	2	3	5	6 (이)
화 학									2	4	5	6 (이)
생 물							2	2			5	5 (이)
역 사							2	2	2	5	3	10
지 리							2	2			4	4 (문)
과 학			2	2	2	2						
체 육	3	3	2	2	2	2	2	2	2	2	2	
음 악	2	2	2	2	2	2	1	1	1	1		
미 술	2	2	2	2	2	2	1	1	1			
종합실천	2	2	2	2	2	2	2	2	2			
지방[校本]	2	2	2	2	2	2	2	2	3	1	1	1
매주수업시간수	30	30	32	33	33	33	35	37	36	41	44	46 (문) 43 (이)
교수총시간	1,200	1,200	1,280	1,320	1,320	1,320	1,400	1,480	1,440	1,640	1,760	1,840 (문) 1,720 (이)

자료: 延邊朝鮮族自治州敎育委員會 編 基礎敎育處(허명철, 앞의 책, 63쪽)

4) 교원 구성과 교재 편찬

조선족 초·중등학교의 교직원은 모두 8,996명(전임교원은 7,556명)이다. 그 가운데서 민족연합학교 교직원은 1,695명(전임교원은 1,499명)이고 농촌학교 교직원은 3,123명(전임교원은 2,785명)이다. 이 밖에 97명(그 중 94명은 농촌학교, 73명은 농촌초등학교에 있음)이 대과교원이다. 전임교원들의 학력 도달 비율은 초등학교가 96.2%, 초급 중학교는 93.94%, 고급 중학교는 89.86%이다. 직함 정황으로 놓고 볼 때 또한 81.18%를 차지하는 초등학교 전임교원들이 이미 중학교 고급, 초등학교 고급, 초등학교 1급에 도달하였으며 45.71%와 67.89%를 차지하는 조선족 초급, 고급 중학교 교원들도 이미 모두 중학 고급, 중학 1급에 도달하였다.[19](표-4 참조)

<표-4> 조선족 초·중등학교 전임교원 분포 및 학력

학교 \ 학력		합계	연구생 졸업	대학본과 졸업	대학전과 졸업	고급중학교 졸업	그 이하
초등 학교	인수	3,708	1	293	2,136	1,241	37
	백분비	100	0.03	7.9	57.61	33.47	1
초급 중학교	인수	2,842	1	1,452	1,219	166	4
	백분비	100	0.04	51.09	42.89	5.84	0.14
고급 중학교	인수	1,006	1	903	96	6	–
	백분비	100	0.1	89.76	9.54	0.06	–
합계	인수	7,556	3	2,648	3,451	1,413	41
	백분비	100	0.04	35.04	45.67	18.7	0.54

자료: 延邊朝鮮族自治州敎育委員會 編, 『敎育統計』, (허명철, 앞의 책, 64쪽)에 의해 재구성함

조선족 교육에서 현대화 건설에 유용한 인재를 양성하려면 반드시 교재 편찬을 강화하여 조선족 학생들의 인식에 맞는 교재를 출판하여야 한다는 시대적 요구에 따라 1957년 7월 30일에 민족 자치 구역인 연변

---

19 허명철, 앞의 책, 64쪽.

조선족자치주에 동북 3성 <조선문교재협의소조>를 건립하였다. 1985
년 7월에는 국가교육위원회의 비준을 거쳐 전국에서 처음으로 교재 심
사 기구인 <전국조선족문교재심사위원회>를 설치하였다. 연변교육출
판사는 1989년에 동북조선민족교육출판사로 개칭하였다.

  조선족 초·중등학교 동북 3성 조선문교재협의소조와 전국조선족문
교재심사회의에서는 도합 34차의 연석 사무 회의를 열고 조선문 교재의
편집·출판·발행·경비 등 문제를 협상·해결하고 자체적으로 편집한
교재의 심사를 강화하여 그 질을 뚜렷이 높임으로써 민족교육의 발전을
추진하였다.

  동북조선민족교육출판사에서는 온갖 방법으로 교재와 교육 도서의
출판 규모를 확대시켰다. 1995년도에 이르러서는 605종에 걸쳐 810여
만 권의 책을 출판함으로써 1980년도보다 각각 2.8배와 1.1배 증가시
켰다. 현재 동북조선민족교육출판사에서는 조선족 초·중등학교의 조
선어문, 한어문, 외국어, 음악, 체육, 미술, 무용 등의 교재를 편찬하여
조선민족의 생산과 생활, 사상 감정, 인정 세태, 풍속 습관, 영웅들을 반
영한 작품들을 교재에 삽입하여 보급함으로써 학생들에게 민족 자존심
과 자긍심을 키워 주고 있다. 또한 정치, 역사, 지리, 화학, 수학, 생물,
자연지리 등의 전통교재를 번역하여 출판함으로써 인류 공동의 문화재
와 과학 지식을 가르치는 데 기여하고 있다.

  조선족 초등학교 도서는 60만 8,700권으로서 학생 일인당 도서는 19
권이다. 그 중 농촌 초등학교에는 14만 928권의 도서가 있으며 학생 일
인당 도서는 16권이다. 조선족 중학교 도서는 73만 8,429권이며 학생
일인당 도서가 17권이다. 그 중 조선족 고급 중학교에는 20만 9,820권

이 있으며 학생 일인당 도서는 15권이다. 조선족 초급 중학교에는 53만 82권의 도서가 있으며 학생 일인당 도서는 18권이다. 그 가운데서도 농촌 초급 중학교에는 6만 9,244권이며 학생 일인당 도서는 14권밖에 되지 않는다.

5) 조선족 교육의 이중 언어 문제

중국 조선족 사회는 중국에 거주하고 있는 상황을 고려하여 이중 언어 교육[20]을 중시해 왔다.

개혁개방 이후, 시장경제의 도입과 함께 최근 커다란 변혁 시대를 맞고 있는 중국 조선족 민족교육은 심각한 위기에 직면하여 허다한 문제점들을 드러내고 있다.

첫째로 응시應試교육의 피해로 조선족 기초 교육 보급률이 질적으로 보장되지 못하고 있다. 교육이 응시교육으로부터 전인專人교육으로 변화되는 것은 중국 교육의 심각한 변혁이며 국민의 자질을 높이고 후대의 안녕을 위한 사회적인 공정이다. 그러나 초급 중학교 단계에 있는 학생들은 응시교육으로 인한 학교의 진학률 추구에 얽매여 입시 시험 준비에 열을 올리고 있는 것이 일반 현상이다. 교과서들은 조선어로 번역되었을 따름이지 내용은 한족 혹은 기타 민족의 것과 다름이 없다.

둘째, 이중 언어 교육으로 언어적 부담감이 막중하다. 현재 중국에서 진행되고 있는 소수민족의 이중 언어 교육 체제에는 다음과 같은 세 가

---

20 중국에서는 이중 언어 교육을 '雙語教育'라고 한다.

지가 있다. 하나는 민족 언어 교육을 위주로 하고 한어교육을 보조적으로 한다는 것이고, 다른 하나는 한어교육을 위주로 하고 민족어 교육을 보조로 한다는 것이며, 또 하나는 저급 학년은 민족어 교육을 위주로 하고 점차적으로 고급 학년에 이르러서는 중국어 교육을 위주로 하며 두 가지 언어의 교수 과정을 병행한다는 것이다.

한 민족이 이중 언어 교육을 위해 어떠한 교육 방식을 선택하느냐 하는 것은 교육 행정가의 결재에 의해 사회 생태 환경, 민족 관계, 언어 사회 기능, 민족 심리, 민족교육 발전 상황 등 여러 가지 제약적인 요소들로 결정된다. 조선족 학교의 교육과정은 한족 학교보다 조선어문과가 한 과목 더 설치되어 있으므로 초등학교부터 고급 중학교까지 1,000여 시간이나 더 학습해야 하는데 이는 1년의 수업 총 시수와 맞먹으므로 학생들의 학업 부담이 한족보다 상대적으로 과중함을 쉽게 알 수 있다. (표-5 참조)

민족적 인재의 양성은 나라와 민족의 번영과 발전에 관계되는 중대사이다. 그러므로 조선족 초·중등학교에서는 전인교육의 틀 속에서 국가가 규정한 9년제 의무교육 보급률을 질적으로 보장해야 하며, 기초 교육에서 우수한 인재를 양성하는 데 힘써야 한다.

<표-5> 조선족과 한족의 초·중등학교 학과별 시간 배정 비교

학교 민족 학과목	총 교수 시간					
	초등학교		초급중학교		고급중학교	
	조선족	한족	조선족	한족	조선족	한족
품성과 생활	350	350	–	–	–	–
사상품덕	–	–	210	210	192	192

조선어문	945	–	420	–	349	–
한어문	1,050	1,365	525	595	384	384
수 학	945	945	525	525	384	384
외국어	945	945	560	525	384	384
물 리	–	–	140	140	288	288
화 학	–	–	70	70	288	288
생 물	–	–	140	140	192	192
역 사	–	–	210	210	288	288
지 리	–	–	140	140	240	240
과 학	280	280	–	–	–	–
체 육	490	525	210	210	140	140
음 악	420	350	105	105	96	96
미 술	420	420	105	105	–	–
종합실천	420	490	210	210	–	–
지방과교본	420	630	245	280	–	–
총수업시간수	6,685	6,300	3,815	3,465	2,841	2,492

자료: 延邊朝鮮族自治州敎育委員會 編, 基礎敎育部, 2005, (허명철, 앞의 책, 102쪽)

6) 전통문화를 활용한 민족교육 강화

조선족 산재 지구에서 학습하고 생활하고 있는 학생들에게 조선족 전통문화 교육을 강화하여 민족정신을 배양하는 것은 조선족 학교교육의 중요한 과제가 되고 있다. 조선족 전통문화를 교육과정의 주요내용으로 삼고 개발·실시함으로써 학생들에게 민족전통 교육을 강화하고 있는 것이다.

조선족 전통문화를 교육과정으로 개발함에 있어서(흑룡강성 할빈시 도리구 조선족 중심 초등학교 사례) 학교와 지구의 자원을 충분히 이용하여 조선족 역사(고대사, 근대사, 현대사), 조선족 예의(학교와 가정 예의), 조선족 명절 문화, 조선족 풍속(음식, 복장, 오락 등), 조선족 예술(무용, 음악, 미술)을 개발하고 있다.

교육과정 개발에서는 음악, 미술, 조선어문과 같이 우리 민족 전통문화를 직접 강의하고 있는 교원들의 역할을 충분히 제고함과 동시에 여러 전문가들의 지도를 통하여 학생들의 학년과 연령에 따른 학습 교재를 자체로 편찬하고 실시하고 있다.21 이는 민족문화 교육으로서 학생들의 민족 감정을 불러일으키고 배양하는 촉매 역할을 하고 있다.

조선족 학교들에서는 학급마다 '조선족 례의 편', '조선족 명절문화편', '조선족 역사 편', '조선족 문화 편', '조선족 풍속 편'을 전시하고 학교 텔레비전 방송에서도 '조선족 미식', '감상합시다', '중국의 조선족', '민간공예전시대' 등의 종목들을 설치하여 조선족 문화 분위기를 조성함으로써 학생들에게 조선족 문화에 대한 사랑의 감정을 키워 주고 있다.

제2절 중국 조선족 음악의 실태

조선족 음악은 한민족韓民族의 오랜 전통을 토대로 중국 땅에서 생겨나서 발전해 온 음악이다. 즉 중국 동북3성 (길림성, 요령성, 흑룡강성)을 중

---

21 백미옥, 외 「조선족전통문화로 특색학교를 건설」, 중국: 중국조선족교육, 연변교육출판사, 2007, 39-40쪽.

심으로 거주하고 있는 200만 조선족을 중심으로 100여 년간에 걸쳐 형성 발전된 한민족 고유의 전통적 음악이며 중국 내 소수민족의 독특한 음악이라고 할 수 있다. 이러한 음악은 한민족 음악의 지류가 되며 한편으로는 중국 음악의 한 부분이라고 볼 수 있다. 그것은 19세기 중엽 이후부터 한반도에 살던 농민들을 중심으로 한 많은 사람들과 항일운동가 등이 중국 동북 간도지방에 이주하면서 전래 생성되어 한 세기를 넘는 긴 세월을 거치는 동안 한반도의 본래 음악과는 구별되게 중국 문화의 영향을 많이 받아 형성되었기 때문이다.

따라서 중국의 조선족 음악은 재외 한민족 음악권에서 가장 큰 집단을 이루는 이주 음악 예술 문화를 구성하여 전체적인 한민족 음악을 풍부하게 하므로 문화인류학적인 의의가 대단히 크다고 할 수 있다. 이러한 조선족의 음악은 한반도 남과 북의 음악과 유사하면서도 또 다른 특색을 지닌 음악이며 중국 국내외에서 우수한 민족 음악으로 발전 정착되어 왔다.

이에 여기에서는 먼저 조선족 음악의 형성과 발전에 중요한 영향을 주었던 남북한과 중국의 음악에 관하여 살펴보고자 한다.

1. 이주 시기 중국 조선족 음악

생존을 위해, 나라의 독립을 위해, 중국으로 이주해 온 조선인은 광복 전까지 무려 220만여 명이나 되었다. 이 중 100만여 명이 광복과 함께 고국으로 돌아갔고, 나머지 120만여 명이 그대로 대를 이어, 오늘날

193만여 명(2000년 통계)에 달하고 있다. 이주 초기 중국 조선족 문화의 중심인 연변延邊에는 조선족이 전체 주민의 대부분을 점하였으며 전반 조선족 음악에서 민요를 포함한 민족 음악이 가장 큰 밑거름이 되어 조선족 음악 사회에 영향을 주게 되었다.

이주 초기에는 다만 망향의 감정을 달래기 위해 고향에서 갖고 온 민요들을 부르던 데서부터 음악 생활이 시작되었다. 그들은 한반도韓半島의 모든 전통음악을 그대로 가지고 이주하지는 못하였다. 그들이 소지한 것은 고국에서 귀에 익혔던 민요가 가장 많았고, 부분적으로 민속악과 무속음악의 구절들을 부를 수 있을 뿐이었다.

중국 땅에 뿌리내린 중국 조선족 음악은 크게 두 갈래의 근원을 가지고 있다. 하나는 우리 민족의 전통음악이고, 다른 하나는 서양음악이라는 점이다. 이 두 가지 음악이 서로 영향을 주고받으면서 오늘날의 중국 조선족 음악이 이루어졌다.

이주 시기에 중국 조선족이 본토로부터 가져온 민족 전통음악은 궁중음악인 아악雅樂이나 당악唐樂이 아니라 주로 민요, 잡가雜歌, 농악農樂 등 민간 음악이었다.

조선족이 중국으로 이주하면서 먼저 가져온 음악은 구전민요일 것이다. 그것은 명말 청초 시기에 강제 이주된 조선인의 대부분이 이씨 조선의 군인과 백성들이었으며 19세기 중엽으로부터 이주해 온 중국 조선족의 주류를 이루고 있는 이민의 선조 대부분이 가난한 농민이었던 사실에서 추측할 수 있다. 그리고 아편전쟁 이후로부터 20세기 첫 10년까지 함경도咸鏡道와 평안도平安道를 중심으로 한 한반도 북부의 빈곤한 농민들이 압록강鴨綠江과 두만강豆滿江 북안으로 이주해 왔고, 1910년에 일제가 조선을 강제로 합방한 후 비로소 조선 전역으로부터 파산된 농민들과 매국노가 되기를 원치 않던 애국지사들이 대량으로 동북에 들어온 사실에 비추어 볼 때 중국 땅에 먼저 들어온 조선민족의 음악은 중국과 국경을 마주하고 있는 함경도와 평안도 지방의 구전민요였을 것으로 추측된다. 뒤 이어서 조선반도 전역의 구전민요와 1920년대 말부터 광복 전까지 창작된 신민요, 그리고 직업 성격을 띤 사당패 계열의 음악 등 기타의 민간음악들이 흘러든 것으로 보인다. '중국이라는 완전히 생소한 땅에 정착하여 새로운 삶과 운명을 개척해 온 중국 조선족은 조선민족의 구전민요를 본래대로 부르기도 하였지만 새롭게 변경시켜 부르기도 하였다.'[22] 민요 중에서 <풍구타령>, <시집살이>, <농부가>, <담바구타령> 등과 같이 조식의 변화는 없으나 선율의 진행에서 현저한 변화를 이룬 것도 있고, <어부의 노래>, <박연폭포>, <개성난봉가> 등과 같이 조식의 변화를 이룬 것도 있으며, <백산아리랑>, <남포소리>, <말몰이군 타령>, <상여소리>, <굿거리> 등과 같이 다른 곳에서는 별로 알려져 있지 않은 것도 있다.

조선족의 전통 민요는 본래의 지방문화적 특성에 따라 대체로 세 개의 지역을 중심으로 전개되기 시작하였다. 두만강 연안沿岸인 요령 일대에는 평안도민요가, 길림성의 장춘 지구와 길림 지구, 그리고 흑룡강성의 대부분 지역에는 남도민요가 분포되었다. 이 세 개의 지역을 중심으로 전개된 이유는 역사적으로 규명할 수 있다. 함경도 사람들이 제일 먼저 가까운 연변과 목단강牧丹江 일대에 자리를 잡을 수 있었고, 그 다음

---

22 남희철, 『20세기 중국 조선족 음악문화』, 중국: 민족출판사, 2005, 6-7쪽.

평안도 사람들이 그 다음 가까운 요령성에 자리를 잡았으며, 뒤늦게 들어온 남도 사람들은 먼 곳에 위치한 흑룡강성으로 가게 된 것이다. 이렇게 되어 한반도 전역의 민요가 골고루 중국의 동북 땅에 뿌리를 내리게 되었다.

2. 남·북한 음악의 유입과 교류

중국의 개혁개방이 거세어지면서 대내외적인 음악 교류가 빈번하게 이루어지게 되었으며, 이로 인해 조선족 음악 사회는 남북한의 전통음악 수용 작업을 동시에 시작하게 되었다. 또한 그 문화예술 성과의 수용은 중국 조선족 음악의 발전 공간을 더욱 확대시키게 되었다.

역사적인 원인으로 중국과 남·북한과의 예술 교류는 상이한 시기에 이루어질 수밖에 없었다. 건국 초기부터 이루어졌던 중·북 간의 예술 교류는 70년대 중반에 들어서도 지속되어 왔으며, 남한과의 문화 교류는 80년대부터 시작되어 90년에 접어들어서야 본격적으로 이루어졌다.

1980년대에 들어서면서 북한 예술 단체와의 교류가 더욱 빈번하여졌다. 양강도예술단, 양강도소년예술단, 그리고 함경북도예술단과 청년예술단 등이 연길延吉, 장춘長春, 하얼빈(哈爾濱) 등지를 순회하면서 공연하여 중국 대중들의 찬사를 받았다. 또한 만수대예술단과 조선인민군협주단도 북경北京, 심양沈陽 등지에서 아름답고 우아한 공연을 보여줌으로써 중국 대중들에게 깊은 감동을 주었다.

또한 북한의 주체적 발성법과, 악기의 개량 작업은 여러 가지 경로를 통하여 중국에 전파되었으며, 더욱이 중·북 공연단체들 간의 교류, 교환 방송, 그리고 유학 등을 통하여 실질적으로 예술 교류가 이루어지게 되었다. 80년대 후반에 와서 연변대학예술학원延邊大學藝術學院을 비롯한 조선족 음악계에서는 여러 차례에 걸쳐 북한에 유학생을 보내어 그들의 주체 발성법과 개량 악기 및 음악 이론에 대한 연구를 진행하였다. 현재에도 이러한 학습과 교류가 계속되고 있다. 이러한 교류를 통하여 조선족 음악계에서는 북한의 예술에 대하여 깊이 있게 이해하게 되었고, 또 그에 대한 연구와 수용은 조선족 음악의 발전과 새로운 미감의 창조라는 평가를 받고 있다.

다음은 한국의 영향을 알아보기로 한다. 1980년대 초부터 중국에 있는 조선족들이 비공식적으로나마 남한과 왕래할 수 있었으며 이들에 의하여 한국의 전통음악과 그에 대한 연구 성과가 알려지기 시작하였다. 이러한 한국의 문화 시책과 실태에 관한 이해에 힘입어 1980년대에 중국 문화계에 있었던 '뿌리를 찾는 운동'과 결합하게 되면서 한국 음악의 연구 성과와 그 음악 작품에 담긴 전통적이고 독립적인 미감이 조선족 음악계에 지대한 영향을 주게 되었다. 특히 한국 음악계의 무속음악과 민속음악 및 음악 심미 사상에 대한 연구 성과는 조선족 음악이 한층 더 발전할 수 있는 발판을 제공하였다.

90년대에 들어서자 한국의 민족음악 전문가들의 중국 방문이 본격적으로 시작되었다. 1990년 7월, 한국정농악회 소속의 강사준 교수 등이 연변에 와서 연주와 강좌의 기회를 가졌다. 그리고 단국대학교 국악과 학생과 교수들로 조직된 합동공연단이 연길을 방문하고 공연하였다. 1991년부터 1996년까지 국립국악원에서도 연변에서 '해외교포국악강좌'

를 개최하였다. 그들의 활동은 1995년에 2차, 1996년에 6차, 1997년
에 7차의 국악강좌로 이어졌다. 이렇게 이루어진 사물놀이, 민요, 무용
등 전통음악 강좌는 조선족 음악 발전에 크게 기여하였다.23

이와 같이 북한 음악의 개량 작업과 한국 민족 음악의 정체성 연구와
수용은 중국 조선족 예술로 하여금 새롭게 발전하는 대중들의 미감에
대한 욕구를 만족시키게 되고, 다른 한편으로는 중국 조선족 예술작품
들로 하여금 조선민족의 원초적인 음악미를 두텁게 함으로써 조선족 예
술계에서 많은 우수 예술 작품들을 창출하는 데 크게 기여하였다.

3. 중국문화 속의 조선족 예술

조선족 음악문화는 조선민족의 한 지류로서 수십 년의 이주를 거쳐
중국 땅에 정착되면서부터 여타 민족과의 접촉에 의해 발생한 많은 변
화 양상을 보여준다. 따라서 조선족 문화는 매우 성숙한 문화로서 역사
적으로 예술 문화 자체도 다른 민족과 비교하여 비교적 일찍 발전하였
고 그 토대를 굳건히 하고 있다.

조선민족이 처음으로 중국 동북 지방에서 벼농사를 개척한 것처럼 예
술 문화에서도 비교적 일찍 자아오락적인 민간민속예술 차원에서 벗어
나 무대 예술화를 실천하였는데, 그 독특한 사례는 곧 1942년 위만주국

23 이훈, 「중국 조선족 공연단체에 관한 음악사회사적연구」, 서울대학교박사졸업논
문, 2005, 159쪽.

僞滿洲國 성립 10주년 기념 문예제文藝祭에서 안도현 명월구明月區 개척단이 처음으로 공연한 민속무용 '농악무'가 굿놀이나 마당놀이에서 벗어나 극장무대의 양식을 갖춘 공연이라고 할 수 있다.24 그것은 비록 창작무용 차원에는 미치지 못하나 민속적인 마당놀이를 처음으로 무대에 올렸다는 의의를 갖는다.

그 외 소품 형식의 슈제트(스토리) 무용을 비교적 이르게 개척한 점도 특기할 만한 것으로, 예를 들면 1952년에 이인무二人舞 '활춤'이 창작되었다. 음악에서도 교성곡 형식이 1949년 처음으로 중국의 무대에서 공연되어 센세이션을 일으킨 것이라든가, 일찍이 해방 전부터 일반 중학교에서 취주악대가 조직되어 활동하면서 중국 전역에 취주악이 널리 보급되는 등 음악문화에서의 개척적인 역할을 하였다. 그 다음 민간에서 자연적으로 전승되던 예술을 비교적 이른 시기에 전문 예술 교육을 통해 교육목표와 목적이 뚜렷한 정규적인 교육으로 승화시켰다는 점도 주목할 사항이다. 그 결과, 무용 영역에서만 보더라도 중국 조선족 무용은 중국의 5대 민족 무용의 하나로 중등 전문 예술학교나 대학 과정에서 고급 학년의 교수 내용으로 수용되고 있는 상황이다.

조선족의 근·현대 예술은 중국에 이주하여 온 후 중국북방의 자연환경과 사회 환경을 토대로 전통문화의 현대화 과정에서 조선반도 문화 발전의 보편적인 특징을 나타내면서도 새롭게 발전을 가져오면서 전승되고 있다는 특징을 보여주고 있다. 바로 이러한 풍부한 전통예술의 독

---

24 이애순, 「현대화과정에서 생성된 전통문화의 실체」, 중국: 문학과 예술, 2004, 35-36쪽.

특한 유형과 특징을 바탕으로 서방 문화를 비롯한 외래문화의 홍수 속
에서도 자아를 끊임없이 발전시키고 조선족의 새로운 현대 예술 형식들
을 생성하고 발전시킬 수 있었다.

4. 조선족 음악예술의 발전

　건국 후부터 「조선예술」의 한 부분으로만 여겨지던 예술이 중국 조선
족 예술이라는 이름으로 본격적인 발전을 가져오게 되었다. 그러한 발
전은 세 단계로 진전되어 왔는데, 그 첫째는 중화인민공화국中華人民共和
國이 성립된 후 55개 소수민족의 일원인 조선족으로 정식 인정되면서
발전한 건국 후 17년의 음악예술(1949-1966)이고, 두 번째 단계는 10년
문화혁명文化革命 시기의 음악예술(1966-1976)이며, 세 번째 단계는 새로
운 시기에 들어선 20여 년의 음악예술(1978-현재, 76년으로부터 78년까지는
昏迷期)이다.

　건국 후 17년의 음악예술은 주로 민간민속예술을 발굴하는 한편 무
대예술화 작업이 주를 이루었다. 그것을 위해 극장을 세운다거나 전문
학교를 설립하며 예술극단들을 설립하거나 민간민속예술을 발굴하는
작업과 민간예술인에 대한 중시 등이 제도적인 정비가 진행되었다. 그
결과 음악에서는 1957년 제6차 세계청년학생축전에서 은상을 수상한
교성곡 <장백의 노래>, <처녀의 노래> 등이 새롭게 창조되었으며, 무용
에서는 1955년 제5차 세계청년학생축전에서 금상을 수상한 무용 <부
채춤>, 그리고 연극에서는 새로 창작된 <장백의 아들> 등과 함께 독특

한 연극 형식의 <3노인>, <연변창담延邊唱談> 등이 새롭게 창작되었다.

10년 문화대혁명文化大革命25 시기는 민족음악예술이 수난을 받은 시기로서 그 시기 주도문화가 절대적인 지위를 차지하고 정교政敎 중심적인 예술을 내세운 시기이다. 그럼에도 불구하고 중국 조선민족 음악예술은 애써 심미적인 의의를 살리는 데 주력하였다. 예를 들면 가무歌舞 <연변 인민 모주석을 노래하네> 등이 일정한 심미 형식을 갖춘 작품으로 창작된 것이다.26

새로운 시기에 들어서면서 민간 민속음악예술은 인재 발굴과 전통예술형식의 대폭적인 재창조 작업이 진행되다가 형식미의 발굴이라는 내재적 발전에 몰입하였으며, 뒤이어 80년대 중기로부터 전통 음악예술미의 범위 확대, 즉 전통예술의 내재미의 추구와 외형미의 파격을 추구하다가 80년대 말기로부터 전통예술의 심층적인 문화 정신의 발굴과 표현 등에 주력함으로써 주제의식, 즉 진정한 예술 작가 의식이 대두되었다. 90년대에 들어서면서 그러한 움직임이 점차 확대되고, 보다 성숙한 사유로서 발전하는 특징을 나타내었으며, 창작 유형의 단일화單一化에서

---

25 문화대혁명: 중국 국가 주석인 모택동(毛澤東)이 1966년 5월에 일으킨 정치운동이다. 모택동은 일찍 1963년과 1964년에 전국 문화예술연합회(全國文聯) 각 소속 협회에 문예(文藝) 방면에 대한 두 가지 지시문을 내린 바 있다. 그 내용의 하나는 "사회주의 예술을 열심히 제창하지 않은 데 관한 비평문"이고 다른 하나는 "사회주의 예술이 수정주의의 변두리에 닿았다는 비평문"이다. 그러므로 1966년부터 1976년의 '무산계급문화대혁명(無産階級文化大革命)'은 우선 먼저 문예계(文藝界)를 겨냥한 것이었다(陳秉義 編著, 『中國音樂通史槪述』, 中國 成都: 西南師範大學出版社, 2003, 298쪽). 즉 문예계(文藝界)의 '수정주의(修正主義)' 사조를 제지시키기 위한 일종의 정치운동이다.

26 이애순, 앞의 책, 41-42쪽.

다원화多元化로 옮겨가는 추세도 보였다. 그 결과 중국의 문화대상을 받은 대형무극 <춘향전>(1990년), 가극 <아리랑>(1990년), 무용시 <장백의 정>(2000년), 문화극목상을 받은 <털없는 개>(1992년), 문화부 '문화상'을 받은 <백설화>와 전국 소수민족 제재의 '준마상' 금상을 받은 드라마 <샘>(1997년) 등이 창작되면서 거족적인 발전을 가져 왔다.

근 100여 년의 발전 과정을 거치면서 명성 있는 음악가들이 많이 배출되었고 많은 명작들이 창작되기에 이르렀다. 중국의 걸출한 음악가인 섭이聶耳, 선성해詵星海 등의 뒤를 이어 세인의 인정을 받는 조선민족의 걸출한 작곡가 정율성鄭律成, 연변음악의 개척자 허세록, 천재적인 작곡가 정진옥鄭眞玉, 가곡 작곡의 대가 동희철, 지휘자이자 작곡가인 박우朴宇, 김정평, 안국민安國民, 최삼명, 허원식, 최창규, 가곡 창작의 기재 김봉호金鳳浩, 저명한 작곡가 장천일張千一 등의 저명 음악가가 배출되었다.

또한 국내외에서 개최한 권위 있는 각종 음악 경연대회에서도 대단한 실력과 명성을 날린 음악가들이 많이 나왔다. 제6차 세계청년축제 은메달 수상자인 소프라노 방초선, 제1차 전국 민족 기악독주 콩클 1등 수상자이고 가야금 연주가인 김성삼, 제4차 전국 음악 작품 콩클 1등 수상자인 권길호, 중국 10대 청년예술가로 선정된 작곡가 박세성, 중국 록음악의 최고가수 최건, 96 세계 6대 청년작곡가 선발대회에서 세계 6대 청년작곡가로 당선된 안승필, 중국의 가수왕 최경호 등 국내외적으로 이름을 떨친 수많은 조선족 음악가들이 등장하였다.

음악에서는 대형가극 <아리랑>과 함께 일찍이 제4차 전국음악작품 평의에서 1등상을 받은 피아노 조곡 <장단조합>을 필두로 90년대 이탈리아 국제 교향악 대회에서 3등상을 받은 교향악 'RESSAC', 제8차 국제 올림픽 음악 작품 경기에서 2등상을 받은 실내악 '명오明悟' 등이 창작되었다.

이러한 성과로 인하여 중국 조선족 음악예술은 중화소수민족예술에서 당당히 선두 자리를 차지할 뿐만 아니라 전체적인 중화민족음악예술에서도 만만치 않은 위치를 확보하고 있다. 중국음악가협회, 중국조선민족음악연구회, 중국음악가협회연변분회, 연변아동음악협회 등에 입회한 중국조선민족음악가의 총인원은 600여 명에 이른다.

조선족 음악은 비교적 구전한 창작 및 연구 체계와, 교육 및 연구 체계, 출판 및 방송 체계를 갖고 있다. 현재 중국 조선족 사회에는 연변가무단延邊歌舞團, 라디오·텔레비전 방송예술단, 연길시 조선족예술단 등 여러 가지 유형의 음악 창작 및 연주 단체들이 있고, 연변인민방송국(延邊人民電視台), 텔레비전방송국, 연변인민출판사, 동북조선민족 교육출판사, 흑룡강성 조선민족출판사, 요령 민족출판사, 『예술세계』, 『문학과 예술』 잡지사 등 비교적 우수한 출판·방송 매체가 있다. 출판 매체들에서 지금까지 출판된 노래집은 170여 종에 달하며 개인 작곡집은 근 30종에 달한다. 민요는 천여 수가 채보되었고, 그 가운데서 240여 수를 채택하여 『중국민요집성-길림권』라는 책을 북경음악출판사에서 출판하였다.

지난 몇 년간 학술 분야에서 국가급 상 111건을 포함하여 256건의 수상 실적을 올리는 개가를 이뤄 내기도 한 바 있는 예술대학은 과학연구, 창작 등에서도 활발한 활동을 통해 수십 권에 이르는 교재 개발과 전문 저서를 출판했으며, 그 중 『중국조선족예술사대계』는 내용과 구성에 있어서 예술인의 필독서가 되고 있다.27

제3절 선행 연구의 고찰

여기에서는 연구의 주제인 '중국 조선족 음악교육의 변천 과정 및 발전 방안에 관한 연구'와 관련된 선행 연구들을 살펴보았다.

본 연구에서 대상으로 삼은 기본 자료 『중국 조선민족 예술교육사(中國朝鮮民族藝術敎育史)』[28]는 유아예술교육, 초·중등학교 예술교육, 사범예술교육, 전문 예술교육, 성인 예술교육으로 나누어 서술하고 있으며, 음악교육 부문의 글들은 지난 세기 초로부터 시작된 중국 조선족 음악교육의 역사를 처음으로 체계적으로 밝힌 글이다.

최순덕, 김운일 주필로 된 『중국 조선민족 문화사대계-예술사』[29]는 중국 조선족 예술 전반을 사학의 입장에서 집대성한 중요한 저서이다.

남희철 주필의 『20세기 중국 조선족 음악문화』[30]는 중국 조선족의 음악문화사를 전면적으로 고찰한 것으로 중국의 56개 민족 가운데서 처음으로 단일 민족의 음악문화를 체계적으로 정리한 저서이다. 시대를 이민 시기·해방전쟁 시기·건국 초기·동란 시기·개혁개방 시기로 나누었고, 내용을 크게 전통음악·백색 구역의 음악·항일음악·사회

27 김성희, 「중국조선민족대학 음악교육의 실태와 전망」, 『연세음악연구』, 제9집, 연세대학교 음악연구소, 2002, 31쪽.
28 김덕균, 『중국조선민족예술교육사』, 중국: 동북조선민족교육출판사, 1992.
29 북경대학조선문화연구소, 『중국조선민족 문화사대계-예술사』, 중국: 민족출판사, 1993.
30 남희철, 『20세기 중국 조선족 음악문화』, 중국: 민족출판사, 2005.

음악·학교음악·군인음악·전문예술단체의 음악·음악교육·음악출
판 및 방송, 음악 연구 등의 체계로 세분하여 제시하였다.

김성희의 「중국 교육제도와 조선족 초등음악교육 현황」[31]에서는 중
국의 동북3성을 중심으로 조선족 초등학교에서 실시하고 있는 음악교
육 실태를 중국의 교육 제도에 근거하여 밝히고 있다.

김성희의 「중·한 소학교 중학년 음악교과서 가창 영역 내용 구성 비
교 고찰(中·韓小學校中學年音樂科敎科書歌唱領域內容構成比較考察)」[32]은 중국
의 동북3성 내 조선족의 초등학교 음악교육과 한국의 초등학교 음악교
육을 비교·고찰한 것이다. 현행 양국의 음악교과서 편찬 내용과 내용
체계를 비교·분석하고, 양국의 음악교과서의 가창곡의 가사 내용 구성
과 악보 구성상의 특징을 검토하여 서로의 장단점을 상호 보완할 필요
성과 양국 음악교육 교류의 필요성을 주장하였다.

다른 논문 「중국 조선민족대학 음악교육의 실태와 전망」[33]에서 김성
희는 중국 조선민족 연변대학교 예술대학 음악학부의 음악교육의 실태
를 고찰하여 그 전망과 개선 방향을 밝히면서 현행 중국의 대학교육 제
도와 교육과정, 중국 조선민족의 교육 제도와 대학 현황, 그리고 연변대
학교 예술학원의 교육목표, 음악학부의 개혁 방향을 논의하였다.

한편, 「음악과정적 교육이론에 대한 견해(音樂課程的敎育理論之我見)」[34]

31 김성희, 「중국의 교육제도와 조선족 초등음악교육 현황」, 인천교육대학교『교육
   논총』19집, 2002.
32 김성희, 「中·韓小學校中學年音樂科敎科書歌唱領域內容構成比較考察」, 『교육
   논총』20집, 인천교육대학교, 2002.
33 김성희, 「중국조선민족 대학음악교육의 실태와 전망」, 『연세음악』제9집, 연세대
   학교음악연구, 2002.

에서 김성희는 학교 교육에서 음악교과의 역할을 비롯한 철학적 질문부터 음악교육과정, 음악적 발달 및 학습 원리에 관한 기본 이론들을 포괄적으로 이해하기 위하여 교육론의 관점에서 음악교육과정 문제, 음악교과 교재론, 교수 학습 방법론의 문제를 선별적으로 고찰하였다. 또한 「종합성綜合性 예술 표현 수업의 연구」35에서는 '의무교육 조선족 학교음악 과정 표준'에 의해 학교 음악교육에서 종합성 예술 음악교육을 통하여 학생들의 창의적인 사고 능력을 촉진시키고 예술적 표현 능력을 길러 주는 것을 근본 원리로 삼고 음악교육이 음악을 주체로 미술, 무용, 연극 같은 자매예술 영역을 조화롭게 수용하는 예술교육으로서 접근하는 것은 학생들의 예술적 안목을 넓혀나갈 수 있으며, 각 예술 영역을 종합적으로 이해하고 조작하는 능력을 높이는 데 도움을 준다고 주장하였다.

조선족 민요에 대한 김예풍의 「조선족 민요의 전승 현황과 변용에 대한 음악적 연구」36는 조선족 민요의 전승 과정을 정립하고 변천의 실제를 고찰한 후 이 변화 과정 속에서 조선족 민요가 어떻게 전승되고 변화되어 왔는가를 주로 음악적 분석을 통하여 논술한 것이다.

이훈의 「중국 조선족 공연단체에 관한 음악 사회사적 연구」37는 공연단체의 활동과 작품을 중심으로 한 중국 조선족 음악사 연구의 방향을

---

34 김성희, 「音樂課程的敎育理論之我見」, 『東彊學刊』4期, 中國: 東彊學刊, 2006.
35 김성희, 「종합성(綜合性) 예술 표현 수업의 연구」, 『중국조선족교육』4기, 중국: 연변교육출판사, 2007.
36 김예풍, 「조선족 민요의 전승현황과 변용에 대한 음악적 연구」, 한국정신문화연구원, 박사졸업논문, 2004.
37 이훈, 「중국 조선족 공연단체에 관한 음악사회사적 연구」, 서울대학교대학원 박사졸업논문, 2005.

모색하고 공연 단체의 변천사적 고찰과 그 분석을 바탕으로 앞으로 나아가야 할 중국 조선족 공연 단체의 음악 사회사적 방향을 논술하였다.

최근에 발간된 남희철 주필, 「20세기 중국 조선족 음악문화」는 조선족의 음악문화를 체계적으로 정리한 연구인데, 기존의 예술사와 교육사에 제시된 일반 상황들을 재정리하고 있다.

조선족 음악과 음악교육에 대한 이들 연구 논문은 모두 간략한 사적史的 소개에 지나지 않은 가운데, 그나마 조선족 음악교육에 관한 논문들은 모두 필자가 다년간 발표한 것들일 뿐이다. 이것은 조선족 음악과 음악교육에 대한 연구가 아직도 초보적인 개설서 수준에 머물러 있음을 말한다. 여기서 필자는 조선족 음악, 초·중등학교 교육, 음악교육의 변천 과정 연구를 통하여 앞으로의 조선족 음악교육의 발전 방향을 제시할 것이다. 아래(도표-1)에 본 연구의 분석틀을 구체적으로 제시해 보면 다음과 같다.

[도표-1] 연구의 분석틀

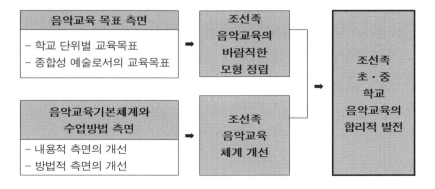

제3장 중국 조선족 초·중학교 음악교육의 변천사 분석

중국 조선족의 음악교육은 중국의 기타 소수민족에 비하여 비교적 일찍 전개되었으며 보급 정도도 높은 편인데, 조선족의 문화 발전 과정, 특히 예술교육의 발생·발전에 있어서 초·중등학교의 역할이 가장 중요한 영향을 차지한다.

20세기 초 중국 조선인 사회에 전문 예술교육과 직업 예술 단체들이 없는 상황에서 초·중등학교는 중요한 예술문화 진원지와 예술문화 활동 장소가 되었으며, 학교의 음악교육은 수많은 음악 인재를 양성하였고, 향후의 민족음악의 발전을 위한 견실한 토대를 닦아 놓았다. 이 장에서는 중국 조선족 음악교육의 시대적 변천을 초등과 중등으로 나누어 음악교육 목표의 변화와 음악교육의 기본 내용과 방법의 변화 등에 걸쳐 세분하여 살펴보고자 한다.

제1절 조선족 음악교육의 역사적 과정

1. 중국 건국 이전 및 항일전쟁 시기의 조선족 음악교육

중국에서 가장 일찍 설립된 조선인 학교는 용정에 설립된 서전서숙瑞甸義塾이다. 1906년 조선의 반일 지사 이상설李相卨은 용정에 와서 이동녕, 여조현, 전순만, 박정세 등과 함께 서전서숙을 설립하였으며 이를 계기로 조선족들이 살고 있는 지방마다 본격적으로 학교가 설립되기 시작하였다.38

이때의 조선족 사립학교와 그 후 일제가 운영한 조선족 초·중등학교, 그리고 종교 계통에서 운영한 조선족 학교들에는 모두 보편적으로 음악과와 미술과가 설치되어 있었는데 그 중에서도 음악교육이 선두자리를 차지하였다. 1908년에 창건한 화룡현 명동학교에서는 초등학교 10가지 교육과정에 도화, 습자, 창가 등을 설치하였고 중학부의 22가지 과정에서도 습자 및 창가 등 예술 관련 교육과정들을 설치하였다.

1910년대부터 설립된 사립학교들에서는 계몽가요(창가)를 중요한 음악교재로 활용하였다. 계몽가요는 민족이 자립하고 부흥하려면 배워야 한다는 의식을 가지고 창작된 노래들이 많았는데 <학도가>, <권학가> 등을 그 대표작으로 들 수 있다.

---

38 김덕균, 『중국조선민족예술교육사』, 중국: 동북조선민족교육출판사, 1992, 4쪽.

1920년에는 홍범도, 서일, 김좌진 등의 노래들이 창가 교재에 편입되었는데 <독립전선가>, <용진가>, <소년군가>, <독립군가> 등을 예로 들 수 있다.

조선족 사립학교는 초등학교나 중학교를 막론하고 거의 교가를 가지고 있어 학교의 전통을 구현하고 배움의 목적을 가르쳐 주는 교재로 활용되었다. 작곡할 사람이 없는 학교들에서는 이미 불리고 있는 곡에 가사를 맞추어서 자기 학교의 교가로 삼는 경우가 많았다.

연변 지역에 1916년까지 설립된 사립학교가 156개, 1926년에는 191개에 달하였으며 1928년에는 211개에 달하였다. 사립학교 초·중등학교 과정에는 모두 음악, 습자와 수공, 서예과를 설치하였고, 만주시기의 조선족 학교들에서도 모두 음악, 도화와 습자 과목을 설치하였으며, 항일 근거지의 조선민족학교에도 모두 도화과와 습자과를 설치하였다.

1919년 상해 대한민국 임시정부에서 세운 인성학교는 관내에서 대표성을 띤 조선민족학교로서 많은 반일 인재를 양성하였다. 이 학교에서는 해마다 삼일절이 돌아오면 문예공연을 성대히 조직하여 조선민족에게 항일 교육을 진행하였다. 당시에 예술 과목의 정규적인 교재에는 <학도가>, <권학가>, <소년남자가>, <혈성대가>, <동심가>, <운동가>, <학생전진가> 등의 노래를 중심으로 한 계몽가요, 창가, 항일 가요들이 망라되어 있었다.

일제 시기의 식민 문화가 조선족 음악예술 교육에 끼친 영향은 무시할 수 없다. 이 시기 일제 통치자들은 내선일체内鮮一體, 일만일체日滿一體를 부르짖으면서 중국 조선족 문화에 대한 침투를 강화하려는 목적으로 그들이 운영하는 보통학교에 「창가」39과를 설치하였다. 하지만 중국 조선족들이 설립한 학교들에서는 오히려 이 「창가」과를 이용하여 반일 교육을 실시하였다.

조선인들이 세운 사립학교의 창가 과목은 반일 성격과 신지식 전수를 목적으로 하고 '노예교육'을 배격하는 민족의식을 동반하였음을 알 수 있고, 일제가 세운 학교에서는 황민화皇民化 교육과 군국주의 정서 교양을 위한 정치적 목적이 짙게 반영되었음을 알 수 있다.

1926년 이후 연변의 학교들에는 서울, 평양, 도쿄 등지에서 음악 전문교육을 받은 재능 있는 음악교원들이 교편을 잡고 있었다. 이때부터 연변의 동흥중학교, 광명중학교, 광명여자고등학교에서 교편을 잡은 윤극영 선생을 비롯하여 용정 대성중학교 음악교원 문하연(일본 음악학교 졸업), 명신여자고등학교 음악교원 허흥순(서울이화전문학교 피아노과, 1930년 졸업), 광명여자고등학교 음악교원 황병덕(1940년대 초 일본 음악학교 졸업), 은진중학교 음악교원 방창해(서울 연희전문학교 졸업) 등이 조선민족 음악교육의 발전을 위하여 열성적으로 활약하였다. 당시 은진중학, 영신중학, 동흥중학, 대성중학, 광명중학 및 광명여자중학 등은 동북 각 지역과 한반도, 그리고 러시아, 연해주 등지의 조선족 학생을 끌어들였다. 용정은 명실공이 문화도시가 되었고 <용정은 문화도시>라는 가곡까지 널리 전창되었다.

1930년대에 용정은 중국 조선족의 문화 중심지가 되었다. 1933년 말

---

39 최순덕, 『중국조선족문화대계-음악사』, 29쪽. 唱歌이라는 명칭은 일본에서 1879년에 신교육령을 반포한 후 음악 취조소(音樂取調所)를 설립하고 1881년에 문부성에서 『소학창가집』을 엮었을 때 사용된 명칭이다. 조선에 유입된 후 조선신학 '배림학당'에서 창가과를 개설하였다.

의 통계에 의하면 인구가 1만 5천명밖에 안 되는 용정촌에 중학교 7개, 중학부 4개, 고등사범 1개, 초등학교 11개가 있었다. 당시 학교들의 예술교육은 실내 수업보다 과외 활동을 더 많이 진행했다. 또한 초·중등학교들에는 보편적으로 문예대가 있어서 공연을 자주 하였다.

해방 전에는 중국에 조선족의 전문적인 음악학교가 없었다. 하여 전문 교육을 받으려면 당시 조선의 서울이나, 평양 등에 유학을 가거나 관내의 한족漢族 음악학교 또는 하얼빈의 러시아인들이 운영하는 예술학교에 가서 배워야 했다.

2. 중국 국내 해방전쟁 시기의 조선족 음악교육

1945년 8월 15일, 일본 제국주의가 투항한 후 8월 20일부터 짧은 한 달 동안에 연길, 용정 등지에 연달아 교육 동맹이 조직되면서 연변 각지의 학교들이 뒤를 이어 개교하였고, 그 해 9월에 하얼빈에 조선인북만교육위원회가 설립되자 흑룡강 각 지역의 조선족 학교들이 잇달아 개교하였으며, 9월 25일 심양시 광신중학교가 개교하는 등 요령성 각지의 조선민족 학교들도 앞다투어 개교하였다.

당시 학교들에서는 모두 음악을 교육과정 안에 포함시켜 정식으로 수업을 하였다. 그러나 당시 새로운 동요 작품이 별로 창작되지 못하였고, 아울러 광복 초기라는 특정 시기에 정치성이 부여된 노래들이 학교교육에 가장 적합한 것으로 판단되었기 때문에 거의 모든 학교들에서 광복 후 새로 창작된 성인가요들과 광복 전 항일가요들을 창가 교재로 선택하였다. 이때 초·중등학교의 창가 교재로는 주로 해방의 기쁨, 해방전쟁의 승리를 위하여 싸우고 있는 전선의 군인들과 후방 인민들의 원호사업을 묘사한 내용을 담고 있었다. 예를 들면 동북항일유격구에서 전파된 <유격대행진곡>, <의회주권가>, <뻐오넬가>, <어린이노래>, <무도곡>, 조선의용군이 관내에서부터 전파한 <팔로군행진곡>(정률성 작곡),<조선의용군행진곡>(리정호 작사, 작곡),<최후의 결전>(윤세주 작사), 해방전쟁시기에 새로 창작된<토지 얻은 기쁨>(박순연 작사, 리경택 작곡),<전선지원가>(홍성도 작사, 김수록 작곡),<싸우러 나가자>(신활 작사, 최룡호 작곡) 등을 수록한 교과서(등사본)를 편찬·인쇄하였는데 그 교재를 많은 학교에서 널리 사용하였다고 한다.

이 시기 허세록40을 비롯한 류덕수, 정진옥, 김성민, 박의환, 류광준 등 우수한 작곡가 진영이 형성되었다. 이들은 향후 중국 조선족 음악예술문화를 추진하는 중심이 되었으며 중국 조선족 음악예술교육 발전의 중추가 되었다.

학교 선전대41의 활동은 학교 단위로 진행되기도 하고, 학교와 학교

---

40 허세록(1916.9.8-2000.6.3)은 러시아 연해주 미꼴쓰코라는 작은 도시에서 태어났다. 1930년 부모를 따라 중국 용정으로 이주하였다. 1937년부터 194 2년까지 서울 연예전문학교 영문과를 졸업하였고 서울 중앙방송악단 호른 연주자로 입단하였으며, 홍난파로부터 음악을 배웠다. 그는 연길에 돌아온 후 음악 애호가들을 선발하여 30여 명으로 구성된 간도방송국 경음악단을 설립하였다. 1952년 연변사범학교 음악교원, 1957년에는 연변예술학교 부교장을 역임하였다. 그는 연변이라는 단순한 지역 범주를 뛰어넘어 한 시대를 이끌어온 저명한 음악 지도자이며 작곡가이고 음악교육가이다. 해방 후 중국 조선민족 음악 발전에 튼튼한 초석을 마련해 준 걸출한 선구자이기도 하다.

41 예술공연 단체로서 "악, 가, 무"의 종합예술단.

사이의 연합을 기초로 하여 독자적인 문공단文工團[42]을 창건하기도 하였다. 흑룡강성 계림구 아동 문공단이 바로 그러한 사례가 된다. 1948년 4월에 설립된 이 아동 문공단은 계동현 계림초등학교 선전대와 전진고등학교 선전대를 바탕으로 이루어진 것인데 단원이 약 30여 명이었다. 이 아동 문공단은 금주, 장춘 해방을 경축하여 <장춘, 금주 해방의 노래>, <농촌의 가을> 등의 가요를 창작·공연하는 등 많은 활동을 전개하였다.[43]

이 시기 학교 음악 활동 가운데서 가장 뛰어난 것은 취주악의 발전이다. 중학교마다 취주악대가 있을 정도이며, 군중시위, 선전 활동에 적극 참가하였다. 합창반주, 무용반주 심지어 독창 반주까지 취주악대가 담당하였다.

1948년부터 <연변일보>, <교육통신> 등 신문과 잡지에 새로 창작된 동요들이 실리고 대중가요곡집에도 많은 동요들이 실려 초등학교의 노래 교육에 새로운 동요가 도입되었다. <아동단행진곡>, <까치가 짖네>, <전방에 간 언니>, <눈꽃> 등 20여 수의 동요가 출판되었는데 이는 새로운 동요가 없던 시대에 나온 만큼 중요한 문화 재산이 아닐 수 없다.

---

42 현재는 예술단, 혹은 가무단(歌舞團)으로 이름 한다.
43 김종국, 『중국 조선족 문화 활동』, 중국: 민족출판사, 1993, 66-69쪽.

3. 중국 건국 이후의 조선족 음악교육

1) 보통 음악교육

중국 건국 초기에 조선족 음악가들과 교육자들은 나라의 주인이 된 기쁨 속에서 후대들의 성장을 위하여 좋은 음악 작품을 창작하기에 열심이었다. 전문 음악교육을 받은 작곡가들이 몇 사람 안 되었으나 후대들에 대한 무거운 책임감을 갖고 좋은 노래들을 창작함으로써 음악교육에서 가장 중요한 교재의 문제가 해결되었다. 1950년에 <붉은 넥타이>(최형동 작사, 허세록 작곡), <대기 따라 나가자>(최형동 작사, 박우 작곡) 등이 출판되었고, 뒤이어 <어린이의 노래>(최룡호 작사, 동희철 작곡) 등 많은 동요들이 출판되었다.

어린이 노래의 주제가 다양해짐에 따라 이전에 정치 투쟁을 반영한 성인가요를 주요 교재로 하던 시기는 종말을 고하게 되었다. 정치성을 띤 노래라 할지라도 어린이들의 심리에 맞는 음악 언어로 작곡된 것들이어서 음악교육이 생기발랄한 국면을 이루게 된 것이다.

1950년에 연변교육출판사에서 『악전교과서』(리춘희 저)를 출판하였다. 이것은 음악교원들의 자질이 낮은 당시 조건에서 음악교원들의 음악 이론 수준을 높이고 성인 음악 애호가들의 음악 학습을 권장하는 적극적인 역할을 했다.

1950년대 말에 이르러 '세 폭의 붉은 기' 운동의 영향으로 학생들의 본분을 떠나 지나치게 생산 노동을 강조한 일부 노래들이 교재로 활용되었다. 그러나 당시의 성인가요에 비해 아동가요는 좌익적인 사조의 영향을 적게 받은 편이었다. 국내 형제 민족들의 소년아동가요, 『소련동요곡집』과 유럽 사회주의 나라의 소년아동가요가 한글로 적지 않게 번역・출판되어 노래 교재의 내용 범위가 넓어지고 풍격이 다양해졌다. 이 시기에 <꼬마저금통>(장월향 작사, 김남호 작곡), <다정한 동무>(장월향 작사, 김덕균 작곡) 등 수백 수의 아동 가요와 중학생 가요들이 발표되었다.

1955년부터 연변인민방송국에서는 소년아동조(어린이합창단)를 설치하고 소년 아동 생활을 노래한 음악들을 방송하는 동시에 노래 배우기 시간을 편성함으로써 초・중학교 학생들의 과외 음악교육에 적극적인 역할을 하였다.

1960년대 초부터 1966년 상반까지는 중국 조선족 아동 음악의 성숙기로서 소년합창곡, 가무歌舞곡 등이 창작되었으며 무대용 작품들이 많이 나옴에 따라 과외 음악 활동의 교재가 다양해졌다.

초급 중학교의 과정에는 줄곧 1주일에 한 시간씩 음악 수업을 배정하였다. 그러나 많은 학교들에 음악교원이 없는데다 음악 수업을 소홀히 하다 보니 초급 중학교의 음악 수업은 초등학교에 비해 뒤떨어지고 있었다. 1950년대 중기부터 여건이 나아진 중학교에서는 이전에 있던 취주악대를 경음악대로 고치고 음악 과외 활동을 활발히 벌여 나갔다. 초급 중학교의 음악 수업은 대체로 노래를 가르치는 데 그쳤으므로 음악 이론이나 시창, 청음 등을 가르치는 학교는 매우 희소하였다. 사회적으로 아동가요나 성인가요는 작곡되었으나 중학생들에게 적합한 노래는 나오지 않아서 성인가요를 가르치는 현상이 비교적 심하였다.

이 시기의 조선족 중학교들에서는 음악 과외 활동을 활발히 벌여 크나큰 성과를 올렸다. 일례로 1955년에 있은 전국소년아동노래경연에서 연길시 대표대가 출연한 <아름다운 산야>와 <나무>가 연창 1등상을 받았다.

1966년 하반기부터 초·중학교들에서는 수업을 중지하고 문화대혁명을 하다가 1968년에 와서야 정상적 수업을 회복하였으나 혁명의 여파로 모든 예술 작품을 전면적으로 부정했기 때문에 초·중학교의 음악 교재는 쓸모가 없었다. 그리하여 많은 중·초등학교에서는 사회의 전문 예술단체에서 공연하고 있는 본보기극을 그대로 실내 수업에 옮겨 놓았기 때문에 경극과 노래들을 가르쳤으며 어록가요語錄歌謠도 음악 수업의 중요한 교재가 되었다.44

개혁개방 이후부터는 조선족 초·중학교의 음악 수업이 정상화되었다. 문화혁명이 끝난 1977년부터는 요령인민출판사와 흑룡강인민출판사에서도 한글 서적들이 출판되었고, 동북3성 여러 곳에서 조선족 소년아동가요가 창작되어 나왔다. 그러나 문화혁명의 여파로 개인 숭배 사상과 생산 노동을 강조하는 등의 노래가 많았는데 예를 들면 <어머니 당이여 고맙습니다>(리태수 작사, 김호범 작곡), <주총리는 우리와 함께 계세요>(김득만 작사, 리인희 작곡) 등이 그러하다.

1978년 12월 열린 중국공산당 중앙위원회 제11기 제3차 전원회의를 계기로 하여 전반 예술 창작은 비로소 올바른 길에 들어서게 되었으며 시인, 작곡가들도 사상에서 해방되어 중·초등학교 학생들의 생활을 생동감 있고 다양하게 반영한 노래들을 많이 창작하게 되었다.

---

44 남희철, 『20세기 중국 조선족 음악문화』, 중국: 민족출판사, 2005, 245-247쪽.

1979년부터 1990년에 이르는 10여년 사이에 <공산당의 품속에서 우린 자라요>(한록순 작사, 윤송령 작곡), <붉은 꽃송이>(김예 작사, 김광 작곡) 등 천여 수의 소년아동가요곡이 발표되었다. 중화인민공화국이 창건된 이래 근 4,000수의 조선족 소년아동가요곡이 창작되었는데 이는 초·중등학교 음악교재 편찬에 튼튼한 토대를 마련하여 주었다.

1979년부터는 국가교육위원회의 지지 아래 중국조선족교과서심사위원회가 설립되었고 그 산하에 음악교과서 편찬 기구가 설립되어 동북3성 1,184개 조선족 초등학교와 1,704개 조선족 중학교의 각 학년 수준에 해당한 음악교과서가 출판·공급되었다.

1985년 7월 13일에는 전국조선문교재심사위원회 음악 분과가 설립되어 음악교재의 질적 수준을 높이기 위한 편찬 사업을 해오고 있는데45 음악교수요강을 제정하고 교과서를 편찬하는 과정에 국가 교육위원회에서 비준한 전국 통용 음악교수요강과 교과서를 원칙적으로 참고

---

45 김덕균을 주임으로 하고 라혜주, 김민수, 류영섭, 김득만을 심사위원으로 한 이 심사위원회는 음악교재에 대한 편찬사업을 협조하고 편찬된 교재를 심사하여 출판에 교부하는 직책을 이행하였다.

김덕균(1937.2.1-)은 연변사범학교를 졸업, 1960년부터 연변예술학교 교원, 연길시 소년궁전 문예부 주임, 연변군중예술관 관장, 연변예술학교 사범부 부주임, 예술연구소 소장을 역임하였다. 연구저서와 논문들로는 『초등학교음악교수법』, 『중국조선민족예술교육사』, 『음악사전』 등 저서와 「중국조선민족예술개관」 등 40여 편의 민족음악 연구논문이 있다. 또한 200여 수의 아동가요들을 작곡하여 『김덕균작곡집』이 있으며 일부 동요들은 유치원, 초등학교 음악교과서에 편입되었다. 그는 중국조선족음악연구회 상무이사, 전국조선문교재심사위원회 음악 분과 주임을 담당했고 현재는 한국음악사학회 회원, 중국음악가협회 회원, 중국아동음악학회 회원, 연변음악가협회 고문, 연변노교수협회 부회장 겸 민족전통예술연구소 소장, 연변동서방문화연구회 이사로 활약하고 있다.

하고 아시아 여러 나라와 지역의 교수요강과 교과서를 부차적으로 참고
하되 주로 중국 조선족 중·소학교의 실정을 고려하여 가창, 감상, 창작
등 여러 면에서 조선족의 특징을 살리는 데 각별한 주의를 돌렸다.

한편, 연변교육학원과 각 현, 시 교원연수학교의 음악교원들, 그리고
오랜 교육 경험을 갖고 있는 음악교원들로 이루어진 교과서집필소조(김
민수, 김득진, 류영섭, 장태권, 김영수)에서는 1979년 말에 『조선족중·초등
학교음악교수요강』(시행초안)을 제정하고 그 요강에 근거하여 초등학교
와 초급중학교의 음악교과서를 편집·출판하였다. 1988년 6월에 와서
는『조선족초등학교음악교수요강』(시용본)을 제정하였고, 1989년 1월에
는『조선족초급중학교음악교수요강』(시용본)을 새로 제정하였다.

조선족 초·중학교 음악교과서는 몇 년간 사용하면서 부족한 점이 발
견되어 1989년부터 제2차 수정 교과서를 사용하였으며 1999부터는 재
수정을 거친 후 수정본을 사용하고 있다.

2004년부터 개정된 신「음악과정표준」에 따라 김득진46을 주임으로
하여 구성된 집필진에 의해 새로운 음악교과서가 편찬 출판되어 2007

---

46 김득진(1941.4.30-)은 1965년 길림예술학원 음악학부를 졸업하고 훈춘시2중
학교, 훈춘사범학교, 훈춘시 교원연수학교에서 음악교원, 교원양성사업에 종사
하였다. 1987년 2월부터 연변교육출판사에서 음악편집, 부편심으로 활약하고
있다. 그는 교과서 편찬에서 사상성과 예술성의 통일, 예술성과 취미성, 교수 내
용의 용량과 난점, 교재의 체계성에 주의를 돌렸다. 또한 음악교수참고서들을 집
필하고 편집·출판하여 조선족 초·중등학교 음악교원들의 음악교수에서의 길
잡이로 되게 하였다. 유치원, 초등학교, 중학교, 중등사범학교 음악교과서 및 음
악도서 60여 종을 편집·출판하였다. 1994년에는 중국조선족음악연구회로부터
'아동가요편집특수공헌상'을 수여받았다.

년부터 모든 조선족 학교에서 사용하고 있다.

『음악교수참고서音樂敎授參考書』(교사용지도서)는 1995년 11월에 초등학교 1, 2, 3학년용『음악교수참고서』(라혜주, 김민수, 김득진 편저), 1996년 12월에는 초등학교 4, 5, 6학년용『음악교수참고서』(라혜주, 김민수, 김득진 편저), 1997년 7월에는 중학생용『음악교수참고서』(라혜주, 김민수, 김득진 편저)를 출판하였다. 참고서에서는 매 과문의 노래 분석, 교수 목적, 교수 과정, 주의할 문제들이 구체적으로 서술되었다. 이리하여 중·초등학교 음악교육의 질이 더 한층 제고될 수 있게 되었다. 그러나 현재 사용되고 있는 새 음악과정표준에 의한 초·중학교 음악교사 참고서(교사용지도서)는 아직 한 가지도 출판되지 않고 있다.

조선족 예술교육을 강화하는 데도 매우 큰 관심을 기울이고 있다. 조선족 예술의 특징에 근거하여 원 교재에 우리 민족의 전통문화 내용을 더 보충함으로써 민족적 교육을 강조하고 있다. 이를테면 음악학과에서는 원래 교재의 악기 지식을 주로 하면서 부동한 학년에 따라 조선족민족 전통악기(타악기)와 민요 과정을 설치하여 학생마다 우리 민족의 대표적인 민요인 <도라지>, <아리랑>, <노들강변>, <옹혜야> 등을 부를 줄 알게 하며 감화력과 표현력을 갖고 있는 조선족 음악 선율을 감수하게 하고 있다.

2) 전문학교 음악교육

조선족 전문학교 음악교육은 1950년 7월 연변사범학교에서 음악반을 모집함으로써 시작되었다. 3년제 중등사범 음악반 학생 32명을 모집하였는데 허세록, 라혜주, 리인희, 지문영 등의 교원에 오르간 15대, 피아노 1대, 취주악기 16대의 설비를 갖추어 교육을 진행하였다. 교원 양성 목표는 중·초등학교 음악교원을 감당할 수 있는 인재를 길러내는 것이었다. 학제는 3년제이고 학과로는 정치, 조선어문, 한어, 교육학, 악전, 화성학, 편곡법, 음악사, 성악, 피아노와 오르간, 합창 등의 학과를 설치하였으며, 악식은 작곡법과 결부하여 배우고 대위법은 화성학과 결부하여 가르쳤으며 과외로 취주악대를 꾸려 트럼펫, 코넷, 클라리넷, 알토, 바리톤, 트롬본, 튜바 등의 악기 연주를 지도하였다.

음악 과정은 1주일에 4시간의 음악과를 배정하여 2시간은 시창, 청음, 풍금 연주법, 창가를 교육하였고, 2시간은 악전, 화성 상식, 동요 작곡 상식 등을 가르쳤기 때문에 음악 재질이 높은 학생들은 상당한 수준의 음악상식을 갖게 되어 졸업한 다음 음악교원으로 배치되었다. 1953년 7월 첫 기의 음악반 졸업 학생들은 연변의 각 현, 시와 길림, 장춘, 무순撫順 등지의 학교에 배치되었다.47

흑룡강성 상지 조선족사범학교, 목단강牧丹江 조선족사범학교에서도 음악교육에 매우 심혈을 기울였다. 조선의용군 제3지대 선전대, 조선인민군군악대에서 장기간 악대를 지휘한 경험이 있는 박의환은 1953년에 이 학교의 음악교원으로 부임한 후 시창 청음, 악전, 화성 상식, 오르간 연주법 등을 강의하였고, 합창대를 조직하여 학생들의 음악 재질을 높여 주었다. 또한 요령성 청원 조선족사범학교, 개원 조선족사범학교에서도 성 내의 조선족 중·초등학교의 많은 음악교원을 양성하였다. 당

---

47 남희철, 앞의 책, 248쪽.

시 조선족사범학교의 교수요강이 따로 없는 여건 하에서 각 사범학교에서는 전국 통일 교수요강(한족학교용)과 교재 그리고 러시아와 조선민주주의인민공화국의 사범학교 음악교수요강 및 교재를 참고하여 스스로 교재를 편찬하여 사용하였다.48

1989년부터 1990년 사이에 동북조선민족교육출판사에서 출판한 『중등사범학교음악교과서』(전4권, 리원경, 김광호, 리광운, 최봉구, 김덕균, 남희철 편저)는 사범학교 음악교재 사용의 무질서한 역사에 종지부를 찍었다. 국가교육부에서 반포한 『중등사범학교음악교수요강(초안)』과 학습 방법에 근거하여 편찬하게 된 것이다. 음악교육 내용은 음악상식과 시창청음, 노래, 음악 감상, 오르간(피아노), 초등학교 음악교수법, 동요 작곡법 등의 내용을 체계적으로 엮어 놓았고 조선족 음악에 관한 내용을 강화하였다. 이 교과서가 출판된 후에야 각 사범학교들에서는 비로소 통일 교수요강에 근거한 통일적인 음악교육을 실시하게 되었다.

연변예술학교에는 자체의 교수요강과 교재가 없었다. 중앙음악학원 中央音樂學院, 상해음악학원上海音樂學院, 심양음악학원沈陽音樂學院 등의 교수요강을 참고하여 교원들이 각자 교수 준비를 하였고, 소련의 음악이론 교과서나 국내 여러 음악학교의 음악이론(기초악리, 화성, 대위법, 편곡법) 교재들을 참고하여 연변예술학교의 실정에 맞도록 교수하였다.49

1985년 9월부터 연변예술학교 사범부가 설치되었는데 1987년 3월

---

48 1952년 중국에서는 러시아의 경험을 전면적으로 학습하고 교육 지도 사상, 교육 제도, 교육 관리 체계, 과정안, 교육 내용, 교육 방침에 이르기까지의 전반에 걸쳐 러시아의 경험을 적용하였다.

49 남희철, 앞의 책, 253쪽.

부터 1988년 1월까지는 음악사범부와 미술부가 합병해 있다가 1988년 3월에 음악사범부로 완전히 독립하였다. 이 학교에서는 원래 2년제와 3년제, 4년제로 운영해 오던 중등음악 사범반을 2년제와 4년제로 고치고 2년제는 고중 졸업생 가운데서 2년에 한 번씩, 4년제는 초중 졸업생 가운데서 4년에 한 번씩 모집하여 4년제는 초등학교 음악교원을 양성함과 아울러 고등음악 사범학생 모집 문제를 해결하는 것을 목적으로 하고 2년제는 직접 각지 초등학교에 배치하게끔 하였다.

사범학교의 설립 목적은 주요하게 덕·지·체 등 방면의 전면적인 발전과 현대 초등학교 교육 발전과 개혁에 적응할 수 있는 교사를 배양하는 데 있다.

그리고 그 교육과정은 첫째, 기초성과 전공성, 둘째, 종합성과 다방면의 발전, 셋째, 이론과 실천의 결합, 넷째, 통일성과 영활성의 결합 등 구체적인 목표를 설정함으로써 현대화에 발맞추고 세계와 미래를 향하여 현대 사회경제, 문화와 과학의 발전의 추세를 반영하였으며, 교육개혁과 기초교육과정 혁신을 전제로 하여 새로운 교육이념을 실현하였다.

중등사범학교 음악교사에 관한 교육과정은 필수과목, 선택과목, 교육실천의 세 부분으로 구성되었다. 필수과목은 문학과와 교육실천과가 포함되는데 그 중 문학과는 또 공통 필수과목과 교육전업과 그리고 학과 기초 과목이 포함되고, 교육실천과는 교육견습과 교육실습이 포함된다. 선택과목은 현정한 선택과와 임의의 선택과가 포함된다.

전부학과 과정은 총 260주이고 그 중 교학 활동 181주, 교학 실천 9주, 기계동작 10주, 방학기간 60주이다. 교학 과정은 모두 5,898~6,208시간이고 매주 30~33시간이다.

연변대학교 예술학원50 음악학부의 음악교육전공은 1975년 처음으로 설립되었다. 1980년 연변사범전과학교 위탁반委託班을 3년에 걸쳐 운영하였지만 모두 비음악교육 전공이었고 1986년에 와서야 겨우 음악교육전공이 전과專科로 개설되었다. 그 후 1993년에 비로소 연변대학교 음악학과에 음악교육전공이 4년제 대학본과로 개설되었다.

연변대학교 음악교육과의 교육목표는 첫째, 중등학교 혹은 사회문화 예술부문과 음악교육과 조직 활동에 종사하는 데 필요한 덕·지·체를 겸비한 종합적인 고등음악(대학교육) 교육 인재들을 양성하는 것이고, 둘째, 마르크스의 기본 원리를 파악하고, 본 전공이 필요한 음악 기초이론을 파악하며 기본 지식과 기본 기능, 음악 표현과 음악 감상 능력이 구비되어야 하며, 초보적인 과학 연구와 창작 및 사회문화 예술 부문의 음악 활동도 지도할 수 있는 능력이 구비되어야 한다는 것이며, 셋째, 상당한 수준의 성악 능력과 피아노, 손풍금 연주 능력과 반주 능력이 구비되어야 하며 초보적으로 한 가지 이상 악기의 연주법을 익히게 하며 중·고등학교에서 교사가 필수적으로 해야 할 음악 수업과 과외 음악 활

---

50 연변대학교 예술학원(延邊大學校藝術學院)은 중국 조선족의 유일한 예술학교로서 1975년에 연길시에 설립되었으며, 그 후로 길림예술학원 연변분원, 연변대학 예술학원으로 학교 명칭을 바꾸어왔다. 1997년에 연변대학은 연변의학원, 연변 농학원, 연변사범고등전과학교, 연변예술학원, 연변과학기술대학 등 5개 대학을 귀속시켜 종합대학교의 면모를 갖추었다. 현재 연변대학예술학원은 음악, 미술, 무용, 연극 등 4개 학부와 음악학, 미술학 무용학 등 석사과정 및 문화기초부가 설치되어 있고 300여 명의 교직원과 1000여 명의 학생이 재학하고 있다. 또한 그 산하에는 중등예술학교(음악, 무용, 미술)와 초등예비학교(음악, 무용)를 두고 있다.

동을 조직함과 동시에 교육법규를 지켜야 하며, 학과의 일반 지식에 관련되는 것을 이해하고, 문헌 연구 방법을 익히며 일정한 과학적인 연구 능력을 구비하게 하는 것 등으로 되어 있다.

음악교육학과의 학제는 4년제 학부과정으로 졸업할 때까지 소정의 학점을 이수하고, 사회조사, 교육실습, 졸업논문 작성 과정을 마쳐야 한다. 이에 따라 졸업할 때까지 4년 동안 총 학점을 160학점, 전공 기초과목 51학점, 전공 필수과목 36학점, 일반교육과정 선택과목 12점, 전공 선택 필수과목 18학점을 이수해야 하며, 동시에 외국어 시험에 통과하여야 한다.

학생들이 수강해야 하는 음악상식과 관련된 과목은 전공 기초과정은 교육학, 심리학, 예술개론, 중국음악사, 외국음악사, 기본음악이론, 화성 기초, 시창청음 등 11개 과목을 이수해야 한다. 전공 필수과목 9개 종류인데 그 유형은 음악교육학론, 교사기본기능, 총 악보독법, 전업악기/성악, 가곡작법, 합창과 지휘기초, 형체形體무용, 악대조합과 배합 등이 개설되어 있고, 전공 선택과정은 16개 과목으로 서양관현악기, 민족관현악기, 오르프음악 교수법, 민족민간음악, 음악미학, 민가, 장고, 사물악기, 피아노교수법, 성악교수법, 조선민족민속음악, MIDI 제작 등이다.

그리고 타 학부 필수과정의 과목 3개가 개설되어 있는데 미술 감상, 무용 감상, 연극 감상 등 각각 2학점씩 주당 6시간씩에 걸쳐 계절학기에 이수하도록 하고 있다.

제2절 음악 교육과정의 변천 과정

　중국 조선족 교육의 모체이며 근간이 되는 중국 초·중등학교 교육과정은 1949년 중화인민공화국 건립 이후 여러 차례에 걸쳐 교육 개혁 작업을 진행해 왔다. 중국의 교육 개혁은 대체로 4단계로 변화의 역사를 거쳐 왔으며, 이러한 교육과정의 변천은 중국 교육 개혁의 변혁에 따라 이루어져 왔다.

　제1단계(1949~1957)에는 소련 교육의 영향 하에 중국의 교육과정이 탄생하여 교과목이 세분화되었고, 과학과목의 중시, 교육과정의 학술화 등의 경향이 크게 나타나게 되었다. 제2단계(1958~1966)는 모택동의 중국 교육 방침이 시행되면서 1963년 전일제 초·중등학교 교학계획(교육과정)[51]이 공포되었다. 이 시기는 문과보다는 이과를 중시하는 특징이 나타났다. 즉 교육혁명을 제창하면서 공산주의 정신에 투철한 교육 제도를 건립하고자 했다. 제3단계(1966~1976)는 1966년부터 1976년까지 10년간 문화혁명으로 교육의 암흑시기를 거쳤다. 즉 교육 사업이 파괴되던 시기였다. 제4단계(1977~현재)는 1977년 등소평의 등장으로 교육

---

51 중국에서는 교육과정 총론 부분은 '교학계획'이라고 하고 각론 부분은 '교학대강'이라 하였다. 2001년 교육과정이 개정되면서 총론에 해당되는 부분은 '교육과정설치', 각론에 해당되는 부분은 '과정표준'이라고 칭하고 있다. '교육과정설치'에는 배양 목표, 국가 교육과정의 개설 요구 및 보충 내용 등이 포함되고, '과정표준'에는 국가 교육과정의 구체적인 달성 목표와 내용이 포함되어 있다. 이러한 중국의 교육과정은 국가, 지방, 학교, 세 가지 유형으로 구조화되어 있다.

의 새로운 회복기를 맞게 되었다. 1981년에 인문 과정을 중시하는 초·중등교육과정이 새로이 공포되었고, 1986년에는 9년제 의무교육법이 제정되고 이에 따른 교육과정이 1988년에 공포되었다.

1992년에는 초·중학교 9년간의 교육의 일환으로 「9년제 의무교육 전일제 초등학교, 초급중학교의 교육과정계획」이 개정 공포되었는데, 이 과정은 국가 통제 과정의 기본이지만 지방이나 소수민족의 과정으로 재구성하여 시행토록 함에 따라 조선족도 이에 준하여 초등학교 6년제, 중학교 3년제에 맞는 교육과정을 제정하고 교과서를 편찬하여 음악교육에 나서고 있다.

아래에 중국 조선족 학교 음악교과에서의 교육과정, 교과서 및 교사용 도서에 의한 교육목표의 변화 과정과 기본 내용, 그리고 방법들의 변화과정을 초등, 중등으로 나누어 살펴보고자 한다.

1. 초등학교의 교육과정 및 교과서 편제

1) 초등학교 음악 교육과정의 변천

중국에서의 초등교육은 9년제 의무교육의 첫 교육기관 단계로서 초등학교 교육을 말하는데 한국과 같이 6년제로 이루어져 있다.

중국은 1986년에 9년제 의무교육법이 제정되어 초등학교와 초급 중학교에서 의무교육을 실시하고 있다. 이에 따라 시행 방안으로 「의무교육 전일제 초등학교, 초급중학교 교학계획」과 1988년 이러한 계획에 다른 실천 방안인 교학대강을 제정 공포하였다. 이것은 중국이 9년제 의무교육 실시와 관련하여 처음으로 제정한 교육과정인 것이다.

이에 조선족 초등학교 음악교과는 교육과정상 10~11개 교과목 중의 하나로 시간 배당은 주당 2시간씩 배당되어 있는 학과이다. 초등학교의 교과명과 주당 시간 배당 단위를 보면 사상품성 1, 조선어문 7, 한어 5, 수학 6, 자연 상식 2, 지리 2, 역사 2, 체육 2, 음악 2, 미술 2, 노동 1 시간으로 되어 있는데, 음악과는 1년간 68시간을 지도하게 되어 있다.

이러한 실정에 따라 조선족 음악과 교육과정을 중국 의무교육 실시에 따라 '음악교수요강' 또는 「음악과 과정표준課程標準」이란 명칭으로 1989년도부터 2000년대 현재까지 3차에 걸쳐 고시하여 교과서를 편찬하고 이를 일선 초등학교에 적용하고 있다. 교육과정의 모든 문장은 조선민족 문자인 한글로 작성하였다.52

(1) 제1차 음악과 교육과정

1988년 6월에 조선족 초·중학교 음악교수요강 집필소조에서 작성하고 연변교육출판사에서 출판한 『전일제조선족초등학교 음악교수요강(시용)』(중국명칭:全日制朝鮮族小學音樂敎學大綱)은 23쪽에 걸쳐 다음과 같은 내용을 제시하고 있다.

첫째, 교수 목적을 "음악교수를 통하여 음악에 대한 학생들의 흥미

---

52 제1차, 『전일제조선족음악교수요강』, 중국: 연변교육 출판사, 1988.

　　제2차, 『의무교육전일제조선족초등학교음악교수요강』, 중국: 동북조선민족교육 출판사, 1994.

　　제3차, 『의무교육조선족학교음악과정표준』, 중국: 연변교육출판사, 2004.

를 키워주며 옅은 음악상식과 간단한 음악 기능을 장악하게 하여 초보적으로 음악을 감수하고 감상하며 표현하는 능력을 키우게 하는 것이다."라고 서술하였다. 이는 음악상식과 기능을 익혀 감상하고 표현하는 능력을 키우게 하는 데 목적을 둔 것으로 풀이된다.

둘째, 교수 내용을 "초등학교 음악교수 내용에는 노래, 시창, 청음, 음악상식(이론), 기악, 감상, 창작이 포함된다."고 서술하고, 각 영역의 내용을 소항목으로 나누어 간략하게 제시하였다. 예를 들면 감상 영역에서 "학생들의 연령과 점수 정도에 따라 감상과 연관되는 음악상식과 표현 수법을 소개하여야 한다."라고 하였듯이 어미를 '~하여야 한다'와 같이 의무사항을 실천하도록 하는 느낌을 주도록 서술하였다.

셋째, 과외 음악 활동 내용에는 합창대, 음악 감상회 등 서클 활동을 권장하여 학생들의 자립성과 창조성을 충분히 발휘하도록 해야 한다고 서술하였다.

넷째, 교수 설비 내용으로는 음악 교실 설치, 피아노·손풍금 등 음악 지도에 필요한 교구를 갖추어야 한다고 제시하였다.

다섯째로 성적 평정, 즉 음악 평가에 대하여 밝혔다. 수업의 질을 높이기 위해 교수요강에 규정된 내용을 시험을 통하여 평가해야 한다고 하였다.

여섯째로 각 1학년에서 6학년까지 학년별로 지도해야 할 교과서 구성 내용을 학년 수준 단계에 맞게 노래, 시창, 청음, 음악상식(이론), 감상 영역으로 나누어 2개 항목에서 7개 항목까지 영역에 따라 제시하였다.

(2) 제2차 음악과 교육과정

1994년 9월에 조선족 중·소학 교학대강(각론) 편사조에서 작성하고 동북조선민족교육출판사에서 출판하고 연변교육서점에서 발행한 『의무교육 전일제조선족 소학교 음악교수요강(시용)』(중국명칭: 義務敎育全日制朝鮮族小學音樂敎學大綱)은 23쪽에 걸쳐 다음과 같은 내용을 제시하였다. 제1차시기보다 1개 항을 추가하였고 순서를 바꾸었으나 쪽수는 같게 출판하였다.

다음과 같이 첫째, 교수 목적을 4개 항목으로 제시하였는데 그 중 첫째와 넷째 항의 내용은 국가관과 민족관을 강조한 것으로 분석된다.

① 음악학과의 특징을 뚜렷이 하여 나라를 사랑하고 인민을 사랑하며 노동을 사랑하고 과학을 사랑하며 사회주의를 사랑하는 교육과…(중략)…음악교육을 침투시켜…(중략)…사회주의 후계자와 건설자로 되게 하는 것이다.…(중략)…④ 학생들이 조선민족의 음악을 초보적으로 알고 사랑하게 하며 다른 민족의 우수한 음악작품을 초보적으로 접촉하게 하여 음악 감수 능력과 음악 표현 능력을 갖도록 하는 것이다.

둘째, 교수 내용과 기본 요구에서는 "초등학교 음악교수 내용에는 노래, 노래유희, 음악상식, 시창, 청음, 기악, 감상, 창작이 포함된다."고 전문을 밝히고, 각 영역별로 지도해야 할 내용을 항목별로 '~해야 한다'는 형식의 문장으로 서술하였다. 노래유희 영역의 제1항을 예를 들어 제시해 보면 "(1) 노래유희 교수에는 율동, 음악유희, 노래 표현과 집단무용 등이 포함된다."고 하였다. 이는 무용과 음악을 접합시킨 음악교육을 위한 것으로 해석된다.

셋째 항목에서는 교수 내용 배치에 대하여 각 학년별로 노래, 음악상식, 시창청음, 감상 등 전 학년에 걸쳐 4개 분야로 나누어 항목별로 제시하였다. 이 교수내용은 학년 수준에 맞게 항목별로 '~하여야 한다'는 문구 형식으로 서술하였다. 그리고 끝부분에 영역별 지도 비중을 다음 표와 같게 밝히고 있다.

<표-6> 음악교과서의 영역별 지도 내용 비중

학년-교수내용	노래	음악상식	감상	기악	창작
저급학년	50%	10%	20%	15%	5%
중급학년	50%	10%	20%	15%	5%
고급학년	40%	15%	25%	15%	5%

자료: 음악교과서(2차)의 내용을 영역별로 재구성한 것임.

넷째 항목에서는 과외 음악 활동에서 해야 할 내용과 유의점을 밝혔다. 과외 음악 활동으로는 합창대, 악대 등을 조직할 수 있고, 음악회, 음악 감상회 등을 할 수 있게 하였다.

다섯째 항목에서는 성적 평정, 즉 성적 평가의 목적과 방법을 간단히 제시하였으며, 여섯째 항목의 교수설비에서는 음악교실 설치, 교구설비, 음향설비 등에 대하여 갖추어야 할 종류를 제시하였고, 일곱째 항목에서는 교수요강 실시에서 유의하여야 할 사항을 다음 머리말과 더불어 7개 항으로 제시하였다. 이 교수요강은 「중공중앙교육체제개혁中共中央教育體制改革에 관한 결정決定」, 「중화인민공화국의무교육법中華人民共和國義務教育法」의 정신과 국가교육위원회에서 제정한 「의무교육전일제 소학교, 초급중학교 과정계획課程計劃」의 규정에 따라 광범위한 조사 연구의 기초 위에서 중국 조선족 초등학교의 실정에 결부시켜 제정한 것이다.

(3) 제3차 음악과 교육과정

2004년 5월에 연변교육출판사 미음체美音體 편집실에서 작성하고 연변교육출판사에서 출판한 『의무교육조선족학교음악과정표준』(시행고)』[53] (중국명칭: 義務敎育朝鮮族學校音樂課程標準-試行稿)은 51쪽에 걸쳐 다음과 같은 내용을 제시하였다. 제1, 2차와는 달리 6년제 초등학교와 3년제 초급 중학의 교육과정을 통합하여 작성하였다.

첫째, 제1부분 머리말에는 과정의 성격과 가치, 기본이념 과정표준의 설계사로 등 소제목 3가지로 나누어 9쪽에 걸쳐 설명식 문장으로 기술하였다.

① 과정목표 : 정감태도와 가치관⇒ 과정과 방법⇒ 지식과 기능
② 교수영역 : 감수와 감상⇒ 표현⇒ 창조⇒ 음악과 서로 관계되는 문화
③ 내용표준 : 1-2학년 ⇒ 3-6학년 ⇒ 7-9학년

과정의 성격과 가치에서는 "음악과는 인문학과의 중요한 영역으로 미적 교육을 실시하는 주요한 경로이며 기초 교육 단계의 필수과목이다."라고 밝히고 음악과정의 가치는 심미적 체험 가치, 창조적 발전 가치, 사회적 교제 가치, 문화전통 계승 가치 등 4가지 면에서 체현된다고 서술하였다.

---

53 3차 시기부터 음악교육과정을 '음악과정표준'이라 칭하였는데 서술의 편리를 위해 아래 중국에서 사용하는 명칭들을 그대로 사용하기로 하겠다.

기본이념에서는 다음의 10가지를 제시하였다. 과정표준 설계사로에
서는 표준의 줄거리에 차별을 두었으며 영역은 학습단계를 도표로 표시
하였다.

① 음악적 심미를 핵심으로 하여야 한다.

② 흥미와 애호를 동력으로 하여야 한다.

③ 모든 학생에게 낯을 돌려야 한다.

④ 개성 발전을 중요시하여야 한다.

⑤ 음악 실천에 중시를 돌려야 한다.

⑥ 음악적인 창조를 하도록 고무해 주어야 한다.

⑦ 학과의 종합을 제창하여야 한다.

⑧ 민족음악을 뚜렷이 하여야 한다.

⑨ 다원문화에 대해 이해하도록 하여야 한다.

⑩ 평가기제를 완벽히 하여야 한다.

둘째, 제2부분 과정목표에서는 먼저 총적 목표로 정감 태도와 가치
관, 과정과 방법, 지식과 기능 등 3가지를 제시하고 다시 구체적인 내용
을 밝혔으며 다음으로 학습단계의 목표를 1-2학년, 3-6학년, 7-9학년
(중학) 등 3부분으로 나누어 4, 5개의 목표를 제시하였다. 과정 총적 목
표 원문을 제시하면 다음과 같다.

음악과정 총적 목표는 음악과정 가치의 실현을 의거로 한다. 음악교수
와 여러 가지 생동한 음악 실천 활동을 통하여 학생들의 음악을 사랑하
는 흥미를 키워주고 음악 감수능력과 감상능력, 표현능력과 창조능력을

발전시켜 음악문화 수양을 제고하며 정감 체험을 풍부히 하고 고상한 정조를 갖도록 한다.

각 학습단계의 목표 서술 내용은 다음 <표-7>과 같다.

<표-7> 제3차 초·중학교 음악과 교육과정 학년 목표 체계

1-2학년 목표	3-6학년 목표	7-9학년 목표
* 학생들의 음악에 대한 흥미를 불러일으키고 키워준다 * 음악적 감수력을 키워주며 음악적 미감을 체험시킨다. * 자연스럽고 표정 있게 노래 부르며 기타 음악표현과 즉흥적인 창의성활동에 즐겨 참여하게 한다. * 낙관적인 태도와 우애정신을 키워준다.	* 학생들이 음악에 흥미를 갖게 하며 음악활동에 즐겨 참여하게 한다. * 음악 감수능력과 감상능력을 키워준다. * 예술적상상과 창의력을 키워준다. * 낙관적인 태도와 우애정신을 키워준다.	* 학생들이 음악에 대한 흥미를 풍부히 하도록 하며 음악활동에 관심을 돌리고 열정적으로 참여하게 한다. * 음악을 감수하고 평가하면서 감상하는 능력을 제고시키며 양호한 감상관을 초보적으로 갖도록 한다. * 음악을 표현하는 능력을 키워준다. * 예술적 상상을 풍부히 하고 창의력을 제고시킨다. * 풍부한 생활감정과 낙관적인 태도를 키워주고 집단의식을 높이며 합작하고 협조하는 능력을 키워준다.

자료: 음악과정표준(3차)의 학년목표를 체계표로 재구성한 것임

셋째, 제3부분 내용 표준에서는 음악 영역을 감수와 감상, 표현, 창조, 음악과 서로 관계되는 문화로 나누고 다시 각 영역을 3, 4개로 분류하여 학년별로 가르쳐야 할 내용을 요목별로 제시하였다. 그 예로 영역 1에 대한 하위 요소를 제시하면 다음과 같다. 즉 하위 요소는 음악의 표현 요소, 음악 정서와 정감, 음악 장르와 형식, 음악 풍격과 유파 등 4가지로 나누어 제시하였다. 서술 내용으로 보아 제3부분 내용 영역이 가장 많은 것으로 분석된다. 내용 구성은 다음 <표-8>과 같다.

<표-8> 제3차 초·중학교 음악과 교육과정 구성 체계

영 역 1	영 역 2	영 역 3	영 역 4
감수와 감상	표현	창조	음악과 서로 관계되는 문화

*음악의 표현요소
*음악 정서와 정감
*음악 장르와 형식
*음악 풍격과 유파
	*가창
	*연주
	*종합성(綜合性)
	  적인 예술표현
	*악보보기
		*음향과 음악에
		  대한 탐색
		*즉흥창작
		*창작실천
			*음악과 사회생활
			*음악과 자매예술
			*음악과 예술 이외의
			  기타학과

자료: 음악과정표준(3차)의 내용구성을 영역별로 재구성한 것임

넷째, 제4부분 <음악과정표준> 실시에 대한 건의建議에서는 크게 교수 건의, 평가 건의, 과정 자원의 개발과 이용, 교재 편찬에 대한 건의 등 4가지로 나누고 각각에서 하위 제목과 내용을 제시하였다. 크게 4개 부분으로 제시된 내용은 제3부분 내용표준을 18쪽에 걸쳐 가장 많이 제시하였고, 그 다음이 제4부분의 내용으로 분석된다.

(4) 3차 음악과 교육과정 비교

이상과 같이 3차에 걸쳐 고시된 음악과 교육과정은 체제, 내용, 문제 등의 많은 변천을 가져온 것을 찾아볼 수 있다. 먼저 교수요강(과정)의 목차와 서술된 교육과정의 내용을 살펴보면 다음과 같다.(표-9 참조)

<표-9> 조선족 초등학교 음악과 교육과정 요목 변천 비교

유 형	제1차 교육과정(88년) 초-중학교 분리형	제2차 교육과정(94년) 초-중학교 분리형	제3차 교육과정(2004년) 초-중학교 통합형
목 차	1. 교수목적 2. 교수내용과 요구 3. 과외음악활동 4. 교수설비	1. 교수목적 2. 교수내용과 기본요구 3. 각 학년의 교수내용 과 배치	제1부분 머리말 제2부분 과정목표 제3부분 내용표준 제4부분 <표준>실시에

	5. 성적 평정 6. 각 학년의 내용과 　요구	4. 과외음악활동 5. 성적 평정 6. 교수설비 7. 교수요강 실시에서 　반드시 주의하여야 할 　몇 가지 문제	대한 건의(建議)
쪽　수	23	23	51

자료: 음악교육과정(1~3차)의 요목을 재구성한 것임

　제1차와 2차 교육과정 시기 기간은 6년이지만 제 2차와 3차는 10년의 기간 차이가 나는 것으로 나타난다. 제1, 2차 교육과정은 초등학교와 중학교를 분리하여 서술한 분리형으로 23쪽에 걸쳐 제시한 것으로 유형과 쪽수는 같다. 그리고 항목 수는 2차가 1개 더 많으나 제목을 같거나 유사하게 정하여 내용을 제시한 것으로 파악된다. 제3차 시기 교육과정 목차는 1, 2차와는 아주 다르게 크게 4개 부분으로 나누었고, 초등학교와 중학교를 통합하여 작성하였으며, 따라서 분량도 51쪽으로 2배가 넘는 것으로 분석된다. 내용 서술도 구체적으로 작성한 것으로 나타난다.

　한편 이러한 교육 과정을 주제학적으로 비교해 볼 때 제 1차에서는 음악기초지식과 감상에 중점을 두었고, 2차에서는 국가관과 민족관이 강조되었으며, 3차에서는 음악의 심미적 효용성과 문화의 기능을 강조한 것으로 볼 수 있다.

2) 초등학교 음악교과서의 변천

　중국 조선족 초·중학교 음악교과서는 소수민족 교육에 관한 법규와 정책(中華人民共和國憲法 제119조-1982년)에 따라 제정된 조선족 교육에 관한 법규에 의하여 국정교과서에 준하는 단일종의 교과서로 편찬하게 되어 있다.

이 교과서는 소수민족 문자 교재 출판사업 규정(전국소수민족출판사업회의 결정-1959년 9월)에 근거하여 초등학교와 중학교의 음악교과서를 한글로 출판하였다. 교재 편찬의 원칙은 "소수민족문자교재의 편·역은 반드시 당과 국가의 교육 방침을 지도 사상으로 삼아야 하며, 내용상에서 사회주의, 공산주의, 애국주의 사상으로 학생들을 교양할 수 있도록 한다."[54]는 규정에 따랐다. 즉, 초등학교 음악교과서는 중국공산당 중앙위원회와 국무원의 '교육개혁을 심화하고 자질 교육을 전면적으로 추진하는 것에 관한 결정'정신과 '의무교육 조선족 초등학교 음악교수요강'의 기본 요구에 따라 편찬된 것이다. 이 교과서의 특징은 아래와 같다.

첫째, 노래교수를 주요 내용으로 하고 감상교수를 강화하며, 기악교수와 창작교수를 증가하였다. 둘째, 음악예술의 특징에 따라 음악 기초 지식 전수와 기본 기능 훈련 교수를 착실히 하도록 하였다.

교과서는 중국 조선족 음악교육의 실제 정황에 따라 음악예술의 우수성을 존중하고 민족성이 드러나게 하는 동시에 학생들의 연령과 심리 특징을 고려하여 교수 내용과 방법, 그리고 교과서의 형식, 체제 등 여러 면에서 개혁적인 탐구를 하여 중국의 한족漢族 교과서와 외국의 특색 있는 음악교육 이론, 교수 방법들을 취하여 우리의 교과서로 하여금 중국적 특색이 있고 민족 풍격과 시대의 특징이 짙은 교과서로 만드는 데

---

54 황도남, 『중국 조선족교육의 현황과 전망』, 중국: 연변대학출판사, 1995, 26-35 쪽.

노력하였다.

중국 조선족 초등학교 음악교과서는 대체로 3차시기에 걸쳐 출판하였는데 교육과정 고시 시기와 일치하게 동시에 발행하지 않고 학년에 따라 연차적으로 발행하였다.

(1) 교육과정 직전 시기 음악교과서(1983-1986년 발행)

① 교과서 편찬 개요

이 시기는 1988년 9년제 의무교육제 실시 직전이어서 정규적인 제1차 교육과정 시기 직전에 해당된다. 따라서 시기 구분을 제1차 교육과정 직전 시기로 정하였다.

1983년 7월에 연변 중·소학 음악교재편사組編寫組에서 작성하고 연변교육출판사에서 출판한『초등학교 교과서 음악 제1학년용』(중국명칭: 小學課本音樂一年級用) 교과서 등 6개 학년용 6종의 교과서는 모두 40-60쪽 짜리로 발행하였다. 교과서 규격은 14.3×20cm로 국판보다 작은 크기이다. 조선족 음악전문가들로 구성된 편찬진이 저술하고, 연변교육출판사에서 출판한 음악교과서는 판권 난에만 중국의 문자인 한자로 출판 사항들을 표시하고 있다.

음악교과서의 초판 시기는 초등학교 1, 2, 3, 4, 5학년은 1983년, 6학년은 1984년도이고 1986년에도 발행한 것으로 나타난다.

② 교과서 편찬 내용

1983년, 1984년에 초판으로 발행된 초등학교 음악교과서는 학년별 책으로 발행하였다. 각 학년별 음악교과서의 단원 편성은 가창곡과 감상곡으로 나누어 제시하였는데 가창곡은 악보 제시, 감상곡은 그림 제시 혹은 악보 제시와 함께 하였다.

1학년용의 감상곡에는 꼬쎄크가 작곡한 가보트 무곡과 같은 외국 곡도 나와 있었다. 이 시기에 발행한 음악교과서의 앞표지에는 모두 트라이앵글, 캐스터네츠와 같은 악기 그림을 제시하였다. 이론 부분에서는 아주 간단하게 교과서 한 페이지의 1/3정도 차지하여 높은음자리표, 4분음표 등과 같은 이론 지식을 담기도 하였다.

제1학년 교과서는 12개 가창 단원 중 4개 단원에 음악 감상 내용을 삽입하였고, 2학기 12개 가창 단원 중 4개 단원에 음악 감상 내용을 삽입하여 편찬하였다. 단원별 가창곡은 조선족 음악가들의 작사와 작곡 작품을 대부분 게재하였다. 그 예로 곡명이 <벽시계>, <오른쪽 길로> 등이 있는데 박자 구성이 2/4, 3/4, 4/4박자 곡이 고르게 나오고, 음계의 구성이 다양하여 1학년 수준으로 익히기 어려운 편이다.

제2학년 교과서는 1학기 12개 가창 단원 중 5개 단원에 음악 감상 내용을 삽입하였고, 2학기 12개 가창 단원 중 5개 단원에 음악 감상 내용을 삽입하여 편찬하였다. 단원별 가창곡은 1학년과 비슷하게 조선족 음악가들의 작사와 작곡 작품을 대부분 게재하였다. 그 예로 곡명이 동요곡으로 <딸랑 강아지>, <알락 고양이> 등과 조선족 민요로 <달 노래> 등이 실려 있다. 음악 감상곡으로는 관현악곡, 기악곡, 합창곡 등이 나오고, 2/4, 3/4, 4/4 박자의 곡이 고르게 나오며, 음계의 구성이 다양하여 2학년 수준으로 익히기 어려운 편이다.

제3학년 1학기 교과서는 12개 가창 단원 중 3개 단원에 음악 감상 내용을 삽입하였고, 2학기 11개 가창 단원 중 3개 단원에 음악 감상 내용을 삽입하여 편찬하였다. 이는 2학년 음악교과서보다 적게 제시한 편이다. 음악 감상곡으로는 피아노 독주곡, 손풍금 독주곡, 바이올린 독주곡, 관현악곡, 군대행진곡 등 기악곡이 많이 나왔다. 가창곡으로는 동요 곡이외에 조선족 민요, 일본 가요, 미국 악곡, 북한 곡 등 다양한 곡이 제시되었다.

제4학년 1학기 교과서는 11개 가창 단원 중 4개 단원에 음악 감상 내용을 삽입하였고, 2학기 11개 가창 단원 중 4개 단원에 음악 감상 내용을 삽입하여 편찬하였다. 이는 3학년 음악교과서보다 조금 더 제시한 편이다. 음악 감상곡으로는 민족기악, 첼로 독주곡, 관현악곡, 피아노 독주곡, 바이올린 독주곡, 피파 협주곡, 일본 민요 등 여러 분야의 곡이 실렸다. 가창곡으로는 조선족 작가의 동요 곡이 대부분이고, 이 외에 항일 가요, 조선족 민요 등의 곡이 제시되었다.

제5학년 교과서는 1학기 11개 가창 단원 중 4개 단원에 음악 감상 내용을 삽입하였고, 2학기 10개 가창 단원 중 7개 단원에 음악 감상 내용을 삽입하여 편찬하였다. 이는 4학년 음악교과서보다 3개 단원을 더 제시한 편이다. 음악 감상곡으로는 독창곡, 현악합주곡, 러시아 가요, 가야금병창, 조곡, 조선가극, 무용음악 등 다양한 곡이 들어 있다. 가창곡으로는 조선족 작가의 동요 곡이 대부분이고, 이외로 일본 북해도민요, 폴란드 민요 등이 제시되었다.

제6학년 교과서는 1학기 12개 가창 단원 중 4개 단원에 음악 감상 내용을 삽입하였고, 2학기 10개 가창 단원 중 4개 단원에 음악 감상 내용을 삽입하여 편찬하였다. 이는 5학년 음악교과서보다 3개 단원이 적은 편이다. 음악 감상곡으로는 관현악(아리랑), 첼로 독주곡(슈만작곡), 남성 중창과 바이올린 독주곡(빨치산의 노래), 대합창곡, 가야금병창, 현악소야곡(오스트리아 곡), 기악중주(조선 곡) 교향서사시 등 다양한 곡이 실려 있다. 가창곡으로는 조선족 작가의 동요 곡이 대부분이고, 이 외에 조선족 민요 1곡이 제시되었다.

이상과 같은 83, 84년도 발행 초등학교 음악교과서는 가창곡과 감상곡을 학년에 따라 곡수를 배분하여 제시하였으나, 곡명의 종류나 곡수의 분량이 체계적이지 못하고 학년 수준을 고려한 점이 나타나지 않는다. 그리고 각 학년 교과서 앞뒤 표지 안쪽 여백 부분에 각종 국악기, 서양악기 그림을 제시하기도 했다.

(2) 제1차 교육과정 시기 음악교과서(1989-1992년 발행)

① 교과서 편찬 개요

중국에서 1986년에 9년제 의무교육 실시가 고시되고, 이에 따라 조선족 음악과 교육과정이 1988년에 고시되면서 정규 교과서를 발행하게 되었다.

1989년 6월에 조선족 중·소학 음악교재 편사조(編寫組)에서 작성하고 동북조선민족교육출판사에서 출판한 『의무교육초등학교 교과서 음악 제1권』(중국명칭 : 義務敎育小學敎科書 音樂 第1冊) 교과서 등 6개 학년용 12종의 학기별 교과서는 모두 40-46쪽 짜리로 발행하였다. 교과서 규격은 18.7×26.2cm의 4×6배판 크기로 제1차 직전 발행한 교과서보다 크다.

제1차시기에 연변교육출판사에서 출판된 음악교과서를 제2차시기에는 동북조선민족교육출판사에서 한글로만 출판하였다. 그러나 교과서 판권 난에만 중국의 대표문자인 한자로 출판 사항들을 표시하였다.

음악교과서의 초판 시기는 초등학교 1, 2학년은 1989년, 3학년은 1990년, 4,5학년은 1991년, 6학년은 1992년도 발행하는 등 4년간에 걸쳐 연차적으로 발행하였다.

특히 제1차 교육과정 시기 교과서는 편찬에 철저를 기한 기록을 찾아볼 수 있다. 이러한 사항을 음악교과서 뒷표지에 교재 심사 관계, 편찬자, 책임 편집자 등을 한글로 제시하였다.

5학년 1학기용 제9권과 6학년 1학기용 제11권은 출판사와 저자가 다른 10권의 교과서와 다르게 연변교육출판사에서 출판하고 연변교육출판사 미음체 편집실에서 편집한 것으로 파악된다.

② 교과서 편찬 내용

1989년부터 1992년까지 4년간에 걸쳐 초판으로 발행된 초등학교 음악교과서는 학기별 책으로 발행하였는데 1991년과 1992년에 편찬한 5, 6학년 교과서는 쪽수는 1, 2, 3, 4학년과 비슷하나 학기별 단원 수는 상당한 차이점을 둔 것을 발견할 수 있다. 각 학기별 음악교과서의 단원 편성을 가창곡, 감상곡, 보충 가요로 나누어 제시하였는데 가창곡은 악보 제시, 감상곡은 그림 제시, 보충 가요는 악보 제시를 하였다.

단원별 가창곡은 조선족 음악가들의 작사와 작곡 작품이 대부분을 차지하고, 조선(북한)민요 등이 나오는 것으로 분석되었다. 6학년 2학기용 제12권의 감상곡의 편찬 내용을 보면 슈베르트 곡, 노르웨이 그리그 작곡 등 외국곡이 나왔다. 이러한 감상곡은 5학년 교재와 비슷하게 곡 설명문과 더불어 일부 악보를 제시하였다. 이어서 교과서 끝부분에 보충 가요로 <졸업가>, <봄눈이 와요> 등 2곡을 제시하였고, 3쪽에 걸쳐 악보를 그릴 수 있게 오선지五線紙 용지를 첨부하였으며 뒷표지 안쪽에 관현악대의 구성용 악기 그림을 제시하였다. 6학년 1학기용 제11권 앞표지 안쪽에는 중국 애국가를 게재하였다.

이상과 같은 1989년부터 1992년까지 초판으로 출판한 의무교육 초등학교 음악교과서는 가창곡과 감상곡을 학년에 따라 곡수를 배분하여 제시하였으나, 5, 6학년의 단원 수는 1, 2, 3, 4학년 교과서 단원 수보다 적게 제시하여 단계성이 없는 것 같이 보인다. 즉 곡 수의 분량이 체계적이지 못하고 학년 수준을 고려한 점이 나타나지 않는다. 그리고 2000년에 출판한 5, 6학년 교과서 앞표지 안쪽 여백 부분에 중국 애국가를 제시하기도 했다.

(3) 제2차 교육과정 시기 음악과 교과서 (1999-2001년 발행)

① 교과서 편찬 개요

9년제 의무교육에 의해 1989년에 제1차 음악교과서가 발행되었고, 제2차 교육과정 시기에 1999년, 2000년, 2001년 세 번에 걸쳐 초등학교 음악교과서가 정규적으로 발행되었다.

1999년 8월에 교과서 저술을 '조선족 중·소학 음악교재 편사조'에서 '연변교육출판사 미음체편집실'로 변경 편집하였고, 출판을 동북조선민족교육출판사東北朝鮮民族敎育出版社에서 연변교육출판사延邊敎育出版社로 변경 출판하였다. 그리고 교과서 명칭을 제1차와 같게 『의무교육

초등학교 교과서 음악 제1권』(중국명칭: 義務敎育小學敎科書 音樂 第1冊)로 하였고, 6개 학년용으로 12종의 학기별 교과서를 매권 40-44쪽 짜리로 발행하였다. 교과서 규격은 제1차와 같게 18.7×26.2cm 4×6배판 크기로 발행하였다.

제1차시기와 교과서 쪽수는 비슷하나 교과서의 가격은 제1차의 2.70-3.60원보다 조금 많은 3.20-3.90원으로 책정되어 있다.

교과서는 조선족 음악전문가들로 구성된 편찬진(편찬자: 김득진)이 저술하여 제1차시기에는 동북조선민족교육출판사에서 출판하였던 것을 연변교육출판사로 변경하여 전체를 한글로 출판하였다. 그러나 교과서 판권 난에만 한자로 출판 사항들을 표시하였다.

음악교과서의 초판 시기는 초등학교 1, 2학년은 1999년, 3, 4학년은 2000년, 5, 6학년은 2001년도에 발행하는 등 3년간에 걸쳐 연차적으로 발행하였다.

② 교과서 편찬 내용

1999년부터 2001년까지 3개년 간에 걸쳐 초판으로 발행된 초등학교 음악교과서는 학기별로 발행하였는데 학년별 교과서 쪽수는 전 학년 학기별로 비슷하나 2학기 교과서는 1학기 교과서보다 적은 편이다.

각 학기별 음악교과서의 단원 편성을 전 학년의 전체 10개 단원에 10곡의 가창곡과 5개 곡의 보충 가요로 편성하여 제시하였다. 또 학기별로 6-8개의 감상곡과 5개의 보충 가요를 제시하였다.

이상과 같이 1989년부터 2001년까지 3차에 걸쳐 편찬한 제2차 교육과정 시기 교과서는 6개 학년용을 학기별로 12권으로 나누어 편찬하였다. 교과서의 외적인 체제는 제1차시기 교과서와 규격, 쪽수, 분량, 내용 편찬 방법 등이 대부분 비슷한 편이다. 편찬 내용에 있어서는 제1차시기와 같게 전 학년 단원 수를 같게 하였으나 보충 가요 수는 3개 단원 더 많게 제시하였다. 곡의 국가별 선택을 보면 2차시기에 외국 곡을 많이 선택하였고, 한국 곡은 몇 곡을 선택하였으나 1, 2학년 교과서를 제외하고는 '한국'이라는 국명을 표기하지 않았다.

영역 구성은 가창곡에 대한 곡명(노래)을 제시하여 단원 명칭을 대신하고 있으며, 단원 내용에 이해영역(음악상식), 창작영역(종합연습), 감상영역(음악감상)에 대한 내용을 계속해서 제시하는 형식으로 1개 단원을 구성하였다.

총체적 비중을 보면 가창영역이 36.77%, 이해창작영역이 34.73%, 감상영역이 21.25%, 기악이 3.18%로 가창영역 비중이 가장 큰 것으로 분석되었다.

이해영역에 대한 내용의 특징을 보면 악기 이해 분야에서는 서양악기, 음악상식 분야에서는 악보 이론, 알아맞히기 분야에서는 곡 적기에 관련된 것들이 많이 나온 것으로 분석되었다.

창작영역의 내용을 보면 박자와 시창 분야 내용 중에는 도레미로 부르기, 리듬 연습 분야는 2/4박자, 리듬 치기, 종합 연습 분야는 악보 기호 그리기 및 적어 넣기, 선율 만들기에 대한 것들이 많이 나왔다.

감상영역에서는 감상곡의 국적들을 살펴보면 동서양의 곡들을 고르게 선정하였으며 관현악과 무곡이 많이 나오는 것으로 나타났다.

(4) 제3차 교육과정 시기 음악과 교과서(2004-2005년 발행)

① 교과서 편찬 개요

제3차 교육과정(새 교육과정)에 의해 2004년부터 현재까지 초등학교 1, 2, 3, 4 학년용 음악교과서가 출판되었다.

2004년 6월에 '연변교육출판사 미음체 편집실'(책임편집: 김득진)에서 편집을 하고 '연변교육출판사'에서 출판한 『의무교육조선족학교 교과서 음악 ○학년 상권』(중국명칭: 義務敎育朝鮮族學校敎科書音樂 ○年級 上冊)으로 연차적으로 발행하였다. 매학기용 1권의 책은 38-40쪽으로 간행했고, 규격은 제2차 때와 같이 18.7×26.2cm 4×6배판 크기이다.

음악교과서는 김득진이 집필 및 책임 편집하였고, 전국 조선문교재 심사위원회 심사를 거쳐 연변신화인쇄유한공사延邊新華印刷有限公司에서 인쇄하여 신화서점 연변발행소에서 발행하였다.

제2차시기 교과서에는 '편찬자 김득진'으로 기록하였는데 제3차시기 는 '집필자 김득진-책임편집 김득진'으로 기록하고 있다. 3학년 상권 교 과서에는 다른 학년과 달리 삽화-표지 설계자 명단을 제외하는 등 체계 성이 없는 것으로 나타난다.

교과서의 종이 질이 제2차보다 좋아졌으며 표지와 내용을 모두 컬러 로 인쇄하는 등 편집의 수준을 높였다. 그러나 1, 2학년 상권의 표지 설 계(디자인)가 1, 2학년 하권 및 3, 4학년 상권과 달라 디자인 측면에서 체 계성이 없어 보인다.

② 교과서 편찬 내용

2004년부터 2006년까지 발행된 초등학교 음악교과서는 학기별 책으로 38-40쪽의 내용으로 발행하였는데 1학년 상권만 38쪽으로 조금 적고 다른 학기 교과서는 모두 40쪽으로 같게 편집하였다.

각 학기별 음악교과서의 단원 편성을 전 학년 본 단원 10개 단원에 10곡의 가창곡과 10개 곡의 감상곡을 넣어 편성하여 제시하였다. 또 학기별로 5-7개의 보충 가요를 제시하였다.

이상과 같이 2004년부터 2006년까지 편찬한 제3차 교육과정 시기 교과서는 1학년부터 4학년용까지 학기별로 나누어 편찬하였다. 교과서의 체제는 제2차시기 교과서와 규격, 쪽수, 분량, 내용, 편찬 방법을 대폭 개편하였다. 교과서의 지질과 인쇄 수준이 많이 개선되었고, 학기별 교과서 목차 부분 편집을 간결하고 일목요연하게 단원별-소단원을 동시에 알아볼 수 있도록 나타냈다. 단원 배열을 '제0과' 대단원 10개를 제시하고 단원 명칭 아래 '노래-기악-음악상식-음악 감상-음악 유희' 등을 4-5가지씩을 제시하였고, '음악회'와 '보충 가요'를 제시하였다. 편찬 내용에 있어서는 제2차시기와 비슷하게 전 학년 단원 수와 보충 가요 수를 같게 제시하였다. 그 곡의 국가별 선택을 보면 제3차시기에 외국 곡을 많이 선택하였고, 한국 곡의 경우도 여러 곡이 게재되었다. 가창곡이나 감상곡도 제2차시기보다 수준을 낮추어 학생들의 수준에 접근하도록 한 노력이 보인다.

제3차시기 음악교과서 내용 구성을 분석하면 다음과 같다.(표-10 참조)

〈표-10〉초등학교 1학년 음악교과서의 내용 구성 분석

단원	이론영역내용구성			가창곡 내용구성(국가별, 곡의 형태)	
	악기소개	음악상식	종합연습	가창곡	음악 감상
상1				조선족	미국동요
2			음악유희	외국동요	조선족
3	캐스터네츠	음의 길이	음악유희	조선족	외국동요
4			음악유희	일본동요	독일
5		음의 강약	음악유희	조선족	조선
6	트라이앵글			조선족	오지리
7	탬버린		음악유희	조선족	조선민요
8			음악유희	조선족	오지리
9			음악유희	조선족	프랑스
10			음악유희	영국아동가요	조선족
하1	방울	음의 높고낮음		우크라이나민요	일본동요
2			음악유희	조선족	노르웨이
3	종		음악유희	조선족	조선민요
4			음악유희	중국동요	미국
5	목탁		음악유희	조선족	노르웨이
6			음악유희	조선족	중국
7	우드불로크			뽈스까동요	오지리
8			음악유희	조선족	아제르바이잔동요
9				조선족	러시아
10	마라카스		음악유희	조선족	독일

자료: 초등학교 음악교과서(1학년)내용을 재구성한 것임

③ 2차시기와 3차시기 초등학교 음악교과서 내용에 대한 비교 분석

조선족 초등학교 신교재(3차시기)와 구교재(2차시기) 음악교과서를 비교하면서 그들의 가창영역, 이해영역, 감상영역에 관해서 구체적으로 살펴보았다.

(가) 가창영역

제3차 교육과정 시기 음악교과서 초등학교 가창영역은 총 120곡이고 그 중 조선족 곡이 54.17%로 반 이상을 차지한다. 국적 상황을 보면 조선족 곡이 가장 많은 것으로 나타나고 그 다음이 서양, 즉 외국 곡인데 25%, 그리고 중국 본국의 가창곡은 7.5로 분석되었다. 이것은 구교재의 15%에 비해서 훨씬 작아진 것으로 곡 수는 증가 되었지만 비율이 떨어진 것으로 분석되었다. 오히려 서양 곡은 원래의 11.1%보다 많이 증가한 것으로 나타났다.

서양 곡은 각 나라별로 미국, 영국, 프랑스, 독일 등 많은 나라의 작품이 참여되었다. 제2, 3차시기 교과서 각 단계별 가창곡 국적을 비교 분석해 보면 아래와 같이 나타난다.

[도표-2]에서 볼 수 있는 바 새로운 음악교과서는 구 음악교과서에 비해서 북한과 조선족 가요의 비율이 떨어지고 그 대신 중국과 서양 곡이 많이 늘어났다. 특히 서양 곡의 비율은 원래에 비해서 훨씬 많아졌다는 것도 볼 수 있다.

가창곡의 주요유형은 가요, 동요, 민요 세 가지인데 그중 가요는 74.17%인 89곡이고 동요는 17.5%인 21곡, 민요는 8.33%인 10곡으로 나타난다. 이것을 구교재의 가요 83.33%, 동요 8.33%, 민요 8.33%와 비교해 본다면 아래 [도표-3]과 같은 결과를 얻을 수 있다.

초등학교 음악교과서에서는 학생들의 동심, 적극성을 불러 일으키기 위해서 약간의 동요를 교재에 담았다. 여기서 새로운 교재는 학생들의 연령에 부합되게 편찬되었다는 것을 알 수 있다.

[도표-2] 초등학교 신·구 교재의 가창곡에 대한 국적 비교

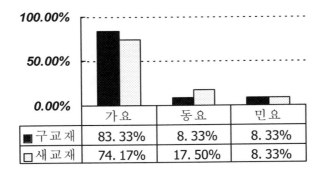

	중국	북한	조선족	외국
■ 구교재	5%	15%	66. 67%	13. 33%
□ 새교재	7. 50%	13. 33%	54. 17%	25%

[도표-3] 초등학교 신·구 교재의 가창곡의 유형에 대한 분석

	가요	동요	민요
■ 구교재	83. 33%	8. 33%	8. 33%
□ 새교재	74. 17%	17. 50%	8. 33%

  각 유형의 국적을 분석해 본다면 가요는 주요하게 우리 민족의 창작
가요, 즉 조선족의 비율이 제일 많고 그 비율은 구교재에서는 80%를 차
지하였고 새로운 교재에서는 73.03%를 차지하게 되었다. 그 다음은 외
국 곡의 비율이 비교적 많고 그 비율은 구교재는 9%, 신교재는 13.48%
를 차지한다. 북한 가요는 각기 구교재 6%, 신교재 4.49%로 나왔으며
제일 적은 중국 가요는 각기 구교재 5%, 신교재 4.49%로 나왔다. 대체
로 보면 새 교재 음악교과서는 조선족의 창작가요의 곡 수를 줄이고 그
대신 외국가요의 곡 수를 증가시켰음을 알 수 있다.

동요는 북한 동요와 외국 동요 위주로 되어 있는데, 구교재에서는 동요의 국적 비율이 북한과 외국이 모두 각기 50%씩 차지하였고 신교재에서는 북한 동요는 23.81%, 외국 동요는 76.19%를 차지하였다. 동요에서도 주요하게 외국 동요 곡 수를 증가시키고 북한 동요를 감소시켰다.

민요도 외국 민요와 북한민요 위주였는데, 구교재에서는 북한민요 80%, 외국 민요 20%씩 차지하였고 신교재에서는 북한민요 70%, 외국 민요 30%씩 차지하였다. 민요에서도 역시 대체로 북한민요의 곡 수를 줄이고 외국 민요의 곡 수를 증가시켰다.

초등학교 구교재와 신교재를 비교해 볼 때 가창곡은 전보다 우리 조선민족 음악의 곡 수를 줄이고 외국의 곡 수를 증가시킨 것으로 분석되었다. 외국 곡의 특징을 잘 나타낼 수 있는 음악 작품을 내세워 학생들로 하여금 외국의 문화에 대하여 더 한층 배려하였다. 예를 들면 초등학교 6학년 하권에서는 구교재의 내용을 갱신하여 독일의 저명한 <로렐라이>라는 음악과 그리고 그에 관한 이야기, 또 그 작사가·작곡가를 소개함으로써 학생들이 외국의 작사가·작곡가에 대하여 상식적으로 인식할 수 있게 하였다.

(나) 이해영역

중국 조선족 음악교과서의 영역 분류 용어에서 쓰이는 음악상식 분야의 내용은 한국에서의 영역 분류 용어인 이해영역에 해당하는 것인데, 전체적으로 가창곡과 감상곡을 제외한 음악 이론에 해당되는 내용들이다. 더 구체적으로 이를 관련시켜 교과서 내용을 분류해 보면 음악상식 분야에는 악기 소개, 음악상식, 종합 연습에 대한 내용이 들어 있다.

각 단원별로 이해영역은 악기 이해, 음악상식, 종합 연습으로 나누어 분석표에 따라 초등학교 6개 학년, 중학교 3개 학년의 음악교과서 내용을 [부록2-1]과 같이 분석하였다. 용어는 조선족 교과서의 표기 방법을 그대로 따랐다.

이해영역 내용을 분석해 보면 악기 이해, 음악상식, 종합 응용으로 나눌 수 있는데 이 세 가지에 대한 해당 단원 수와 하위 제목 수를 분석해 보면 종합응용 부분의 출현율이 제일 높다. 구교재에서는 이해영역과 창작영역을 분간해서 분석해 보았지만 신교재에서는 이런 방법으로 분석할 수가 없었다. 구교재의 이해영역은 악기 이해, 음악상식, 알아맞히기의 세 가지가 있고 또 창작영역에는 박자, 시창, 리듬 연습, 종합 연습이 다 구별되어 있었다. 하지만 신교재는 창작영역과 이해영역의 알아맞히기를 종합하여 종합 응용으로 표시하였다. 이것이 신교재와 구교재의 근본적인 차이점이라고 할 수 있다.

이해영역의 내용을 악기 이해, 음악상식으로 나누고 그리고 종합 응용은 초등학교는 음악 유희 형식으로 표현하고 학년마다 해당 단원의 출현 빈도와 제목종류의 빈도를 산출하여 분석한 결과 초등학교는 <표-11>와 같이 나타났다. 이해영역 단원의 출현상황을 보면 초등학교 6개 학년 전체 단원 120개 중에서 93.33%인 112개 단원이 나왔다.

종합 응용의 구체적인 출현 상황을 보면 초등학교 전체 120개 단원 중 92.5%인 111개 단원이 나오고, 전체 소제목 205개의 55.61%에 해당하는 114개의 소제목이 있는 것으로 분석되었다.

<표-11> 초등학교 전 학년 음악교과서 이해영역 단원, 제목, 구성 분석

이론 / 학년		이해영역 내용구성						계(출현 제목수)	계(이해/학 년 단원수)
		악기 이해		음악상식		종합응용(음악유희)			
		단원수	제목수	단원수	제목수	단원수	제목수		
1	빈도	8	8	3	3	15	15	26	18/20
2	빈도	4	4	7	10	19	20	34	20/20
3	빈도	8	8	12	12	18	19	39	20/20
4	빈도	8	8	12	13	19	20	41	20/20
5	빈도	6	6	6	6	20	20	32	20/20
6	빈도	5	5	8	8	20	20	33	20/20
계	빈도	39	39	48	52	111	114	205	112/120
	비율	32.5	19.02	40	25.37	92.5	55.61	100%	93.33%

그 다음은 음악상식인데 이 부분은 주요하게 악보이론, 일반이론, 작곡이론 등 음악상식을 소개하는 부분이다. 그 구체적인 출현 상황을 보면 초등학교 전체 120개 단원 중에서 40%의 48개 단원에서 나왔고 전체 소제목 205개 중의 25.37%의 52개가 나왔다.

악기 이해에 관하여는 초등학교에 다종다양한 악기가 나오고 중학교에서도 취급은 했지만 그 비율은 초등학교보다 적다. 그 구체적인 출현율은 초등학교는 전체 120개 단원 중 32.5%인 39개 단원에 나오고, 전체 소제목 205개의 19.02%인 39개로 나타났다.

이해영역의 악기 이해, 음악상식, 종합 응용들에 나오는 내용 구성을 분석해 보면 전체 분석표에서와 같이 나타나는데 이를 간추려 소제목을 나열해 보면 다음과 같다.

* 악기 이해 분야 : 전통악기, 서양악기
* 음악상식 분야 : 악보이론, 일반이론, 작곡이론, 기타
* 종합 응용 분야 : 알아맞히기, 종합 연습, 리듬 연습, 박자와 시창

연습

초등학교 새 음악교과서의 이해영역의 악기 이해에 대한 내용을 보면, 구교재와 마찬가지로 전통악기에 대한 것은 전혀 없고, 서양악기도 마찬가지로 또 1, 2, 3, 4학년에 치우치게 다루게 된 것으로 분석된다. 음악상식에 관해서는 구교재의 경우에는 작사, 작곡에 대한 이론을 전혀 다루지 않았으나 작사자와 작곡가에 대하여 약간의 소개를 언급했다. 이런 면에서 본다면 신교재는 구교재보다 더욱더 발전하였지만 구체적인 부분에서, 즉 초등학교 음악교과서에 민족악기 이해가 없다는 것 등은 모두 개선되어야 할 것이다.

종합 응용 부분의 내용은 주요하게 구교재의 창작 내용 부분과 알아맞히기 부분의 종합이라고 볼 수 있다. 이렇게 새로운 교재는 각 분야에 대하여 분별하여 연습하는 것보다는 종합하여 모든 음악상식의 응용을 위주로 하여 학생들의 종합적인 음악 능력을 배양하는 데 목적을 두었다고 파악하였다. 이런 면에서도 새 교재의 우월성이 나타나고 있다.

(다) 감상영역

조선족 음악교과서에 음악 감상이라고 명칭을 제시한 감상영역에 대한 분석을 학년으로 신교재와 구교재를 비교하면서 [도표-4]와 같이 국적 상황을 분석해 보았다.

신교재 초등학교 음악교과서의 전체 121 감상곡 중에서 외국곡이 60곡(49.59%)으로 가장 많고, 그 다음 북한곡이 19곡(15.70%), 중국곡도 역시 19곡(15.70%)이며, 그 중 조선족 곡은 23곡(19.01%)을 차지하였다. 이 비율에서 알 수 있는 바, 신교재에서는 우리 민족의 창작가요의 곡 수의 변화가 제일 크고 그 곡 수는 구교재에 비해 증가한 것으로 생각된다. 이것은 우리 민족 창작가요 발전 추세를 설명해 주고 있다. 구교재 전체 감상곡 76곡으로부터 신교재의 121곡으로 증가된 것으로 나타났다.

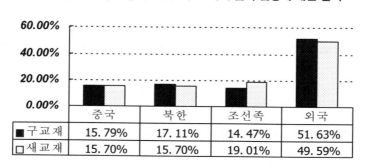

[도표-4] 초등학교 신 · 구 교재의 음악 감상에 대한 분석

	중국	북한	조선족	외국
■ 구교재	15. 79%	17. 11%	14. 47%	51. 63%
□ 새교재	15. 70%	15. 70%	19. 01%	49. 59%

2. 중학교의 교육과정 및 교과서 편제

중국에서 9년제 의무교육이 시행되면서 초등학교 6년, 초급중학교 3년 과정이 개설되었다. 이어서 1992년에 「9년 의무교육 전일제 초등학교, 초급중학교의 교육과정계획」이 공포되었다. 따라서 여기서는 의무교육 3년 과정인 중학교 3개 학년에 대한 음악교육과정과 교과서 및 교육목표의 변화 과정을 살펴보겠다.

1) 중학교 음악 교육과정의 변천

중국은 1986년에 9년제 의무교육법이 제정되어 초등학교와 초급중학교에서 의무교육을 실시하고 있다. 이에 따라 시행 방안으로 「의무교육 전일제 초등학교, 초급중학교 교학계획」과 1988년 이러한 계획에 다른 실천 방안인 교학대강敎學大綱을 제정·공포하였다. 이것은 중국이 9년제 의무교육 실시와 관련하여 처음으로 제정한 교육과정인 것이다.

교과목으로는 초급 중학에서는 정치, 어문, 수학, 생물, 화학, 물리, 역사, 지리, 외국어, 체육, 음악, 미술, 노동기술 등의 13개 과목으로 개설되어 있으며 또 단기의 직업지도과가 개설되어 있다.

교육과정 계획을 보면 1년을 52주로 해서 수업 34주, 학교 전통 활동 1주, 사회 실천 활동 1주, 시험 3주, 예비시간 1주, 방학 12주 등으로 구성되어 있다. 주당 수업 시간은 33시간인데 이 속에는 학과류 과정에 대한 시간 배당이 25~29시간, 활동류 과정에 대한 시간배당이 3시간, 지방 배정 과정 1~5시간 등이 들어 있다. 차시 수업 시간은 45분이다.[55]

초급 중학교의 경우도 학제가 다양하기 때문에 학제에 따라 적용되는 교육과정이 다르다. 현재 중국의 초급 중학교는 9년제 의무교육의 범위에 속해 있기 때문에 1993년도에 제정된 9년 의무교육 교육과정이 중심이 되고 있으나 지역이나 학교에 따른 조건의 차이로 인하여 과도기적으로 다른 교육과정이 적용되기도 한다.

이러한 실정에 따라 조선족 음악과 교육과정을 중국 의무교육 실시에

---

55 각 과목별 이수 시간 수를 살펴보면 사상정치 200시간, 어문 534시간, 수학 468시간, 외국어(1) 204시간, 외국어(2) 400시간, 역사 200시간, 지리 153시간, 물리 164시간, 화학 96시간, 생물 153시간, 체육 200시간, 음악 100시간, 미술 100시간, 노동기술 200시간 등으로 총 수업시간 수는 2,772시간으로 나타나고 있다. 그러나 활동과정 300시간과 지방 안배 과목 228시간을 더하면 실제 학생들이 3년간 이수하는 시간 수는 3,300시간이다.

따라 '음악교수요강' 또는 '음악과 과정표준課程標準'이란 명칭으로 1989
년도부터 2000년대 현재까지 3차에 걸쳐 고시하여 교과서를 편찬하고
이를 일선 초급 중학교에 적용하고 있다. 교육과정의 모든 문장은 한글
로 작성하였다.56

(1) 제1차 음악과 교육과정

1989년 1월에 '조선족중소학교 음악교수요강 집필소조'에서 작성하
고 동북조선민족교육출판사에서 출판한 『조선족초급중학교 음악교수
요강』(중국명칭: 朝鮮族初級中學 音樂敎學大綱)은 18쪽에 걸쳐 다음과 같은
내용을 제시하였는데 이 체제는 같은 시기의 초등학교 차례와 같다.

첫째, 교수 목적을 음악상식과 기능을 익혀 감상하고 표현하는 능력
을 키우게 하는 데 두었다. 특히 "조선민족과 국내외의 우수한 음악 작
품을 이해하고 감상하는 능력을 키워 준다."고 서술하였다.

둘째, 교수 내용을 "음악교수 내용에는 가창, 시창, 청음, 악전기초,
기악, 감상, 창작이 포함된다."고 서술하고 각각 영역의 내용을 항목으
로 나누어 간략하게 제시하였다. 초등학교에서 '노래' 용어를 중학교에
서 '가창'으로, '음악상식'을 '악전 기초'로 호칭을 높여서 나타냈다.

셋째, 과외 음악 활동 내용에는 합창대, 음악 감상회 등 서클 활동을

---

56 제1차, 조선족초급중학, 『음악교수요강』, 중국: 동북조선민족교육출판사, 19
    89.
    제2차, 의무교육전일제 조선족중학교, 『음악교수요강』, 중국: 동북조선족교육출
    판사, 1994.
    제3차, 의무교육조선족학교, 『음악과정표준』, 중국: 연변교육출판사, 2004.

권장하여 학생들의 자립성과 창조성을 충분히 발휘하도록 해야 한다고 서술하였다.

넷째, 교수 설비 내용에는 음악교실 설치, 피아노, 손풍금 등 음악 지도에 필요한 교구를 갖추어야 한다고 제시하였다.

다섯째, 성적 평정, 즉 음악평가에 대하여 밝혔다. 수업의 질을 높이기 위해 교수 요강에 규정된 내용을 시험을 통해 평가해야 한다고 하였다.

여섯째, 1학년에서 3학년까지 학년별로 지도해야 할 교과서 구성 내용을 학년 수준 단계에 맞게 가창, 시창, 청음, 악전 기초, 기악, 감상, 창작 영역으로 나누어 2개 항목에서 6개 항목까지 영역에 따라 제시하였다. 서술 체제는 초등학교와 비슷하나 수준을 조금씩 높여서 나타냈다.

(2) 제2차 음악과 교육과정

1994년 9월에 '조선족 중・소학 교학대강 편사조'에서 작성하고 동북조선민족교육출판사에서 출판하고 연변신화서점에서 발행한 『의무교육 전일제 조선족 중학교 음악교수요강』(시용)'(중국명칭: 義務教育全日制朝鮮族中學音樂教學大綱-試用)은 20쪽에 걸쳐 다음과 같은 내용을 제시하였다.

교수요강의 차례를 제1차시기보다 1개 항을 추가하였고 순서를 바꾸었으나 쪽수는 같게 출판하였다. 또 같은 시기 초등학교 교육과정의 차례 제목과 같다.

이 시기의 학년별 교수 내용은 제1차 교육과정과 다르게 중학교 3개 학년이 아닌 4개 학년 내용을 제시하였다.

[교수 내용]

차례: 1. 교수 목적

2. 교수 내용과 기본 요구

3. 각 학년의 교수 내용과 배치

4. 과외 음악 활동

5. 성적 평정

6. 교수설비

7. 교수요강 실시에서 반드시 주의하여야 할 몇 가지 문제

교수 목적을 4개 항목으로 제시하였는데 그 중 첫째와 넷째 항의 내용은 국가관과 민족관을 강조한 것으로 분석된다. 같은 시기의 초등학교 4개 항으로 괄호 안의 문구만 다르고 전체는 같게 서술하였다.

① 음악학과의 특징을 돌출이(초등:뚜렷이) 하여 나라를 사랑하고 인민을 사랑하며 노동을 사랑하고 과학을 사랑하며, 사회주의를 사랑하는 교육과…(중략)…음악교육을 침투시켜…(중략)…사회주의 후계자와 건설자로 되게 하는 것이다. ④ 학생들이 조선민족의 음악(초등:초보적으로)을 알고 조선민족 음악예술에 대한 감정과 자호감(초등:사랑하게)을 갖게 하며 다른 민족의 우수한 음악 작품을 초보적으로 접촉하게 하여 음악 감수 능력과 음악 표현 능력을 갖도록 하는 것이다.

둘째, 교수 내용과 기본 요구에서는 "초급 중학교 음악교수 내용에는 노래, (초등: 노래유희), 음악상식, 시창, 청음, 기악, 감상, 창작이 포함된다."고 전문을 밝히고, 각 영역별로 지도해야 할 내용을 항목별로 '~

해야 한다'는 형식의 문장으로 서술하였다. 초등학교의 '노래유희'를 제외한 외에는 똑 같은 영역을 제시하였다.

셋째, 항목에서는 교수 내용 배치에 대하여 각 학년별로 노래, 음악상식, 시창-청음, 감상, 기악, 창작 등 4개 학년에 걸쳐 6개 분야로 나누어 항목별로 제시하였다. 이 교수 내용은 학년 수준에 맞게 항목별로 '~하여야 한다'는 형식으로 서술하였다. 그리고 끝부분에 영역별 지도 비중을 밝혔다.

넷째, 항목에서는 과외 음악 활동에 대하여 해야 할 내용과 유의점을 밝혔다.

과외 음악 활동으로는 합창대, 악대 등을 조직할 수 있고, 음악회, 음악 감상회 등을 할 수 있게 초등학교와 비슷하게 나타냈다.

다섯째, 항목에서는 성적 평정, 즉 성적 평가에 대한 목적과 방법을 간단히 제시하였다.

여섯째, 항목의 교수설비에서는 음악교실 설치, 교구설비, 음향설비 등에 대하여 갖추어야 할 종류를 제시하였다.

일곱째, 교수요강 실시에서 유의하여야 할 사항을 7개 항에 걸쳐 같게 제시하였다.

(3) 제3차 음악과 교육과정

2004년 5월에 연변교육출판사 미음체美音體 편집실에서 작성하고 연변교육출판사에서 출판한 『의무교육조선족학교음악과정표준』(시행고)(중국명칭: 義務教育朝鮮族學校音樂課程標準-試行稿)은 51쪽에 걸쳐 다음과 같은 내용을 제시하였다. 제1, 2차와는 달리 6년제 초등학교(초등학교) 와 3년

제 중학교(초급 중학)의 교육과정을 통합하여 작성하였다.

첫째, 제1부분 머리말 내용에는 초·중학교 통합하여 성격과 가치, 기본이념, 과정표준의 설계사로 내용을 서술했다.

둘째, 제2부분 과정목표 중 총체적 목표는 초·중학교를 통합 서술하였으나 학습 단계의 목표는 초등학교를 1-2학년과 3-6학년으로 나누고, 중학교를 7-9학년으로 나누어 단계별로 서술하였다.

셋째, 제3부분 내용표준에서는 음악영역을 감수와 감상, 표현, 창조, 음악과 서로 관계되는 문화 등으로 상위 분류하고, 다시 각 영역을 3, 4개로 하위 분류하여 초등학교를 『표준』 1-2학년, 『표준』 3-6학년으로 나누고, 중학교는 『표준』 7-9학년 등 학년별로 나누어 가르쳐야 할 내용을 요목별로 제시하였다.

넷째, 제4부분 『음악과정표준音樂課程標準-표준』 실시에 대한 건의建議에서는 크게 교수 건의, 평가 건의, 과정 자원의 개발과 이용, 교재 편찬에 대한 건의 등 4가지로 나누고 각각에서 하위 제목과 내용을 초·중학교 구분 없이 제시하였다.

(4) 3차 음악과 교육과정 비교

이상과 같이 3차에 걸쳐 고시된 중학교 음악과 교육과정은 체제, 내용, 문체 등의 많은 변천을 가져온 곳을 찾아볼 수 있다. 먼저 교수요강(과정)의 목차와 서술된 교육과정의 내용을 살펴보면 다음과 같다.

교육과정의 명칭을 보면, 제1, 2차시기는 음악교수요강이었으나 제3차시기는 음악과정 표준이라고 아주 다르게 변경하였다.(표-12 참조)

<표-12> 조선족 중학교 음악과 교육과정 요목 변천 비교

	제1차 교육과정(89년)	제2차 교육과정(94년)	제3차 교육과정(2004년)
유형	초-중학교 분리형	초-중학교 분리형	초-중학교 통합형
명칭	초급중학 음악교수요강	조선족중학교 음악교수요강	조선족학교 음악과정표준
목차	1. 교수목적 2. 교수내용과 요구 3. 과외음악활동 4. 교수설비 5. 성적 평정 6. 각 학년의 내용과 요구	1. 교수목적 2. 교수내용과 기본 요구 3. 각 학년의 교수내용과 배치 4. 과외음악활동 5. 성적 평정 6. 교수설비 7. 교수요강 실시에서 반드시 주의하여야 할 몇 가지 문제	제1부분 머리말 제2부분 과정목표 제3부분 내용표준 제4부분 <표준> 실시에 대한 건의(建議)
영역	가창, 시창, 청음, 악전기 초, 기악, 감상, 창작	노래, 음악상식, 시창, 청음, 기악, 감상, 창작	감수와 감상, 표현, 창조 음악과 관련되는 문화
쪽수	18	20	51

자료: 음악교육과정(1~3차, 중학교)의 요목을 재구성 한 것임

　교육과정 변경 시기를 보면 제1차와 제2차 교육과정 시기 기간은 5년이지만 제2차와 제3차는 10년의 기간 차이가 나는 것으로 나타난다.

　교육과정 내용 서술의 특징을 보면 제1, 2차 교육과정은 초등학교와 중학교를 분리하여 서술한 분리형으로 18-20쪽에 걸쳐 서술한 것으로 분석된다. 그리고 항목 수는 제2차가 1개 더 많으나 제목을 같거나 유사하게 정하여 내용을 제시한 것으로 분석된다.

　교육과정 목차의 변천을 보면 제3차시기는 1, 2차와는 아주 다르게 크게 4개 부분으로 나누었고, 초등학교와 중학교를 통합하여 작성하였으며 따라서 쪽수 분량도 51쪽으로 2배가 넘는 것으로 분석된다. 내용 서술도 구체적으로 작성한 것으로 나타났다. 또 시기별 영역 명칭도 1,

2차는 비슷하나 3차는 아주 다르게 나타났다. 3차시기 교육과정의 음악 영역을 교과서에서는 교육과정과 다르게 노래, 음악상식, 기악, 음악 감상, 실천과 창조 등 5가지로 나누어 제시하였다.

한편, 이러한 변천을 주제학적으로 비교해보면, 제1차시기에는 음악 지식과 기능에 대한 감상과 표현 능력 키우기에 중점을 두었음이 나타났고, 제2차시기에는 국가관과 민족관을 강조한 부분이, 그리고 제3차 시기에 이르러 좀 더 세분하고 과학적으로 감상과 표현, 수업 시간 수 등을 설정한 점이 돋보인다.

2) 중학교 음악 교과서의 변천

중국 조선족 초·중학교 음악교과서는 소수민족 교육에 관한 법규와 정책(중화인민공화국헌법 제119조-1982년)에 따라 제정된 조선족 교육에 관한 법규에 의하여 국정교과서에 준하는 단일종의 교과서로 편찬하게 되어 있다.

중국 조선족 중학교 음악교과서는 대체로 교육과정 직전부터 4차시기에 걸쳐 출판하였는데 교육과정 고시 시기와 일치하여 동시에 발행하지 않고 학년에 따라 연차적으로 발행하였다.[57]

---

57 제1차 전, 초급중학교 교과서, 『음악 제1학년용』, 중국: 연변교육출판사, 1984-1986,

제1차, 의무교육 초급중학교교과서, 『음악제1학년용』, 중국: 연변교육출판사, 1992-2000.

제2차, 의무교육초급중학교교과서, 『음악제1학년용』, 중국: 동북조선민족교육출

(1) 제1차 교육과정 직전 시기 중학교 음악과 교과서(1985-1986년 발행)

① 교과서 편찬 개요

이 시기는 1988년 9년제 의무교육제 실시 직전이어서 정규적인 제1
차 교육과정 시기 직전에 해당한다. 따라서 시기 구분을 제1차 교육과
정 직전 시기로 정하였다.

1985년 7월에 연변 중·소학 음악교재 편사조에서 편집하고 연변교
육출판사에서 출판한 『초급중학교 교과서 음악 제1학년용』(중국명칭: 初
級中學課本音樂一年級用) 교과서 등 3개 학년용 3종의 교과서는 모두 60쪽
짜리로 발행하였다. 교과서 규격은 14.3×20cm로 국판보다 작은 크기
이다.

조선족 음악 전문가들로 구성된 편찬진에 의하여 저술되었고, 연변교
육출판사에서 한글 문장으로 출판된 음악교과서는 판권 난에만 한자로
출판 사항들을 표기하고 있다.

중학교 음악교과서의 편집자는 연변 중·소학 음악교재 편사조에서
집필한 것으로 교과서에 표기하였다. 교과서 1권의 값은 중국화폐로
0.26원(위안)으로 표시하였다. 음악교과서 발행을 중학교는 학년별로 1
권씩 3권을, 연변교육출판사에서 일괄적으로 통일하여 편찬하였다. 교
과서의 출판자는 연변교육출판사이고, 발행자는 연변신화서점으로 되
어 있다.

판사, 1993 -2000.

제3차, 의무교육 조선족학교 교과서, 『음악1학년 상권』, 중국: 연변교육출판사 ,
2004.

음악교과서의 초판 시기는 초급중학교 2학년은 1985년 9년제 의무교육이 실시되기 이전으로 나타난다.

② 교과서 편찬 내용

1985년에 초판으로 발행된 초급 중학교 음악교과서의 학년별 특징을 단원상의 가창곡과 감상곡으로 나누어 분석해 보면 다음과 같다.

제2학년 교과서는 1학기 전체 10개 단원 중에는 가창 단원 6개와 음악감상 단원 4개로 짜여 있다. 2학기 10개 단원 중에는 가창 단원이 7개, 감상 단원이 3개로 짜여 있다.

단원 구성의 특징을 살펴보면 다음과 같다.

(가) 2학년 교과서 본 단원 구성

2학년 음악 교과서 목차 구성을 가창곡과 감상곡으로 나누어 다음 체제와 같이 하였다. 2학년 음악교과서 목차 구성 체제를 제시해 본다.

* 가창 위주의 단원

  1. <소녀들은 조국의 봄날>.........이유용 작사, 기명 작곡........ (1)

  시창 시창곡 1, 2.. (2)

  음악상식 음정, 음정의 크기....................................... (3)

  작곡가 기명.. (3)

* 감상 위주의 단원

  2. 음악 감상 가야금병창 <아, 장백산 연변의 자랑이여>....... (4)

                          김창석 작사, 최삼명 작곡

(나) 2학년 교과서 보충 단원 구성

2학년 음악 교과서는 본 단원 20개 다음에 2개의 보충 단원을 13쪽에 걸쳐 제시하였다. 이 내용들은 보충교재로 제시한 듯하나 분량이나 내용으로 보아 중요한 비중을 차지하는 것으로 볼 수 있다.

보충교재의 내용을 목차를 2학기 본 단원 '10. 꽃' 아래에 다음과 같이 2행으로 제시하였다.

조선족 음악장단... (48)
악기학습 가야금... (51)

첫째, 보충교재인 '조선족 음악장단'의 내용은 악보와 설명문으로 구성하여 3쪽에 걸쳐 6포인트의 작은 활자로 많은 분량의 내용을 제시하였다. 그 내용은 조선족 음악장단의 중요성, 장단의 특징, 장단의 종류를 머리말로 제시하고, 장단 종류별로 악보를 제시하고 그 특징을 설명하였다. 장단의 종류를 안딴장단, 휘모리장단, 양산도장단, 굿거리장단, 만장단, 타령장단, 중모리장단, 살풀이장단, 서정장단 등 9가지로 나누고 설명문을 악보와 더불어 제시하였다.

둘째, 보충교재로 목차 부분에 제시된 '악기학습 가야금'이란 제목은 본 내용에서는 [악기학습]이란 제목으로 다르게 나타냈다. 악기학습이란 제목으로 8쪽에 걸쳐 가야금 연주법을 가야금 그림과 악보들을 제시하여 설명하였고, 2쪽에 걸쳐 17종의 각종 관현악기의 그림과 명칭을 제시하였다. 가야금 학습 설명문에는 가야금 악기의 개념, 의의, 연주종류 등 머리말과 악기 생김과 부분별 이름을 제시하였고, 다음에 가야금의 기본연주법과 연습곡을 제시하였다. 기본연주법에는 소리내는 법을 5가지, 농현주법을 6가지로 제시하였다.

(2) 제1, 2차 교육과정시기 중학교 음악과 교과서(1992-2000년 발행)

① 교과서 편찬 개요

(가) 중학교 1학년 교과서

이 시기는 1992년 9년제 의무교육제 정규적인 교육과정 시기에 해당된다. 1992년 7월에 1학년은 연변교육출판사 미음체美音體 편집실에서 편저하였고, 연변교육출판사에서 출판한 『의무교육초급중학교 교과서 음악 제1학년용』(중국명칭: 初級中學課本音樂一年級用) 교과서 등 3개 학년용 3종의 교과서는 모두 67쪽으로 발행하였다. 교과서 규격은 18.7×26.2 cm 4×6배판 크기이다.

조선족 음악 전문가들로 구성된 편찬진에 의하여 저술하고, 연변교육출판사에서 한글로 출판된 음악교과서는 판권 난에만 한자로 출판 사항들을 표기하고 있다.

(나) 중학교 2, 3학년 교과서

1993년 6월에 2, 3학년은 동북조선민족교육출판사 조선문교재편집부에서 편저하였고, 동북조선민족교육출판사에서 출판한 『의무교육초급중학교 교과서 음악 제2학년용』(중국명칭: 義務敎育初級中學敎科書音樂二

年級用) 교과서 등 2, 3 학년용 2종의 교과서는 모두 67쪽, 71쪽으로 발행하였다. 교과서 규격은 14.3×20cm로 국판보다 작은 크기로 1학년 교과서와 똑 같이 편찬-출판되었다.

② 교과서 편찬내용

(가) 1학년 음악교과서

1993년에 초판, 2000년에 9차로 인쇄-발행한 중학교 제1학년 교과서는 2학기용을 합한 학년용 교과서로 제1학기 7단원, 제2학기 7단원, 보충 가요 4곡을 모두 게재한 교과서이다.

1학년 교과서의 목차 구성을 보면 표지 2면에 중화인민공화국 국가를 게재하고, 제1학기 학습용 단원으로 <중학생행진곡>, <배움의 요람>, <닐리리야>, <뱃놀이가자>, <나의 정든 집>, <꽃방석>, <열사비에 함박눈이 내려요> 등 7가지를 제시하였다. 이어서 제2학기 학습용 단원으로 <2월이라 좋은 계절>, <농촌의 사시>, <일편단심 붉은 마음 간직합시다>, <밀양아리랑>, <야영의 밤>, <호수와 애기들>, <소년빨치산의 노래> 등 7가지를 제시하였다. 그리고 보충 가요로 <오봉산타령>, <새 봄을 노래하네>, <선생님을 청하십니다>, <조·중 친선은 영원하리> 등 4곡을 제시하였다.

단원 구성의 특징을 보면 1, 2학기 단원 수를 같게 하였고, 단원 명칭을 모두 가창곡 명칭으로 나타냈다. 그리고 감상곡을 1, 2학기에 각각 4곡씩 제시하였고, 뒷표지 안쪽에 합창대의 편성 배치도와 관현악의 편성 배치도를 참고자료로 게재하였다.

1학년 음악 교과서의 본 단원 구성은 가창곡 명칭 위주로 하였는데, 다음에 첫 단원의 구성 체제를 제시해 본다.

* 가창-감상 합성의 단원

　　중학생행진곡......................김응준 작사, 김득진 작곡............(4)

　　　이강음 리듬 연습 음의 네 가지 성질의 4대 요소

　　　음악 감상 <고향의 명절에 드린다>(바이올린독주곡) 권길호 작곡

* 가창 위주의 단원

　　배움의 요람................... 전운본 작사, 방철웅 작곡 ....(8)

　　　2부 합창연습 음률, 옥타브, 음역, 음구

　　　기본계단, 변화계단, 변화음기호

가창곡과 감상곡의 국가별 곡으로 분석하여 보면 다음과 같다.

가창곡은 제1학기에 외국 곡(비쇼프 곡) 1곡이고 나머지 북한곡이 대부분을 차지하고, 제2학기는 북한곡 1곡, 조선민요 1곡이고 나머지는 조선족 곡이 대부분을 차지한다. 가창곡 중에는 북한곡의 <소년빨치산의 노래>와, 조선족 곡의 <열사비에 함박눈이 내려요>는 국가 시책에 의하여 선택된 느낌을 준다.

감상곡은 제1학기에는 요족 무곡을 제외하곤 조선족 곡을 선정하였고, 제2학기에는 영국곡 1곡을 제외하곤 모두 조선족 곡을 선정하였다.

보충 가요 4곡 중 2곡은 조선민요이고, 1곡은 조선가요이며 나머지 1곡은 조선족 작사-작곡이다.

(나) 2학년 음악교과서

1993년에 초판, 1999년에 7차로 발행한 중학교 제2학년 교과서는 1, 2학기용을 합한 학년용 교과서로 제1학기 7단원, 제2학기 7단원, 보충 가요 4곡 등을 모두 게재한 교과서로 편찬 체제가 1학년과 같다.

2학년 교과서의 목차 구성을 보면 표지 2면에 <중화인민공화국 국가>를 게재하고, 제1학기 학습용 단원으로 <노래를 부릅시다>, <중학생 시절>, <몽금포타령>, <그리운 고향사람>, <지식의 바다에서>, <까다메린>, <남니만南尼灣> 등 7가지를 제시하였다. 이어서 제2학기 학습용 단원으로 <사랑스런 내나라>, <뻐꾹새>, <눈 녹으니 꽃이 피네>, <산천가>, <배움의 오름길>, <사랑의 집>, <걷고 싶은 고향 길> 등 7가지를 제시하였다. 그리고 보충가요로 <농부가>, <조국은 어머니라네>, <새 아리랑>, <금강산타령> 등 4곡을 제시하였다.

단원 구성의 특징을 보면 1, 2학기 단원 수를 같게 하였고, 단원 명칭을 모두 가창곡 명칭으로 나타냈다. 그리고 감상곡을 1, 2학기에 각각 4곡씩 제시하였고, 그 다음에 3쪽에 걸쳐 오선지를 제시하였다.

2학년 음악 교과서의 본 단원 구성의 특징을 보면 교과서 목차 구성을 가창곡 명칭 위주로 구성하였는데 첫째, 둘째 단원을 다음 체제로 1학년 음악교과서 체제와 같게 하였다. 2학년 음악교과서 목차 구성 체제는 다음과 같다.

* 가창 위주의 단원

　노래를 부릅시다....................석화 작사, 리성재 작곡 ....(4)

　　D대조음계와 주요3화음 C대조의 주요 3화음연습

　　선율 만들기 대음계大音阶

* 가창-감상 합성의 단원

　　중학생시절.................최동일 작사, 림만호 작곡 ....(7)

　　소음계(단음계)

　　음악 감상 관현악 <내고향 정든집>

　　　　　　　　　　[조선] 리면상 작곡, 김영규 편곡

　　작곡가 - 리면상

　　가창곡과 감상곡의 국가별 분석은 다음과 같다.

　　가창곡은 제1학기에 조선민요 1곡, 미국 곡 1곡, 내몽골 곡 1곡 등 외국 곡이 3개 곡이고 나머지 4개 곡은 조선족 곡을 차지한다. 제2학기는 폴란드 곡 1곡, 조선(북한)민요 1곡, 한국 곡 1곡 등 외국 곡이 3개 곡이고, 나머지는 조선족 곡을 제시하였다.

　　감상곡은 제1학기에는 조선 곡(북한) 1곡, 러시아 곡 1곡, 조선족 곡 1곡 등 4개 곡이고, 제2학기에는 러시아 곡 1곡, 독일 곡 1곡, 조선족 곡 1곡 등 4개 곡으로 구성되어 있는데 1학년보다 외국 곡을 더 많이 선정한 것으로 분석된다. 또 보충 가요 4곡 중 2곡은 조선민요이고, 2곡은 조선족 곡으로 게재하였다.

　　(다) 3학년 음악교과서

　　1993년에 초판, 1997년에 5차로 발행한 중학교 제3학년 교과서는 1, 2학기용을 합한 학년용 교과서로 제1학기 7단원, 제2학기 7단원, 보충 가요 4곡 등을 모두 게재한 교과서로 편찬 체제가 1, 2학년과 같다.

　　3학년 교과서의 목차 구성을 보면 표지 2면에 프랑스 곡인 <국제가>

를 게재하였고, 제1학기 학습용 단원으로 <꽃피는 동산>, <조선팔경가>, <베틀가>, <선생님…>, <두만강천리>, <드네쁘르는 사납게 노호한다>, <눈꽃> 등 7가지인데 곡의 특징으로 보아 2부 합창곡, 부분 2부 합창곡, 2-3부 합창곡 등 합창곡이 대부분을 차지한다.

이어서 제2학기 학습용 단원으로 <신년변가>, <조국은…>, <목장은 나의 집>, <바다는 내고향>, <싼타루치아>, <뻐꾹새의 노래>, <솜다리꽃> 등 7가지로 부분 2부 합창곡, 3부 합창곡 등이 포함된다. 그리고 보충 가요로 <우리는 큰길로 걸어간다>, <한 오백년>, <봄노래>, <손에 손잡고> 등 4곡을 제시하였다.

단원 구성의 특징을 보면 1, 2학기 단원 수를 같게 하였고, 단원 명칭을 모두 가창곡 명칭으로 나타냈다. 그리고 감상곡을 1, 2학기에 각각 4곡씩 제시하였고, 그 다음에 3쪽에 걸쳐 오선지를 제시하였다.

3학년 음악 교과서의 본 단원 구성의 특징을 보면 교과서 목차 구성을 가창곡 명칭 위주로 구성하였는데 첫째와 둘째 단원을 다음 체제로 2학년 음악교과서 체제와 같게 하였다. 3학년 음악교과서 목차 구성 체제는 다음과 같다.

* 가창 위주의 단원

  꽃피는 동산................... 허동철 작사, 허상순 작곡 ....(4)

    발성연습 기본음정 2부 합창연습

* 가창-감상 합성의 단원

  선팔경가 .... 조선민요 ....(6)

    발성연습 2부합창연습 변화음정變化音程

음악 감상 관현악 <청산벌에 풍년이 왔네> [조선]

김옥성 작곡, 김영규 편곡

휘모리장단연습

작곡가 - 김옥성

가창곡과 감상곡의 국가별 곡으로 분석하여 보면 다음과 같다.

가창곡은 제1학기에 조선민요 2곡, 우크라이나 곡 1곡 등 외국 곡이 3개 곡이고 나머지 4개 곡은 조선 곡이 차지한다. 제2학기는 아메리카 곡 1곡, 이탈리아 곡 1곡, 노르웨이 곡 1곡, 미국 곡 1곡, 조선(북한)민요 1곡 등 외국 곡이 5곡이고, 나머지는 조선족 곡을 제시하였다.

감상곡은 제1학기에는 북한 곡 1곡, 독일 곡 1곡, 체스꼬 곡 1곡, 조선족 곡 1곡 등 4개 곡이고, 제2학기에는 러시아 곡 1곡, 프랑스 곡 1곡, 조선족 곡 1곡 등 4개 곡으로 구성되어 있는데 2학년과 같게 외국 곡 많이 선정한 것으로 분석된다.

보충 가요 4곡은 조선민요 1곡, 북한 곡 1곡, 외국 곡 1곡, 국적 미상 1곡 등으로 구성되어 있다.

(3) 제3차 교육과정 시기 중학교 음악과 교과서(2002-2006년 발행)

① 교과서 편찬 개요

이 시기는 1992년 9년제 의무교육제 정규적인 교육과정 시기에 해당한다. 2004년 6월에 1학년은 연변교육출판사 미음체美音體 편집실에서 편저하였고, 연변교육출판사에서 출판한 『의무교육조선족학교교과서

음악 7학년 상권』(중국명칭: 義務教育朝鮮族學校教科書音樂七年級 上册) 교과
서 등 3개 학년용 6종의 교과서는 모두 36, 40쪽 짜리로 발행하였다. 교
과서 규격은 18.7×26.2cm 4×6배판 크기이다.

　조선족 음악 전문가들로 구성된 편찬진에 의하여 출판된 음악교과서
는 판권 난에만 한자로 출판 사항들을 표기하고 있다.

　② 교과서 편찬 내용

　(가) 7학년 상권(중1학년 제1학기) 음악교과서
　2004년 6월에 초판, 2005년 4월에 2차로 인쇄, 발행한 '7학년 상권'
음악교과서는 중학교 1학년 1학기용 교과서로 모두 7개 단원과 세계민
요 4곡으로 짜여져 있다.

　7개 단원의 단원 명칭을 '제1단원'이라고 제시하고 그 밑에 소단원으
로 '노래-음악상식-기악-음악 감상-실천과 창조' 등 4, 5개로 분리하
여 나타냈다. 소단원의 유형을 보면 4개의 소단원으로 분리한 대단원
수는 5개이고, 5개 소단원으로 분리한 대단원 수는 2개 단원이 된다.

　7학년 상권 음악교과서의 본 단원 구성의 특징을 보면 교과서 목차는
4개 소단원 분리 형식, 5개 소단원 분리 형식으로 나누어 구성하였다.

　7학년 상권 음악교과서 제1·3단원의 목차 구성 체제는 다음과 같다.

　* 4개 소단원 형식의 단원
　　제1단원
　　　노래: 중학생행진곡 ....(1)

　정규 7개 단원 이외로 '음악은 나의 길동무' 라는 제목의 단원이 있는데 이는 각 영역별 자기 평가 시험 문제를 제시하였다. 즉 노래 분야 5문제, 기악 5문제, 음악 감상 4문제를 2쪽에 걸쳐 제시하였는데 이러한 내용은 1, 2차 교과서에는 없던 것이다.

　(나) 7학년 하권(중1학년 제2학기) 음악교과서

　2004년 12월에 초판, 2005년 4월에 2차로 인쇄·발행한 '7학년 상권' 음악교과서는 중학교 1학년 2학기용 교과서로 모두 7개 단원과 세계민요 6 곡으로 짜인 교과서이다.

7개 단원의 단원 명칭을 '제1단원'이라고 제시하고 그 밑에 소단원으로 '노래-음악상식-기악-음악 감상-실천과 창조' 등 4, 5개로 분리하여 나타냈다. 소단원의 유형을 보면 4개의 소단원으로 분리한 대단원수는 5개이고, 5개 소단원으로 분리한 대단원 수는 2개 단원으로 나타난다.

7학년 하권 음악교과서의 본 단원 구성의 특징을 보면 교과서 목차는 4개 소단원 분리 형식, 5개 소단원 분리 형식으로 나누어 구성하였다.

7학년 하권 음악교과서 제1·4단원의 목차 구성 체제는 다음과 같다.

정규 7개 단원 이외로 '음악은 나의 길동무'라는 제목의 단원이 있는데 여기에는 각 영역별 자기 평가 시험 문제를 제시하였다. 즉 노래 분야 5문제, 기악 5문제, 음악 감상 4문제를 2쪽에 걸쳐 제시하였는데 이러한 내용은 1, 2차 교과서에는 없던 것이다.

(다) 8학년 상권(중2학년 제1학기) 음악교과서

2005년 6월에 초판, 2005년 5월에 1차로 인쇄, 발행한 '8학년 상권' 음악교과서는 중학교 2학년 1학기용 교과서로 모두 7개 단원과 보충가요 5곡으로 짜인 교과서이다.

7개 단원의 단원 명칭을 '제1단원'이라고 제시하고 그 밑에 소단원으로 '노래-음악상식-기악-무용 감상-음악 감상-실천과 창조' 등 3~6개로 분리하여 나타냈다. 소단원의 유형을 보면 3개의 소단원으로 분리한 대단원 수는 1개이고, 4개 소단원으로 분리한 대단원 수는 4개 단원과 5, 6개 소단원으로 구성된 것이 각각 1개 대단원이 있다.

8학년 상권음악 교과서의 본 단원구성의 특징을 보면 교과서 목차는 3개 소단원 분리 형식, 6개 소단원 분리 형식으로 나누어 구성하였다.

8학년 상권 음악교과서 제3·7단원의 목차구성 체제는 다음과 같다.

* 3개 소단원 형식의 단원
  제7단원

* 6개 소단원 형식의 단원

제3단원

2학년 1학기 교과서 가창곡과 감상곡의 국가별 구성은 다음과 같다.

가창곡은 7단원 7곡 중 일본 곡 1곡, 중국 곡 1곡, 조선민요 1곡, 외국 곡 1곡과 조선족 곡 3곡으로 짜여 있다. 감상곡은 7단원 13곡 중에 러시아 곡 3곡, 외국 곡 1곡, 이탈리아 곡 1곡, 오스트리아 곡 2곡, 프랑스 곡 1곡, 한국 곡 1곡, 조선민요 2곡이고 나머지 2곡이 조선족 곡이다. 보충 가요 5곡은 조선족 곡 3곡, 북한민요 1곡, 폴란드민요 1곡으로 구성되어 있다.

정규 7개 단원이외로 '음악은 나의 길동무'라는 제목의 단원이 있는데 이는 각 영역별 자기 평가 시험 문제를 제시한 곳이다. 즉 노래 분야

4문제, 기악 5문제, 음악 감상 4문제를 2쪽에 걸쳐 제시하였는데 이러한 내용의 7학년 상권 교과서와 비슷하게 나타냈다.

(라) 8학년 하권(중2학년 2학기) 음악교과서

2005년 11월에 초판, 2005년 5월에 1차로 인쇄-발행한 '8학년 하권' 음악교과서는 중학교 2학년 2학기용 교과서로 모두 7개 단원과 보충 가요 4곡으로 짜인 교과서이다.

7개 단원의 명칭을 '제1단원'이라고 제시하고 그 밑에 소단원으로 '노래-음악상식-기악-음악 감상-실천과 창조' 등 4~5개로 분리하여 나타냈다. 소단원의 유형을 보면 4개의 소단원으로 분리한 대단원 수는 5개이고, 5개 소단원으로 분리한 대단원 수는 2개 단원으로 나타났다.

8학년 하권 음악교과서의 본 단원 구성의 특징을 보면 교과서 목차는 4개 소단원 분리 형식, 5개 소단원 분리 형식으로 나누어 구성하였다.

8학년 하권 음악교과서 제2·5단원의 목차 구성 체제는 다음과 같다.

* 5개 소단원형식의 단원

제5단원

2학년 2학기 교과서의 가창곡과 감상곡을 국가별 곡으로 분석하여 보면 다음과 같다.

가창곡은 7단원 7곡에는 이탈리아민요 1곡, 구소련 곡 1곡, 미국 곡 1곡, 민요 1곡과 조선족 곡 3곡으로 짜여 있다. 감상곡은 7단원 14곡 중에는 러시아 2곡, 독일 3곡, 스위스 곡 1곡, 오스트리아 곡 2곡, 프랑스 곡 1곡, 에스파냐 노르웨이 1곡, 중국 곡 2곡, 조선 곡 1곡이고 나머지 1곡이 조선족 곡이다. 보충 가요 4곡은 조선족 곡 3곡, 북한민요 1곡으로 구성되었다.

정규 7개 단원 이외로 '음악은 나의 길동무'라는 제목의 단원이 있는데 이는 각 영역별 자기 평가 시험 문제를 제시한 곳이다. 즉 노래 분야 4문제, 기악 5문제, 음악 감상 3문제를 2쪽에 걸쳐 제시하였다.

(마) 9학년 상권(중3학년 1학기) 음악교과서

2006년 5월에 초판, 2006년 5월에 1차로 인쇄-발행한 '9학년 상권'

음악교과서는 중학교 3학년 1학기용 교과서로 모두 7개 단원과 보충 가요 5곡으로 짜여진 교과서이다.

7개 단원의 단원 명칭을 '제1단원'이라고 제시하고 그 밑에 소단원으로 '노래-음악상식-음악 감상-실천과 창조' 등 3~4개로 분리하여 나타냈다. 소단원의 유형을 보면 3개의 소단원으로 분리한 대단원 수는 6개이고, 4개 소단원으로 분리한 대단원 수는 1개로 되었다.

9학년 상권 음악교과서의 본 단원 구성의 특징을 보면 교과서 목차는 3개 소단원 분리 형식, 4개 소단원 분리 형식으로 나누어 구성하였다. 9학년 상권 음악교과서의 제 1·4단원 목차 구성 체제를 아래와 같이 제시하고 있다.

3학년 1학기 교과서의 가창곡과 감상곡을 국가별로 분석하여 보면 다음과 같다.

가창곡은 7단원 7곡에는 미국 곡 1곡, 신민요 1곡, 스코틀랜드민요 1곡과 조선족 곡 4곡으로 짜여 있다. 감상곡은 7단원 14 곡 중에는 체코슬로바키아 곡 3곡, 미국 곡 1곡, 러시아 곡 1곡, 오스트리아 곡 1곡, 프랑스 곡 1곡, 조선 곡 1곡, 루마니아 곡 1곡, 중국 곡 1곡이고 나머지 4곡이 조선족 곡이다. 보충가요 5곡은 조선족 곡 2곡, 북한민요 1곡, 폴란드민요 1곡, 이탈리아민요 1곡으로 구성되어 있다.

정규 7개 단원 이외로 '음악은 나의 길동무' 라는 제목의 단원이 있는데 이는 각 영역별 자기 평가 시험 문제를 제시한 곳이다. 즉 노래 분야 4문제, 기악 5문제, 음악 감상 3문제를 2쪽에 걸쳐 제시하였다.

(바) 9학년 하권(중3학년 2학기) 음악교과서

2006년 12월에 초판, 2006년 12월에 1차로 인쇄-발행한 '9학년 하권' 음악교과서는 중학교 3학년 2학기용 교과서로 모두 7개 단원과 보충 가요 3곡으로 짜인 교과서이다.

7개 단원의 단원 명칭을 '제 1단원'이라고 제시하고 그 밑에 소단원으로 '노래-음악상식-기악-음악 감상-실천과 창조' 등 3~4개로 분리하여 나타냈다. 소단원의 유형을 보면 3개의 소단원으로 분리한 대단원

수는 4개이고, 4개 소단원으로 분리한 대단원 수는 3개 단원이 있다.

9학년 하권 음악 교과서의 본 단원 구성의 특징을 보면, 교과서 목차는 3개 소단원 분리 형식, 4개 소단원 분리 형식으로 나누어 구성하였다. 9학년 하권 음악교과서의 제 2 · 6단원의 목차 구성 체제를 아래와 같이 제시해 본다.

3학년 2학기 교과서의 가창곡과 감상곡을 국가별로 분석하여 보면 다음과 같다.

가창곡은 7단원 7곡에는 한국 곡 1곡 , 중국 곡 1곡, 미국 곡 1곡, 외국 곡 1 곡과 조선족 곡 3 곡으로 짜여 있다.

감상곡은 7단원 14곡 중에는 러시아 곡 2곡, 프랑스 곡 3곡, 미국 곡 3곡, 독일 곡 2곡, 중국 곡 3곡, 조선 곡 1개이다.

보충 가요 3곡 중 3곡 모두 우리 조선족 곡이다.

정규 7개 단원 이외로 '음악은 나의 길동무'라는 제목의 단원이 있는데 이는 각 영역별 자기평가 시험문제를 제시한 곳이다. 즉 노래 분야 3문제, 기악 5문제, 음악 감상 3문제를 2쪽에 걸쳐 제시하였다.

③ 2차시기와 3차시기 중학교 음악교과서 내용 비교 분석

(가) 가창영역

중학교 가창곡의 곡수는 총 42곡인데 그 중 조선족의 가창곡은 중학교에서는 47.62%로 반이 채 되지 않는 비중으로 나타났다. 조선족 곡이 가장 많은 비중을 차지하고 그 다음이 서양, 즉 외국 곡인데 중학교는 33.3%로 구교재 19.04%보다 증가되고 또한 중국 본국의 가창곡의 비율 7.14%보다 많은 것으로 나타난다. 북한 곡은 중학교는 5곡으로 11.90%로 나타났는 바 이것은 구교재의 21.95%에 비해 훨씬 작아졌음을 알 수 있다. 신교재와 구교재의 가창곡의 국적 상황을 도표로 표시하면 다음과 같다.

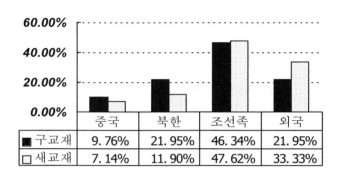

[도표-5] 중학교 신·구 교재의 가창곡의 국적 비교

	중국	북한	조선족	외국
■ 구교재	9. 76%	21. 95%	46. 34%	21. 95%
□ 새교재	7. 14%	11. 90%	47. 62%	33. 33%

　[도표-5]의 분석표를 보면 중국 곡과 북한 곡이 적어지고 조선족 곡과 외국 곡이 많아 진 것을 발견할 수 있다. 특히 북한 곡은 원래에 비해서 많이 적어지고 외국 곡은 구교재에 비해서 많이 늘어났다.

　구교재는 북한의 곡이 서양 곡보다 많아서 학생들이 서양문화, 즉 서양음악에 대해서 부족한 점이 많았지만 새로운 교재는 북한의 민요와 같은 전형적인 특징을 두드러지게 하고 거기에 또 서양의 다양한 음악을 넣었다. 이렇게 함으로써 학생들이 많은 서양음악 형식에 관심을 갖게 하였다.

　그 유형으로 보면 다음과 같은 결과가 나타난다. 중학교 새로운 음악교과서 가창곡은 총 42곡 중에서 33곡, 즉 78.57%가 가요, 그리고 그 나머지는 모두 민요로 분석되었다. 이것은 낡은 교재의 비율(가요 75.61%, 민요 21.43%)과 비교해볼 때 아주 큰 차이점이 존재하지 않는다. [도표-6]는 중학교 구교재와 새로운 교재의 가창곡의 유형에 대하여 분석한 비교도이다.

[도표-6] 중학교 신·구 교재의 가창곡의 유형 분석

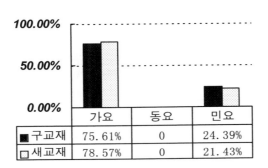

	가요	동요	민요
■구교재	75.61%	0	24.39%
□새교재	78.57%	0	21.43%

　또한 중학교 음악교과서를 분석해 보면 가요는 우리 민족의 창작가요가 제일 많은 것으로 분석되었고 두 번째로 역시 외국가요가 많은 것으로 분석되었으며 그 다음은 중국가요이며 마지막이 북한가요이다. 비율을 볼 때 초등학교와 마찬가지로 역시 외국가요, 외국 민요 곡 수를 증가시킨 것으로 분석되었다. 이것은 초등학교의 분석 결과와 유사하다.

　(나) 이해영역

　이해영역의 내용을 악기 이해, 음악상식으로 나누고 종합응용은 실천과 창조의 형식으로 표현하여 학년마다 해당 단원의 출현 빈도와 제목의 빈도를 산출하여 분석한 결과 중학교는 <표-13>과 같이 나타났다.

　학교 급별 이해영역 단원의 출현 상황을 보면 중학교는 3개 학년 전체 42개 단원 중에 출현 비율이 100%에 달하는 것으로 분석되었다.

　중학교는 종합 응용에 관한 것이 단원으로는 100%, 전부에 달한다. 하지만 소제목의 비율은 음악상식의 출현율이 45.55%인 46개로서 제일 많다. 종합응용은 42.57%인 43개에 달한다.

<표-13> 중학교 전 학년 음악교과서 이해영역 단원, 제목, 구성 분석

이론 / 학년		이론영역 내용구성						
		악기이해		음악상식		종합응용(실천과 창조)		계(출현 제목 합계)	계(이해/학년 단원수)
		단원수	제목수	단원수	제목수	단원수	제목수		
1	빈도	4	5	13	27	14	14	46	14/14
2	빈도	5	6	11	15	14	14	35	14/14
3	빈도	1	1	3	4	14	15	20	14/14
계	빈도	10	12	27	46	42	43	101	42/42
	비율	23.81	11.88	64.29	45.55	100	42.57	100%	100%

그 다음은 음악상식인데 중학교는 전체 42개 단원 중 64.29%에 대응하는 27개가 나왔고 전체 소제목 101개의 45.55%에 대응하는 46개가 나왔다. 결과로부터 알 수 있는 바, 초등학교 음악교과서의 음악상식(이론)은 중학교 음악교과서의 음악상식보다 적은 것으로 분석되었다.

악기 이해에 관하여는 여러 가지 악기 소개를 취급은 했지만 그 비율을 볼 때 초등학교보다 적다. 중학교는 전체 42개 단원 중에서 23.81%인 10개 단원에 나오고, 전체 소제목 101개 가운데서 11.88%에 해당하는 12개 소제목이 나왔다.

(다) 감상영역

조선족 음악교과서에 음악 감상이라고 명칭을 제시한 감상영역에 대한 분석을 학년으로 신교재와 구교재를 비교하면서 [도표-7]과 같이 국적 상황을 분석해 보았다.

[도표-7] 중학교 신구 교재의 음악 감상에 대한 분석

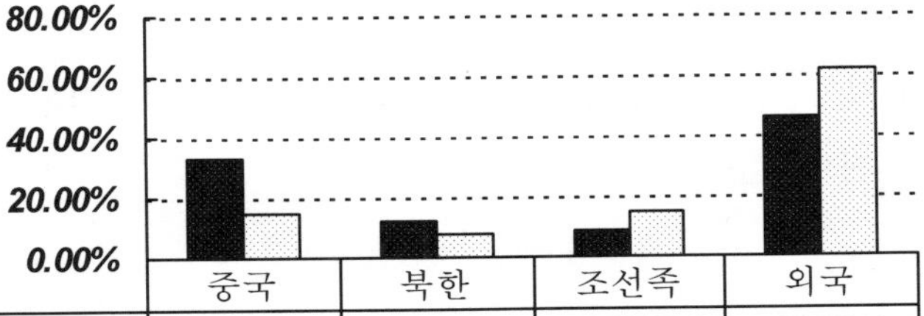

	중국	북한	조선족	외국
■ 구교재	33. 33%	12. 50%	8. 33%	45. 83%
□ 새교재	15. 19%	7. 60%	15. 19%	62. 03%

신교재 중학교음악교과서 전체 79개 감상곡 중에서 외국 곡의 곡수
가 제일 많은 62.03%의 49곡으로, 이어 중국과 조선족 곡 각각 15.19%
의 12곡이며 제일 적은 북한 곡 6곡으로 7.6%의 비율을 차지한다.

제3절 음악교육의 기본 내용과 방법의 변천 과정

1. 초등학교의 음악교육

중국에서의 초등교육은 9년제 의무교육의 첫 교육기관 단계로서 초
등학교 교육을 말하는데 한국과 같이 6년제로 하고 있다.

이러한 실정에 따라 조선족 음악과 교육과정을 중국 의무교육 실시에
따라 '음악교수요강' 또는 '음악과 과정표준課程標準'과 '의무교육조선족
초등학교 음악과정 표준'이란 명칭으로 1989년도부터 2000년대 현재
까지 3차에 걸쳐 고시하여 교과서를 편찬하고 이를 일선 초등학교에 적

용하고 있다. 이러한 교육과정(교수요강 또는 과정표준) 내용에 교수·학습 방법에 대한 기본 사항이 있고, 실제 구체적 내용은 '음악교수참고서'에 게재되어 있어 이 두 자료를 활용 분석하여 음악교육의 기본 내용과 방법 과정을 살펴보고자 한다.

1) 제1차 음악과 교육과정 시기 교수 내용과 학습 방법

1988년 6월에 조선족 초·중학교 음악교수요강(시용본)을 집필소조에서 작성하고 연변교육출판사에서 출판한 『전일제 조선족 음악교수요강(시용)』(중국명칭: 全日制朝鮮族小學音樂敎學大綱)에 교수·학습방법에 관련된 내용은 다음과 같은 목차에 제시하였다.58

(1) 교수 내용과 요구

제1차시기에 초등학교에서 가르쳐야 할 교수 내용에는 노래, 시창, 청음, 음악상식, 기악, 감상, 창작이 있다. '노래'의 경우를 예를 들어 보면 다음과 같다.

노래 : 음악교수에서는 노래교수를 중요한 자리에 놓아야 하며 노래의 예술형상으로 학생들을 감화시키고 교양하여야 한다. 교수에서는 노래의 사상성, 예술성을 생동하게 제시하는데 주의를 돌리며 학생들의 형상적 사유

---

58 제1차, 『전일제조선족 음악교수요강-음악교수참고서』, 중국: 동북조선민족교육 출판사, 1988.

를 계발하여 정서적으로 노래를 부르도록 하여야 한다. 노래 기교 훈련에서는 학생들의 연령, 생리, 심리 특징을 떠나 단순한 기교 훈련을 하지 말고 기교 훈련을 전반 노래 교수 과정에 관통시켜야 한다.

이와 같이 내용과 방법을 목적-방법-고려할 점 등으로 방안을 자세히 제시하였다. 이어서 전 영역에 걸쳐 교수 내용과 목표를 제시하였는데 특히 감상영역에서는 음악의 흥미, 음악 사랑, 감상 습관, 청각 능력, 기억력, 상상력, 표현 능력을 키움과 동시에 조선민족 음악예술을 사랑하고 민족 자부심을 갖게 해야 한다고 했다.

또 창작에서는 리듬 엮기, 노래 맞추어 동작 엮기, 선율구절 만들기, 짧은 노래 짓기를 지도하고 학생들의 음악 표현 능력과 상상 능력, 창조 능력을 배양하여야 한다고 강조하였다.

(2) 교수설비

음악교수의 정상적인 수업 진행과 교수 효과를 얻기 위해서는 시설과 기구를 갖추도록 명문화하였다. 즉 교실설비를 잘하고, 피아노, 풍금, 손풍금, 5선 흑판, 녹음기, 녹음테이프 등을 갖추어야 한다고 지적했다.

(3) 성적평가成績評價

성적 평가의 필요성을 성적 평정이라는 제목 아래 다음과 같이 그 목적과 필요성을 제시하였다.

　　교수효과를 검사하고 학생들의 학습정황을 이해하며 교수를 개진하고 교수의 질을 제고하기 위하여 성적평정을 진행하는 것은 아주 필요하다.

(4) 과외 음악 활동

과외 활동은 여러 가지 내용과 형식으로 진행한다. 예를 들면 '합창대, 악기대, 창작 서클 등을 조직하고 음악회, 노래 보급, 감상회, 상식강좌, 음악 이야기 모임' 등 여러 가지 활동을 하여야 한다고 제시했다.

(5) 각 학년의 내용과 요구

6개 학년으로 나누고, 전 학년을 노래, 시창, 청음, 음악상식, 감상 등 5개 영역으로 나누고, 3-7가지 정도 교수 방법과 요구 사항을 항목별로 제시하였다. 그런데 '2. 교수내용과 요구' 항목에서 제시된 기악과 창작 영역에 대한 내용은 본 항목에서는 제시하지 않았다.

2) 제2차 음악과 교육과정 시기 교수 내용과 학습 방법

1994년 9월에 발행한 『의무교육 전일제조선족 초등학교 음악교수요강(시용-책임편집: 김득진)』(중국명칭: 義務敎育全日制朝鮮族小學音樂敎學大綱)59 은 23쪽에 걸쳐 다음과 같은 내용을 제시하였다.

(1) 교수 내용과 기본 요구

제2차시기에 초등학교에서 가르쳐야 할 교수 내용에는 노래, 노래유

---

59 제2차, 의무교육전일제조선족초등학교 『음악교수요강』과 『음악교수참고서』, 중국: 동북조선민족교육출판사, 1994.

희, 시창, 청음, 음악상식, 기악, 감상, 창작 등 8가지를 제시했다. 이러한 교수 내용 영역은 제1차시기보다 노래유희 영역을 한 가지 추가한 것으로 나타난다.

이러한 8개의 영역을 영역별로 나누어 지도 내용을 제시할 때는 노래, 노래유희, 음악상식과 시창-청음, 기악, 감상, 창작 등 6개로 나누었고, 각 학년별 교수 내용을 구체적으로 제시할 때는 노래, 음악상식, 시창-청음, 감상 등 5개 영역으로 나누는 등 8-6-5종 영역으로 기준을 다르게 나타내어 혼동을 느끼게 한다.

(2) 성적 평가와 교수설비

성적 평가의 목적과 필요성에 대하여 제시하였는데 그 문구는 제1차시기 교육과정에 제시된 것과 똑 같게 서술하였다.

교수설비에 대한 내용도 제1차시기와 아주 비슷한데 제1차시기 설비보다 걸그림, 녹음기 등을 더 추가하였고, 조건이 허락되는 학교에서는 음악 기자재를 더 갖추어야 한다고 하였다.

(3) 각 학년의 교수 내용과 배치

6개 학년을 5종의 영역으로 나누어 지도해야 할 내용을 요목별로 제시하였다. 5개영역의 지도 비중을 제시하였는데 노래를 50%, 음악상식-시창-청음을 10%, 감상을 20%, 기악을 15%, 창작 5%로 노래에 대한 비중을 크게 두었다.

노래 영역의 지도 내용 학년별로 발췌해 보면 다음과 같다. 1학년 노래는 음역을 b-e"음 지도로 시작하고 2학년은 c'-c"음, 3학년은 c'-d"

음, 4학년은 b–be"음, 5.6학년은 b–e" 음역의 노래를 지도하도록 제시되었다. 음악상식 영역의 지도 내용에는 박자의 개념, 16분 음부, 점8분 음부, 휴지부, 장조, 화성음정(장3도, 단3도의 화성음정) 듣고 가리기, 굿거리 장단 연습, 그리고 강약 기호 등이 제시되었다.

1996년 12월 발행한 『의무교육 조선족 초등학교 음악교수 참고서』[60] 편집 설명에는 "이 책은 교원들이 교과서를 장악하고 사용함에 실제적인 도움을 주고 음악교수의 질을 가일층 높임에 도움을 주고자 편찬하였다."고 하였다. 이 참고서는 교과서 지도 내용을 4개 부분으로 나누어 각각 목적–내용–사용 설명 순서로 서술하였다.

① 가요 부분에는 가요선제와 편찬 요구, 가요의 내용선제, 가요에 대한 사용 의견에 대하여 밝혔다.

② 발성연습 부분에는 발성연습에 대한 유의점을 크게 6가지를 제시하였다.

③ 음악상식과 시창, 청음 부분에는 목적과 임무, 교수 내용과 요구, 편집 원칙과 사용 설명에 대하여 밝혔다.

④ 음악 감상 부분에는 감상 교재의 편집 의도, 감상 내용과 교수 요구, 감상 교재의 사용 설명으로 짜여 있다.

한편, 4, 5, 6학년 단원별 지도 내용과 방법에 대하여 학기별로 4학년은 10개 단원, 5, 6학년은 7개의 정규 단원과 보충 가요로 나누어 구체적으로 서술하였다. 아래 제4학년 첫 단원(제7권 제1과)의 교수 내용을 예를 들어 제시해 본다.

---

60 제 4, 5, 6학년용, 라혜주, 김민수, 김득진, 동북조선족민족교육출판사, 263쪽.

교수 내용: 노래, 음악상식, 종합 연습, 음악 감상

교수 목적: 3가지

교재 분석: 노래, 음악상식, 종합 연습, 음악 감상

교수 건의建議: 노래지도-3시간, 음악상식(이론), 종합 연습, 음악 감상

에 대한 지도법을 제시

2001년에 출판된 의무교육초등학교 음악 교수참고서(교수용지도서) 1
학년용과 2002년 출판 의무교육초등학교 음악교수참고서 3학년용(연변
교육출판사 출판)에는 '외국의 음악교수 방법에 대한 소개' 항목이 더 추가
되어 있다.

[교수내용]

차례 : 편집 설명

　　　　교과서 편찬의 지도 사상과 원칙

　　　　가요 부분

　　　　발성 연습 부분

　　　　음악상식과 시창, 청음 부분

　　　　음악 감상 부분

　　　　외국의 음악교수 방법에 대한 소개

교수참고서의 '외국의 음악교수방법에 대한 소개' 내용은 달크로즈의
신체 활동과 그 특징, 오르프의 음악교육 체계 및 특징, 코다이의 교육

사상과 그 특징, 스즈끼 음악교육 체계 및 그 특징을 구체적으로 밝혀 놓았다.

(4) 교수·학습방법

기존의 음악교수참고서(제2차시기)의 교수 방법 내용을 그대로 제시해 보면 다음과 같다.61(의무교육초등학교 음악교수참고서- 3학년 제5과 <풍구타령> 교재 내용)

> 교수 내용
>
> 1. 노래: <풍구타령>조선민요
>
> 2. 음악상식: 16분 음표
>
> 3. 종합연습 : 알아맞히기, 리듬연습, 리코더연습
>
> 교수 목표
>
> 1. <풍구타령>을 일정한 민요 풍격이 나게 부를 수 있게 한다.
>
> 2. 조선민족의 노동요에 대하여 초보적으로 알게 하며 안땅장단을 위주로 하여 만들어진 리듬 반주를 노래에 맞춰 칠 수 있게 한다.
>
> 3. 16분 음표를 알게 한다.
>
> 4. 종합연습을 통하여 여러 가지 음악적 능력을 키워준다.

---

61 아래의 내용은 『교수참고서』의 내용으로 원문의 표기법을 존중하여 그대로 싣는다.

<악보-1> 초등학교 3학년 음악교과서 제5과 <풍구타령> 내용 실물도

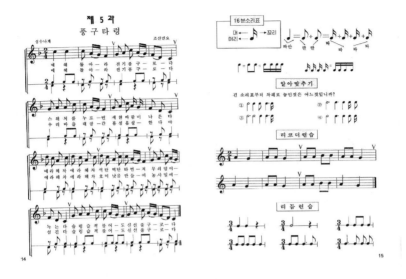

교수 분석

민요:<풍구타령>

타령이란 개념은 오랜 역사에 걸쳐 매우 넓은 의미에서 사용되었다. 흔히 말하는 타령은 서정적 성격을 띤 조선민요를 이르는 말이다. 그러나 타령이라 하여 모두 타령장단을 되었다는 뜻은 아니다. 타령은 선율이 유창하고 정서가 섬세하며 민족가요의 전형적인 특성을 잘 체현하고 있는 민요의 한 가지이다.

<풍구타령>은 조선민족 노동요의 하나로서 착취와 고된 노동에 시달리면서도 생활에 대해 아름다운 지향을 품고 억세게 살아가는 대장공들의 호방하고 낙천적인 정서 세계를 보여준다. <풍구타령>은 조선 함경남도 지방에서 많이 유전되었으며 지방에 따라 여러 종류가 있으나 모두 낙천적인 것

이 공통한 점이다. 교과서에 오른 가사는 원래의 가사를 토대로 하여 현대의 내용으로 개편하였다.

<풍구타령>의 선율음조는 5음음계 3음조로 되었으며 조식은 '치조식'이다. 노래는 선율이나 가사나 모두 대장공들의 벅찬 노동모습, 호매로운 노동절주, 낙천적인 노동정서 등을 생동하게 표현하였다. 곡은 재현이 있는 2부분형식으로 되었는데 제1부분의 제1악구와 제2악구가 각각 네 소절이고 제2부분에서는 첫 악구가 여섯 소절이고 결속악구인 두 번째 악구는 네 소절이다. 제2부분의 결속악구는 제1부분의 제2악구를 재현함으로써 악곡은 3부 구조원칙을 체현하였다.

음악상식 : 16분 음표

16분 음표란 소리표의 등분법에 의하여 옹근 음표를 16등분하여 얻은 음표라는 데서 지어진 명칭이다. 4분 음표를 한 박자로 할 때 16분 음표는 그것의 1/4에 해당하므로 1/4박자이다(흔히 반의 반박자라고 습관적으로 말한다). 16분음표의 부르기는 4분음표가 8분 음표에 비해 시간적 길이가 매우 짧으므로 <따>로 그 발음을 표시하였다. 그러나 음악 실천에서는 음악의 속도와 정서에 따라 영활하게 부른다.(이를 테면

따따다다 따다다따 딴따다 따다딴

등). 어떤 경우를 막론하고 꼭 <따>로 부른다는 것은 아니다.

종합연습

<알아맞히기>는 긴소리표부터 차례로 놓인 것을 알아맞히는 과제로서 그 정확한 해답은 ④번 즉 𝅘𝅥 𝅘𝅥𝅮 𝅘𝅥𝅯 𝅝 이다.

<리듬연습>은 3/4박자로 된 여러 가지 리듬형태들로서 이미 배운 2분 음표, 4분 음표, 8분 음표, 4분 점음표, 4분 쉼표들에 대해 익숙히 하는 연습과제이다.

<리코더연습>은 여전히 <시1>, <라1>, <솔1>의 세 개 음에 대한 연습으로서 4분 음표와 8분 음표로 된 민요풍의 연습곡이다.

교수건의建議

이 과는 2시간에 나누어 가르칠 수 있다.

민요: <풍구타령>

노래지도와 리듬악기 반주 연습지도

1. 먼저 노래 중의 리듬형 ♩♫ 를 간단히 연습한 다음

와 같이 경과적으로 약박에 놓인 것과 강박에 놓인 결합 형태를 연습한 기초에서 따라 부르기거나 듣고 부르기 형식으로 노래를 가르칠 수 있다.

2. 리듬 반주 악기는 저음(전박)과 고음(후박)의 음향이 구분되는 것을 선택하는 것이 좋은데 민족 악기인 북, 장고 등을 쓰는 것이 좋다. 반주악보에서 아래 것은 북편이고 위의 것은 채편으로 한다. 리듬반주에서의 전박과 후박의 동시결합, 호상교체 등에서 율동감이 나게 치도록 하는 것이 무엇보다 중요하다.

3. <풍구타령>에 배합한 리듬 반주 형태가 선율에 어떤 효과를 더해주는가를 간단히 분석해주는 것이 필요하다. 즉 제1악구와 제2악구는 노래의 시작이며 제시적 의의를 띠고 있는바 아직 발전적이며 고조적인 부분이 아니

기에 리듬형태를 빈번히 변화시키지 않고 안땅장단의 기본형태만 배치하였다. 제3악구는 노래의 발전, 고조 부분이기에 압축적이고 힘 있는 감을 주는 리듬을 배치하였다. 마지막악구는 제2악구와 선율이 같으나 가사내용과 음악형상이 제2악구와 대비를 이루게 하기 위하여 반주형태를 달리 하였다. 때문에 연습할 때에는 이에 충분한 주의를 돌려 정확하게 연습하도록 하여야 한다.

음악상식: 16분 음표

16분 음표를 가르침에 있어서는 연습곡이나 노래 중에 16분 음표가 있는 구절의 창법과 결부하여 가르쳐야 한다.

종합연습

<알아맞히기>는 긴 음표부터 차례로 놓인 것을 맞추는 연습과제로서 교원은 먼저 학생들로 하여금 주어진 음표들이 놓인 형태를 잘 관찰하게 한 다음 딴딴따로 부르기 또는 리듬악기연주를 통해 실감 있게 그 답안을 찾아내도록 하여야 한다.

<리듬연습>은 학생들로 하여금 먼저 3/4박자의 박절 규율을 명확히 하게 한 다음 주어진 리듬들의 특징적인 결합을 잘 관찰하게 한 기초에서 딴딴따로 부르기 또는 리듬악기연주의 경로를 통해 연습하도록 하여야 한다.

<리코더연습>은 여전히 <씨1>, <라1>, <솔1>의 세 개 음에 대한 연습곡으로서 그 리듬형태는 4분 음표와 8분 음표의 결합으로 되었다는 것과 두 개 악구는 기실 같은 선율의 중복이라는 점에 알게 하여야 한다. 즉 제1악구를 잘 연주하면 제2악구의 연주 역시 쉽게 할 수 있다는 것이다. 그리고 이 악곡은 민요풍의 악곡이라는 것을 알려줌으로써 학생들이 악곡의 정서를

포착하는데 도움이 되도록 하여야 한다.

이상과 같이 기존의(제2차 교육과정에 의한) 음악교수 참고서는 교수 내용, 교수 목표, 교재 분석, 음악상식, 종합 연습, 교수 건의建議로 나누어 서술식으로 제시하였다.

3) 제3차 음악과 교육과정 시기 교수 내용과 학습 방법

2004년 5월에 발행한 초·중학교 9년제 교육과정을 통합한 『의무교육조선족학교음악과정표준』(시용-연변교육출판사 미음체편집실 편)에 제시된 교수-학습 방법 관련 내용은 다음과 같다.[62]

　　[교수-학습 방법 관련 내용]
　　차례: 제3부분 내용 표준
　　　　1. 감수와 감상
　　　　2. 표현
　　　　3. 창조
　　　　4. 음악과 서로 관계되는 문화
　　　　제4부분 <표준> 실시에 대한 건의
　　　　1. 교수 건의

---

62 제3차, 의무교육조선족학교 『음악과정 표준』, 중국: 연변교육출판사, 2004(현재 새 음악교과서에 의한 음악교수참고서는 출판되지 않았음).

2. 평가 건의

(1) 교수 내용과 요구

첫째, 감수와 감상에서 지도할 내용은 음악의 표현 요소, 음악 정서와 정감, 음악 장르와 형식, 음악 풍격과 유파로 나눌 수 있고, 둘째, 표현에서 지도할 내용은 가창, 연주, 종합적인 예술 표현, 악보 보기로 나눌 수 있으며, 셋째, 창조에서 지도할 내용은 음향과 음악에 대한 탐색, 즉흥 탐색, 창작 실천으로 나눌 수 있다. 넷째, 음악과 서로 관계되는 문화에서 지도할 내용은 음악과 사회생활, 음악과 자매예술, 음악과 예술 사이의 기타 학과로 나누었다.

(2) 각 학년의 교수내용과 배치

① 음악의 교수 내용-표현 요소
　　<1-2학년 표현 요소>
　　* 자연계와 생활 속의 여러 가지 소리를 감수하게 하기
　　* 어린이, 여자, 남자 목소리를 듣고 가리기
　　* 악기 소리 감수하기
　　* 음악의 세기와 속도 변화 감수하기
　　<3-6학년 표현 요소>
　　* 음악의 절주, 박절, 선율의 높고 낮음, 늦고 빠름, 강약을 듣고 가리기
　　* 음악주제, 악구와 단락의 변화, 몸동작, 그림, 색채를 응용하여

반응하기

② 표현의 지도 내용

<1-2학년 지도 내용>

가창

* 각종 가창 활동에 참여하게 하기

* 정확한 가창 자세를 알게 하기

* 독창하거나 제창 참여하기

연주

* 타악기를 배워 주기

* 타악기 합주와 가요 반주하기

종합적인 예술 표현

* 종합 예술 표현에 참여하기

* 가요, 악곡에 맞게 몸동작하기

악보보기

* 간단한 절주부호 알기

* 2/4, 3/4박자 알기

* 악보 모방 노래 부르기

<3-6학년 지도 내용>

가창

* 정확한 가창 자세, 가창 실천을 장악하기

* 독창과 제창, 합창에 참여하기

* 부분2부합창을 하기

* 자기와 다른 사람의 가창에 대해 평가하기

* 매 학년에 4~6수의 가요를 외워 부르기

연주

* 각종 연주 활동에 참가하기

* 악기의 연주 방법을 배우고 가요와 악곡의 표현에 참여하기

* 연주 방법으로 악곡의 정서를 표현하기

* 자기와 다른 사람의 연주에 대해 평가하기

* 매 학년에 2~3수의 악곡을 연주하기

종합성綜合性적인 예술 표현

* 종합성적인 예술 표현 활동에 주동적으로 참여하기

* 정절이 있는 음악 표현 활동에서 표현하기

* 자기 또는 다른 사람의 표현에 대해 평가하기

악보 보기

* 이미 배운 가요(민요)를 통해 악보를 보고 부르기

* C대조음계와 5음 음계 알기

* 4/4박자, 3/8박자, 6/8박자, 9/8박자, 12/8박자를 알게 하기

* 음명音名, 음표, 쉼표 및 흔히 쓰는 기호들을 알기

* 조선민족 장단의 일부 기본장단을 알기

* 간단한 악보(부분 2성부 포함)를 알기

③ 창조 지도 내용

  <음향과 음악에 대한 탐색>

  1-2학년 지도 내용

* 사람 목소리, 악기 소리, 자연계 또는 생활 가운데 소리 모방하기
* 자기절로 갖춘 음원으로 음의 강약, 음색, 음의 길이와 높이를 탐
  색하기
3-6학년 지도 내용
* 자기절로 간단한 악기 만들기
* 자료를 이용하여 자연계와 생활 속의 소리를 표현하기
* 2성부 어울림을 감수하기

<즉흥창작>
1-2학년 지도 내용
* 성구, 짧은 어구, 시가 또는 가사를 부동한 절주, 속도, 세기로 표
  현하기
* 노래하거나 음악을 들으면서 즉흥적인 동작을 하기
* 해당 악기, 기타자료로 음악 이야기와 음악유희에 즉흥적인 배합
  을 하기
3-6학년 지도 내용
* 가요의 정서에 맞는 율동, 춤동작을 즉흥적으로 만들며 표현하기
* 부동한 음악 표현 형식으로 음악 이야기, 음악유희를 즉흥적으로
  만들어 표현하기

<창작 실천>
1-2학년 지도 내용
* 선, 색채, 도형으로 소리와 음악을 표시하기

* 목소리, 악기 또는 기타 음원으로 1~2소절의 리듬 또는 선율을 창작하기

3-6학년 지도 내용

* 2~4소절의 짧은 절주를 창작하기
* 2~4소절의 선율을 창작하기

④ 음악과 서로 관계되는 문화 지도내용

<음악과 사회생활>

1-2학년 지도 내용

* 음악을 감수하고 음악 활동에 참여하기
* 라디오, 텔레비전, 녹음테이프, CD판 등을 통해 음악 감상하기

3-6학년 지도 내용

* 라디오, 텔레비전, 녹음테이프 등 매체를 통해 음악재료를 수집하며 경상적으로 음악을 즐겨듣기
* 사회구역, 향촌의 음악 활동에 주동적으로 참여하여 음악적 교류를 진행하기
* 음악회, 민속활동에서의 음악표현을 즐겨 관람하기

<음악과 자매예술>

1-2학년 지도내용

* 음악절주에 배합하여 간단한 신체동작 하기
* 간단한 동작으로 음악정서를 표현하기
* 색채, 선으로 음악의 같은 점과 다른 점을 표현하기

3-6학년 지도내용

* 극, 무용 등 예술표현형식 요해하기
* 음악이 극과 무용에서 일으키는 역할을 알기
<음악과 예술 이외의 기타 학과>
1-2학년 지도내용
* 소리의 현상, 자연환경에서의 소리의 현상을 알기
* 음률체조 동작으로 부동한 절주, 박절, 정서를 띤 음악에 배합할
  줄 알기
3-6학년 지도내용
* 배경음악, 아동가요, 동화 및 시낭송에 음악을 배합하기
* 부동한 역사시기, 지역과 나라의 대표성적인 아동가요를 알기

위 제4부분 2개 영역에 대한 교수-평가에 대한 내용을 구체적으로
분석해 보면 다음과 같다.

첫째, 교수 건의에 있어서 주요사항은 교수에서 반드시 주의해야 할
문제, 교수 내용에 관한 몇 가지 제시와 둘째, 평가 건의에 있어서 음악
과정 평가의 원칙, 평가 내용, 평가 방식과 방법 등이 있다.

첫째의 교수 내용을 분석하여 보면 다음과 같다.

* 감수와 감상 * 표현 * 창조 * 음악과 서로 관계되는 문화

우선 감수와 감상에서는 학생들로 하여금 많은 형식의 음악을 접촉하
므로 음악의 흥취를 불러일으키고 음악을 즐기는 좋은 습관을 양성하게
하고, 독립적으로 자기의 감수와 견해를 불러일으키도록 격려해 준다.

표현에서는 학생들의 자신 있는 연주와 열창 그리고 종합예술 표현
능력을 배양하는 데 중점을 두고 학생들로 하여금 음악의 형식을 통하

여 자신의 감정을 표현하며 다른 사람과 교류하도록 이끌어야 한다.

음악 창조에는 두 가지가 있다. 하나는 학생들의 잠재된 즉흥 창작 활동을 발굴하게 하는 것이고 다른 하나는 음악 자료를 이용하여 음악을 창조하게 하는 것이다.

음악과 관련되는 문화는 학생들의 음악적 시야를 넓혀주고, 음악의 체험과 감수를 촉진하며 학생들의 음악 감상, 창조, 표현 그리고 예술적 심미능력을 제고하는 데도 도움이 된다.

둘째의 평가 내용을 분석해 보면 다음과 같다.

* 형성 평가와 종결 평가를 결합하기: 음악교수 과정에서의 실천과정은 평가의 중요한 방면일 뿐더러 음악교수 과정에 경상적으로 진행해야 한다. 이는 관찰, 담화, 질문, 토론 등 여러 가지 방식으로 진행할 수 있다.

* 성질 평론과 양적 평가를 결합하기: 음악교수 활동에서 학생들의 음악에 대한 흥취와 애호, 감정 반응, 참여 태도, 교류 합작, 지식과 기능의 장악 등 정황 을 비교적 정확하고 형상적인 문자 형식으로 성질 평가를 진행할 수 있고 또한 수요와 가능성에 근거하여 양적 평가를 진행할 수 있다. 물론 어떤 방법을 사용하든지 과학성에 주의해야 한다.

* 자기평가와 상호평가를 결합하기: 학생과 교원에 대가 방식을 취하되 표현성적인 평가와 격려성적인 평가를 위주로 하여야 한다. 음악학습에서는 학생들의 개별적 차이가 있기 때문에 학생평가의 중점은 자아발전의 종적인 비교에 두어야 한다. 그 중요한 체현으로는 '반급음악회'와 같은 것을 조직하는 것이다. 이런 음악회 혹은 기타 활동을 통하여 사생간의 음악작품, 음악소평론, 공연사진, 녹음테이프, 녹화 등을 전시하고 상호교류하고 격려해주는 목적에 도달할 수 있어 생동하고 활발한

평가방식이라고 할 수 있다.

아래의 교수·학습 방법은 조선족 초등학교 음악교사(훈춘시 제일실험 소학교, 채매화, 2007년 4월 13일)의 음악과 수업학습 방법의 내용이며, 하나의 사례로 제시한다.(표-14참조) 이것은 새 교육과정에 따라 설계된 학습방법으로서 '연변조선족자치주 중·소학교음악골간교원연구토론회' (全州中小音樂敎學觀摩硏討會)' 활동에 참가하여 발표한 교안敎案이다.(초등 학교 음악교과서 2학년 하권, 제7과 <꼬마도장공>, 20쪽)

<표-14> 초등학교 음악수업 학습지도안

꼬마도장공			
교수목적	1.노래교수를 통하여 학생들이 어려서부터 노동을 사랑하는 품성을 키워준다. 2.노래 <꼬마도장공>을 자연스러운 목소리와 유쾌한 심정으로 부를 수 있게 하면 자기로 간단한 동작표현을 할 수 있게 한다.		
교수중점	자연스러움과 유쾌한 심정으로 전반노래 부르기		
교 구	다매체, 손풍금, 쾌도		
교와 학의 과정	학생활동	설계의도	
★정경도입 화면-<개구리와 올챙이> ★신과 유도 1.우리 동무들은 춤도 잘 추고 예쁜데 누가 착한 어린이 인가를 알아보도록 하겠습니다. 교원: 동무들은 집에서 어머니를 도와 어떤 일을 합니까? 교원: 오늘 철이도 어머니를 돕는 일에 나섰답니다. 어떤 일을 했을까요? 화면으로 알	♪화면과 함께 즐겁게 율동을 한다. ♪자기가 집에서 한일들을 대담하게 말하도록 한다. ♪화면으로 알아보면서 관찰능력을 키워준다.	▲모든 학생의 기분을 불러 일으켜 노래의 정서에 들어가게끔 한다. ▲학생들로 하여금 부모님을 도와 자그마한 일이라도 하는 것은 노동을 사랑하는 표현이며 부모님께 효도하는 좋은 일이라는 것을 알게 한다.	

아보도록 하겠습니다. 교원: 페인트칠을 하는 모습을 동작으로 표현해보겠습니다. (페인트가 코에 묻은 모습...) ★신과교수 그럼 철이가 어머니를 도와 일하는 모습을 어떻게 노래로 엮었나 들어보겠습니다.	♬화면에서 본 일을 표현하기 ♬음악 감상	▲노래에 대한 초보적 인상을 키워준다.
▲다시 한 번 들어보면서 어떻게 불렀나 알아봅시다. ▲교사 시범창 ▲초보적으로 불러보기 ★난점해결 ▲ ♩ 𝄽 리듬과 ♩ 사이의 다른 점 ▲노래와 결부하여 부르기 ▲전반 노래에서 같은 선율을 찾아내기 ★노래 부르기 교원: 철이가 새집에 색칠을 할 때 기분이 어떠할까요? 유쾌하고 활발한 정서를 가지고 노래를 불러야 합니다. ★노래공고 교원: 이 노래에 맞추어 어떻게 율동을 만들까요? 교원총화:(생략)	♬감상하면서 노래의 정서에 대해 알아보기 ♬선생님의 풍금반주에 맞추어 천천히 부르기 ♬박자에 대해 말하기 ♬리듬치기 ♬휴지부를 여러 가지로 표현하게 한다. (발 구르기. 어깨춤) ♬같은 선율을 찾아 알아내기 ♬선생님의 풍금반주에 맞추어 노래 부르기 ♬여러 가지로 표현할 수 있는 방법을 말하기	▲노래에 대한 재인식을 키워준다 ▲몇 번의 감상을 통해 노래에 대한 학생들의 장악정황을 이해한다. ▲2분 음표와 4분 음표의 박자를 알게 하고 4분 쉼표를 잘 표현하게 한다. ▲학생들이 관찰능력을 키워준다. ▲활발한 정서를 가지고 전반 노래를 부를 수 있게 한다. ▲학생들의 창의력을 키워주고 표현할 수 있는 공간을 마련해준다.

자료: 음악교과서 초등학교 2학년 하권, 제7과 "꼬마도장공", 20쪽.

2. 중학교의 음악교육

1988년부터 9년제 의무교육이 실행되면서 의무교육 학교 7, 8, 9학년(초급중학 1, 2, 3학년)의 음악과 교수-학습 관련내용을 교육과정 시기별로 교육과정-교과서-교수용도서 등에 맞추어 분석해 보면 다음과 같다.

1) 제1차 음악과 교육과정시기의 교수내용과 학습방법

1989년 1월에 제1판으로 발행한 '조선족초급중학 음악교학대강과정표준(조선족 중 · 소학 音樂敎學大綱編絲組 편)에 제시된 교수 · 학습 방법 관련 내용은 다음과 같다.[63]

　　[교수 내용]
　　차례: 1. 교수 목적
　　　　　2. 교수 내용과 요구
　　　　　3. 과외 음악 활동
　　　　　4. 교수설비
　　　　　5. 성적 평정
　　　　　6. 각 학년의 내용과 요구

---

63 제1차, 『조선족초급중학교 음악교수요강』, 중국: 동북조선민족교육출판사, 1989.

특징: 교수 목적은 "학생들에게 일정한 음악상식을 습득시키며 기본
적인 음악상식을 장악시킨다. 조선족과 국내외의 우수한 음악 작품을
이해하고 감상하는 능력을 키워준다."고 비교적 간단하게 제시하였다.
1차 음악과 교육과정 시기 음악교수요강은 아래의 두 차례와 비교해 볼
때 들어 있는 내용이 제일 적다. 그 요점은 "학생들이 음악예술의 진미
를 체득하고 음악예술 작품을 감상, 창작하는 데 필요한 기초 지식을 전
수 한다."고 되어 있다.

(1) 교수 내용과 요구

제1차시기 중학교에서 가르쳐야 할 교수 내용은 '가창, 악전기초와
시창-청음, 기악, 감상, 창작' 등 5개 영역으로 나누어 지도하도록 교육
과정에 명시하였으며, 가르칠 때 유의할 점을 다음과 같이 제시하였다.

* 가창 지도는 제창을 위주로 하고 성부합창을 교수해야 한다. 가창
  지도 시간은 음악교수 총 시간의 30%를 점해야 한다.
* 악전기초와 시창, 청음 지도는 음악상식의 체계성 지도와 기교 훈
  련 지도에만 치우치지 않아야 한다. 방법으로 듣고 가리기, 듣고 부
  르기, 듣고 쓰기 등을 통하여 시창 능력을 향상시키도록 해야 하고
  20% 정도 지도해야 한다.
* 기악 지도는 악기 선택 능력, 악기 사용 능력, 연주 능력을 키워 주
  되 음악 총 시간의 20%를 넘지 않게 지도해야 한다.
* 감상 지도는 음악 작품을 많이 듣고 작품 해설을 정확하고 알기 쉽
  게 지도하여야 한다. 또 다른 부분과도 유기적으로 이루어지도록

지도해야 한다고 했는데, 이것도 음악 총 시간의 20%를 넘지 않게
지도해야 한다고 했다.

* 창작 지도는 선율 창작 위주로 하고 비중은 10% 정도로 해야 한다.

(2) 과외 음악 활동

학교 음악교육의 중요한 부분으로 음악상식의 확장을 위해 서클 조직
을 활용하도록 지도하는 일이다.

(3) 교수설비와 성적 평정

교수설비는 음악 지도의 정상적인 진행을 위해 이루어져야 하고, 성
적 평가는 학생의 학습 상황을 파악하고 지도 방법의 질을 높이기 위해
필요하다.

(4) 각 학년의 내용과 요구

학년별로 가창, 청음, 악전기초, 기악, 감상, 창작으로 나누었으며, 지
도해야 할 내용과 방법을 다음과 같이 자세히 서술하였다. 가창에서는
중음구, 고음성부, 저음성부, 음역은 c~c'', 악전기초는 주요3화음, 전
조, 부분3화음, 속7화음을 알기, 시창과 청음에서는 장조, 단조, 4/4,
3/4, 6/8를 듣고 적기, 감상에서는 관현악대 구성 - 목관악기조, 금관악
기조, 타악기조, 현악기조 알기, 민족악파와 낭만악파를 알기, 창작에서
는 즉흥적으로 짧은 선율을 창작하고 표현하기로 제시하고 있다.

2) 제2차 교육과정시기 교수내용과 학습방법

1994년 9월에 제1판으로 발행한 『의무교육전일제 조선족중학 음악 교학대강(시용)』(조선족 중·소학 음악교학대강 편사조 편)에 제시된 교수-학습방법 내용은 다음과 같다.64 이 체제는 제1차시기와 비슷하나 7번째 항목이 추가되었다.

[교수 내용]

차례: 1. 교수 목적

2. 교수 내용과 요구

3. 각 학년의 교수 내용 배치

4. 과외 음악 활동

5. 교수설비

6. 성적 평정

7. 교수 요강 실시에서 반드시 주의하여야 할 몇 가지 문제

특징: 2차 음악과 교육과정 시기 음악교수요강은 1차보다 내용이 풍부하며 그 교수 목적도 1차보다 많이 세련되었다. 그리고 "학생들이 덕육, 지육, 체육 등 여러 면에서 전면적인 발전을 가져와야 한다."고 하고 또한 중학교 음악교육에는 실내 수업과 과외 음악 활동이 포함되어야

---

64 제2차, 『의무교육전일제조선족중학교 음악교수요강』, 중국: 동북조선민족교육 출판사, 1994.

한다고 제시하였다. 교수요강의 내용에서도 1차보다 한 가지 즉 '교수요
강실시'에서 반드시 주의하여야 할 몇 가지 문제를 제기하였다.

(1) 교수 내용과 요구

제2차시기 중학교에서 가르쳐야 할 교수 내용으로는 '가창(노래), 악
전기초(음악이론)와 시창-청음, 기악, 감상, 창작' 등 5개 영역에 걸쳐 교
육과정에 명시하고 가르칠 때의 유의점을 제시하였다.

* 노래 지도는 제창을 위주로 하고 성부(다성부)합창을 교수해야 한다.
  노래 지도는 교원의 시범 창을 잘해야 하고, 시창법을 가르쳐 주어
  야 한다고 하였다.
* 음악상식과 시창, 청음 지도는 악보 읽기는 계명창법으로 지도해야
  하고, 방법으로 듣고 가리기, 듣고 부르기, 듣고 쓰기, 시창 지도를
  통하여 독자적으로 시창할 수 있는 능력을 키워 주어야 한다고 하
  였다.
* 기악 지도는 악기 선택 능력, 악기 사용 능력, 연주 능력을 키워 주
  되 노래, 시창, 청음, 감상 등 지도내용과 유기적으로 결부시켜 지도
  하도록 했다.
* 감상 지도는 국내(중국) 음악 작품을 많이 듣고, 민족음악예술의 자
  부심을 갖게 하고, 작품 구성의 기본적인 표현 수단을 알게 지도하
  여야 한다고 했다. 또 다른 부분과도 유기적으로 이루어지도록 지
  도해야 한다고 했다.
* 창작 지도는 학생들의 표현 능력, 감상 능력, 창조 능력을 배양하게
  함, 선율 지도에 중점을 두어야 한다고 강조했다.

제1차시기와 다른 점은 영역 명칭을 노래에서 가창으로, 악전기초에서 음악상식으로 바꾸었고, 각 영역의 지도 비중을 삭제한 일이다.

(2) 과외 음악 활동

음악상식의 범위를 넓히기 위해 서클 조직을 자발적으로 잘 활용하도록 해야 한다.

(3) 성적 평정과 교수설비

성적 평가는 학생의 학습 상황을 파악하고 지도 방법의 질을 높이기 위해 필요하다고 했고, 교수설비는 음악 지도의 정상적인 진행을 위해 필요하다고 했다.

(4) 각 학년의 교수 내용 배치

제 1차와 다르게 영역명칭을 변경하여 학년별로 노래, 음악상식, 시창-청음, 감상, 기악창작(1차시기: 가창, 시창, 청음, 악전기초, 기악, 감상, 창작)으로 나누고, 지도해야 할 내용과 방법을 학년별로 단계적으로 자세히 서술하였다. 노래영역의 음역의 지도 단계는 '1학년: 음역, c'(♭음)- d''음, 2학년: c'(♭음)-c''음 등'으로 6개 학년에 걸쳐 세부적으로 제시하였다. 음악이론영역은 5음음계五音音階, 장조, 단조, 조調, 조식調式, 조기호調記號, 박자에 대하여 명시하였다.

(5) 교사용 도서에 나타난 교수·학습 방법 분석

차례: 편집 설명

　　　교과서 편찬의 지도 사상과 원칙

　　　중학교 음악교수의 방법

　　　제 1, 2, 3학년 단원별 목차(제1과~제7과) 제시

위의 차례에 따른 내용들은 모두 음악교과의 교수–학습 방법에 대한 것으로 그 요점을 분석해 보면 다음과 같다.

첫째, '편집 설명'에서는 편찬 목적, 즉 교사들의 교수와 교수 연구에 도움을 주기 위해 교사 수준에 맞게 편찬하였다고 취지를 밝히고 있다.

둘째, '교과서 편찬의 지도 사상과 원칙'에서는 교과서 편찬의 지도 사상, 교과서 편찬 원칙과 몇 가지 인식, 교과서 각 부분의 내용 설명을 9쪽에 걸쳐 제시하였다.

셋째, '중학교 음악교수의 방법'에는 중학교의 음악교수 방법과 그 분류, 외국의 음악교수 방법에 대한 소개를 8쪽에 걸쳐 실어 놓았다.

넷째, 학년별 단원(제0과) 지도방법은 '제1학년, 제1학기, 제1과' 형식으로 구성하여 내용을 구체적으로 제시하였다.

이 중에 '중학교 음악교수의 방법'은 다음과 같이 분석할 수 있다.

'중학교의 음악교수 방법과 그 분류'에서는 음악교수 방법을 제시하고, 강의법, 연습법, 연시법으로 나누어 구체적으로 서술하였다.

'외국의 음악교수 방법'에는 달크로즈의 신체 활동과 그 특징, 오르프의 음악교육 체계 및 특징, 코다이의 교육사상과 그 특징, 스즈끼 음악

교육 체계 및 그 특징 등에 대하여 상세히 서술하였다. 다음은 제1과 단
원 별 교수-학습 방법에 대한 서술 내용을 분석한 것이다.

> 교수 내용: 노래, 음악지식, 리듬연습, 음악감상 등 4가지 내용을 제시
>
> 교수 목적: 행진곡 특징, 음악의 4대 요소 알기, 이강음의 창법 알기, 독주
> 곡, 관현악대 협주와 독주와의 관계 알기 등 4가지 목적을 제시
>
> 교재 분석: 노래(중학생행진곡), 음악상식(이강음, 이강음의 창법, 음의
> 네 가지 성질, 음악의 4대 요소), 음악 감상(바이올린 독주곡 고향의 명절에
> 드린다), 작곡가 소개(조선족 작곡가 권길호)
>
> 교수 건의: 시간배당(2시간), 영역별(노래교수, 음악상식, 음악감상)로
> 지도방법 및 유의사항을 자세하게 제시하였다.

1997년 7월에 발행한 '의무교육 초급중학교 1, 2, 3학년용 음악교수
참고서에는 제목번호가 없이 교수-학습에 관한 내용이 제시되어 있다.
이 체제는 1996년 12월에 발행한 초등학교 음악교수참고서(교사용지도
서)와 비슷하다.

3) 제3차 음악과 교육과정 시기 교수 내용과 학습 방법

2004년 5월에 발행한 초·중학교 9년제 교육과정을 통합한 『의무교
육조선족학교음악과정표준義務敎育朝鮮族學校音樂課程標準-시용』, 연변교육출
판사 미음체편집실 편)에 제시된 교수·학습 방법 관련 내용은 다음과 같
다.65

차례: 제3부분 내용 표준

    1. 감수와 감상(感受와 鑒賞)

    2. 표현

    3. 창조

    4. 음악과 서로 관계되는 문화(音樂과 相關文化)

    제4부분 <표준> 실시에 대한 건의

    1. 교수 건의

    2. 평가 건의

특징: 제3차 음악과 교육과정 시기의 과정표준은 1, 2차보다 훨씬 많은 발전을 가져왔으며 목차를 보더라도 많이 세련되어 있다. 음악교육은 반드시 학생들의 심미적인 능력을 제고하고 학생의 창조적 사유를 발전시키며, 양호한 인격수양을 이루어 학생들이 일생동안 음악을 좋아하고 음악을 학습하며 음악을 감상하는 데 필요한 기초를 닦는 것이다.

(1) 교수 내용과 요구

첫째, 감상 지도는 음악의 표현 요소, 음악 정서와 정감, 음악장르와 형식, 음악 풍격과 유파로 나눌 수 있고, 둘째, 표현 지도의 내용은 가창, 연주, 종합적인 예술 표현, 악보 보기로 나눌 수 있으며. 셋째, 창조 지도의 내용은 음향과 음악에 대한 탐색, 즉흥 탐색, 창작 실천으로 나눌 수

---

65 제3차, 의무교육조선족학교 『음악과정표준』, 중국: 연변교육출판사, 2004. (초·중학교 통합과정표준)

있다. 넷째, 음악과 관계되는 문화 지도의 내용은 음악과 사회생활, 음악과 자매예술, 음악과 예술 사이의 기타 학과로 나누어 제시하였다.

(2) 각 학년의 학습 단계 지도 내용

① 감수와 감상
<음악정서와 정감(7-9학년)>
* 음악 정감 체험하여 음악 표정 술어로 묘사 서술하기
* 음악적 정감 발전과 변화 감지하여 서술하고 여러 형식으로 표현하기
<음악 장르와 형식(7-9학년)>
* 대합창, 조곡, 실내악, 협주곡, 교향곡, 가극, 무극음악 및 기타 장르의 가요와 악곡을 듣고 표현하기
* 부동한 장르의 형식을 구분하기
* 음악 감상과 결부하여 음악 표현을 평가하고 분석하기
음악 풍격과 유파(7-9학년)
* 조선민족 민간음악을 듣고 종류, 창법, 풍격, 유파와 대표인물 알기
* 세계 각국의 민족 민간음악을 듣고 특징을 서술하기

② 표현
<7-9학년 지도 내용>
가창

＊ 각종 가창 활동에 주동적 참여와 가창 습관 갖기

＊ 부분 3부합창하기, 제창, 윤창과 합창하기

＊ 매 학년 3-5 수의 가요 외워 부르기

연주

＊ 각종 연주 활동에 적극적 참여와 연주 습관 갖기

＊ 자기와 다른 사람, 집단적인 연주 평가하기

＊ 매 학년 2-3수의 악곡 연주하기

종합적인 예술 표현

＊ 자신 있게 종합 예술 표현에 참여하기

＊ 가요와 악곡 결부하여 표현하기

＊ 가극 단락 표현하기

악보 보기

＊ 가요 및 악보 보고 노래 부를 수 있게 하기(부분2성부, 3성부 포함)

＊ 조선민족의 장단 알기

③ 창조

<7-9학년 지도 내용>

음향과 음악에 대한 탐색

＊ 사람, 악기 소리 탐색하고 평하기

＊ 3성부의 어울림을 감수하기

즉흥 창작

＊ 가요, 악곡의 내용정서에 따라 즉흥창작하기

＊ 생활에서의 말, 시가에 즉흥적으로 곡을 붙이기

창작 실천

  * 8소절 내외의 짧은 곡 창작하기

  * 전주, 간주를 만들기, 컴퓨터로 음악을 창작하기

음악과 관계되는 문화의 각 분야에 대한 7-9학년 지도 내용을 영역별로 살펴보면 다음과 같다.

④ 음악과 관계되는 문화

<7-9학년 지도내용>

음악과 사회생활

  * 사회생활에서 음악의 역할 이해하기

  * 매체를 통해 음악 정보를 이해하고 서로 느낌을 교류하기

  * 음악회 등 민간예술인들의 음악 활동에 참여하여 이해하고 평가하기

음악과 자매예술

  * 청각예술, 시각예술, 표현 재료. 표현 특징 등을 비교하기

  * 영화음악, 텔레비전음악, 배경음악, 주제음악을 이해하기

  * 종합예술 표현 수단을 응용하여 문예 활동반을 조직, 창작하기

음악과 예술 이외의 기타 학과

  * 적합한 음악으로 자기의 정서 조절하기

  * 소리, 언어, 시사詩詞, 산문 등의 감정세계 부각하기

  * 사회과학, 자연과학, 중국과 세계 여러 나라의 대표성 가요, 악곡 및 그와 관계되는 풍토와 풍물 알기

(3) 교수 평가내용과 방법

위 제4부분 2개 영역에 대한 교수-평가에 대한 내용을 구체적으로 분석해 보면 다음과 같다.

첫째, 교수 건의敎學建議에 포함되는 주요사항은 다음과 같다.

가르칠 때 반드시 주의해야 할 문제

1. 청각예술의 감각법칙에 따라 음악학과의 특징을 도출해야 한다.

2. 음악 이외의 여러 영역과의 유기적인 결합에 주의해야 한다.

3. 전체 학생을 향하여 학생에 따라 교수해야 한다.

4. 평등하고 서로 활동하는 사제지간의 관계를 정립해야 한다.

5. 현대교육 기술 수단을 운용해야 한다.

6. 지방에 따라서 표준을 실시해야 한다.

교수 내용에 관한 몇 가지 제시

1. 감수와 감상

2. 노래하기

3. 연주하기

4. 악보 익히기

5. 창조

둘째, 평가 건의에 포함되는 주요사항으로는 음악과정 평가의 원칙, 평가 내용, 평가 방식과 방법이 있다.

학생들에 대한 평가는 반드시 정감 태도와 가치관, 지식과 기능 면의 지표에 관심을 돌리며 학습 과정과 학습 방법의 효과성을 고찰함에 관심을 돌리는 데 있다. 교원에 대한 평가는 주로 교육 사상, 실무 소양, 교수 태도, 교수 방법과 교수 효과, 교수 업적(과외 음악 활동이 포함됨) 및 사제 간 교류에서 학생을 사랑하고 존중하는 정도 등이 포함되어야 한다.

평가 방식과 방법에 있어서는 형성적인 평가와 종결적인 평가를 결합하는 방식으로 관찰, 담화, 제문, 토론 등의 방법을 제시한다. 그리고 학생들의 음악에 대한 흥미와 기호, 정감 반응, 참여 태도, 교류와 합작, 지식과 기능의 장악 정황 등 방법을 취하고 있다. 또한 자기 평가, 호상 평가, 타인 평가를 결합하여 표현 성적인 평가와 고무 성적인 평가를 위주로 학생과 교사는 자기 평가, 학생과 교사 사이의 상호 평가, 학교와 상급 주관 부서의 교사에 대한 평가, 학부모들의 교사에 대한 평가 및 학생과 학부모들의 학교 음악교수 사업과 음악 과정에 대한 평가 등을 제시하고 있다.

(4) 교수·학습 방법 실제

아래의 교수·학습 방법은 현장 음악교사(훈춘시 제6중학교, 음악교사 최홍녀)가 새 교육과정에 의해 설계한 중학교 음악과 수업 학습 방법이다. (표-15 참조) 이 교수·학습 방법은 '연변조선족자치주 중·소학교음악 골간교원연구토론회'(全州中小音樂敎學觀摩硏討會) 활동에 참가하여 발표한 교안(敎案)이므로 본문을 하나의 사례로 제시하면 다음과 같다.(중학교 음악 교과서 8학년 하권, 보충 가요 제3과, 39쪽)

\<표-15\> 중학교 음악수업 학습지도안

과 제	새봄을 노래하네	과당수	1교시	수업유형	종합과	교 사	최홍녀
교수목적	1)민요를 알고 사랑하며 민요에 흥미를 느끼며 부를 줄 알게 한다. 2)안딴장단에 대한 개념과 장단을 치는 요령을 장악하게 한다. 3)감상을 통하여 여러 가지 부동한 속도가 음악정서와 내용에 어떤 변화를 가져오는 가를 알게 한다.						
중 점	민요를 부르고 리듬악기연주법으로 장단 연주						
난 점	리듬 창작하고 리듬치기						
교수준비	컴퓨터 흑판 전자풍금 앵클 장고						

교수-학습과정	교수-학습의 기본과정	설계의도
一 二 三 四 五 六	교사 학생 인사 신과전수 봄을 가지고 신과유도와 이 시간의 학습요구 제시(학생 봄을 가송한 노래 표현) 1)부동한 풍격 봄노래 감상 2)새봄을 노래하네 유도 (1)감상 (2)선생님의 표현: 여러 가지 장단으로 연주 가려듣기 (3)민요란 무엇인가-개념 (4)안딴장단의 변형된 절주 연습 (5)트라이앵글 가지고 연습-악보소개, 절주악기, 장고부분, 장고와 절주악기종합연습 (6)전자풍금에 절주를 맞추기 (7)선율에 노래 맞추기(교사 시범창으로 감정처리 설명) (8)선율에 맞추어 리코더 불기 (9)노래와 장고, 리코더 종합훈련 (10)북조선 청진예술단의 정채로운 표현을 감상-《우리 장단이 좋아》 주어진 리듬을 가지고 리듬을 창작 안딴장단의 종합연습-《일터의 휴식》 교사총화	정서안정 적극성을 불러일으킨다. 컴퓨터 활용 대비의 방법으로 우리민요의 흥겨운 감을 더 강조 장고 활용 학생판단능력 제고 컴퓨터를 이용 공고(鞏固)연습 감정처리에 주의 연주법 소개 종합훈련 리듬악기 연주법 공고훈련 창작능력을 제고 공고와 훈련

교수체험	본 수업의 학습을 통하여 학생들로 하여금 우리 민족예술에 대하여 더 많은 이해를 가지고 우리 민족의 흥겨운 안딴장단을 연주할 수 있게 되었을 뿐 만 아니라 우리조선민족에 대한 자긍심을 느끼게 한다.

자료: 음악교과서 중학교 8학년 하권, 보충가요 제3과, 39쪽

이 장에서는 중국 조선족음악교육의 시대적 변천을 초등과 중등에 거쳐 음악 교육목표의 변화와 음악교육의 기본 내용과 방법의 변화 등 두 부분으로 나누어 살펴보았다. 여기서 먼저 조선족 음악교육과정의 역사적 과정을 요약하면 다음과 같다.

① 중국 건국 이전 및 항일 전쟁 시기의 조선족 음악교육은, 우선 반일 지사들이 운영한 조선족 사립학교와 그 후 일제가 운영한 조선족 초·중등학교, 그리고 종교 기관에서 운영한 조선족 학교에 모두 보편적으로 음악과가 설치되었고 또 중요한 위치에 있었음을 알 수 있다. 이들 음악과에서는 주로 계몽가요(창가)를 주요한 음악 교재로 활용하였으며 '창가' 등의 과목을 이용하여 반일 교육을 실시하였다. 한 가지 아쉬운 점이라면 해방 전에는 중국에 조선족의 전문적인 음악학교가 없어 전문교육을 받으려면 서울이나 평양 등에 유학을 가거나 관내의 한족漢族 음악학교 또는 하얼빈의 러시아인들이 운영하는 예술학교에 가서 배워야 했다는 것이다.

② 중국 국내 해방전쟁 시기의 조선족 음악교육은 광복 초기라는 특정 시기에 정치성이 부여된 노래들이 학교교육에 가장 적합한 것으로 판단되었기 때문에 거의 모든 학교들에서 광복 후 새로 창작된 성인가요들과 광복 전 항일 가요들을 창가 교재로 선택하였다. 이 시기 학교 음악 활동 가운데서 가장 현저한 것은 취주악의 발전이다.

③ 중국 건국 이후, 어린이 노래의 주제가 다양해지면서 이전에 정치 투쟁을 반영한 성인 가요를 주요 교재로 하던 시기를 종말 짓게 되었다. 1960년대 초부터 1966년 상반까지는 중국 조선족 아동음악의 성숙기로서 소년합창곡, 가무歌舞곡 등이 창작되었으며 무대용 작품들이 많이 나옴에 따라 과외 음악 활동의 교재가 다양해졌다. 개혁개방 이후 조선족 전반 예술 창작은 비로소 올바른 길에 들어서게 되어 시인, 작곡가들도 사상에서 해방하여 초·중학교 학생들의 생활을 생동감 있고 다양하게 반영한 노래들을 많이 창작하게 되었다. 특히 중국 조선족교과서심사위원회의 설립, 전국조선문 교재심사위원회 음악분과의 설립 등은 음악 교재의 질적 수준을 높이는 데 커다란 기여를 하게 된다. 1979년의 『조선족 중·초등학교 음악교수요강』(시행초안), 1988년의 『조선족 초등학교 음악교수요강』(사용본), 1989년의 『조선족 초급중학교음악교수요강』(사용본) 등은 그 실질적인 성과가 된다. 한편, 1989년부터 1990년 사이에 동북조선민족교육출판사에서 출판한 『중등사범학교음악교과서』에서 비로소 사범학교 음악 교재 사용의 무질서한 역사에 종지부를 찍게 된다.

다음, 조선족 음악 교육과정의 변천 과정을 종합하면 다음과 같다.

조선족 음악과 교육과정은 중국 의무교육 실시에 따라 「음악교수요강」 또는 「음악과정표준」이란 명칭으로 1989년도부터 2000년대 현재까지 3차에 걸쳐 고시하여 교과서를 편찬하고 있는데 이들 중 제1차 음악과 교육과정을 살펴보면, 음악상식과 기능을 익혀 감상하고 표현하는 능력을 키우게 하는 등 음악 기초 지식과 감상에 목적을 둔 것으로 보이며, 제2차 음악과 교육과정에서는 국가관과 민족관을 강조하고 무용과 음악을 접합시킨 음악교육이 선보이며, 제3차 음악과 교육과정의 경우에는 제1, 2차와는 달리 6년제 초등학교와 3년제 초급 중학의 교육과정을 통합하여 작성하고 음악의 심미적 효용성과 문화의 기능을 강조한 것이 특징이었다.

끝으로 음악교육의 기본 내용과 방법의 변천 과정에서는 다음과 같은 점들이 주목되었다. 우선 초등학교의 경우, 학생들의 음악에 대한 흥미, 정서 유발, 조선민족의 음악을 알고 사랑하게 하며, 초보적인 수준에서 외국의 우수 음악 작품들을 접하게 하며, 음악에 대한 기초 지식과 기본 기능을 장악하게 하며, 초보적인 인상에서 출발하여 풍부한 음악 감각을 소유하고 표현하는 능력을 갖도록 하고, 정확한 판단을 하도록 하는 등 음악을 통한 학생들의 창의력 신장에 목적을 두고 있음을 알 수 있다.

한편, 중학교의 경우, 평가 방식과 방법에서 형성적인 평가와 종결적인 평가를 결합하는 방식을 취하고 있었다. 또 학생들의 음악에 대한 흥미와 기호, 정감 반응, 참여 태도, 교류와 합작, 지식과 기능의 장악 정황 등의 방법을 취하고 있다. 또한 자기 평가, 상호 평가, 타인 평가를 결합하여 표현 평가와 고무성적 평가를 위주로 학생과 교사는 자기 평가, 학생과 교사 사이의 상호 평가, 학교와 상급 주관부서의 교사에 대한 평가, 학부모들의 교사에 대한 평가 및 학생과 학부모들의 학교 음악교수 사업과 음악 과정에 대한 평가 방식을 취하고 있었다.

제4장 조선족 초·중학교 음악교육의 실태 분석

중국 정부는 21세기에 자국 발전을 위해서 1999년에 확정한 두 가지 교육 발전 정책 방안에서 21세기 초엽에 추진할 중점 사업을 구체적으로 제시하고 있다. 이 정책의 방안들은 공산당중앙위원회 및 국무원과 교육부에서 확정한 방안이기 때문에 앞으로 중국 정부가 주력하겠다는 강한 의지가 담겨 있고, 구체적으로 실행될 내용이므로 이를 통해서 향후 중국 교육의 발전 방향을 이해할 수 있다. 중국교육 발전 방향은 7개 영역으로 구분해서 정책 실행 세부 목표를 제시하고 있다.[66]

첫째, 전 국민의 자질을 높이는 기본 교육 시행을 위해 2010년까지 명실상부한 9년제 의무교육을 경제적·문화적으로 낙후한 지역까지 실시하며, 특수교육을 계속 강화하여 장애아들의 교육 기회를 보장하고 청소년들의 기초 교육을 강화하여 2010년까지 문맹 퇴치 비율을 95%까지 높일 계획이다.

둘째, 고등학교 단계의 교육에 직업교육과 보통교육을 병행해서 학생

---

66 國家敎育發展硏究中心 편, 『中國敎育綠皮書』, 中國: 敎育科學出版社. 2001, 68-70쪽.

들이 실생활에서 자립 능력을 갖출 수 있도록 교육할 예정이다.

셋째, 기존의 교육 체제를 대폭적으로 재조정하여 학교교육과 직업교육, 보통교육과 성인교육, 고등교육과 기술교육이 자유롭게 연계되어 비교육자들이 필요로 하는 내용으로 어느 때, 어느 수준의 교육을 원하는 장소에서 받고자 하더라도 즉시 수용할 수 있는 탄력적인 교육 체제로 개혁할 예정이다.

넷째, 고등학교의 개혁을 대폭적으로 실시하여 고등교육 학령인구의 입학률을 2010년까지 15% 정도로 늘려서 고등교육을 대중화 단계로 진입시킬 계획이며, 교육 내용에 있어서도 실제 생활에 도움이 되는 실무 위주의 직업교육에 치중할 계획이다.

다섯째, 성인교육과 평생교육 체제를 직업교육 위주로 완비하여 교육 희망자들이 재직 연수 및 전직 준비를 위한 교육과 새로운 기술 자격증 취득을 위한 교육을 편리하게 받을 수 있게 하고, 자기 향상을 위한 교육을 편리한 장소에서 언제든지 받을 수 있게 하여 전 국민의 자질을 향상시킬 계획이다.

여섯째, 광대한 농촌 지역의 낙후된 경제 상태를 개선하기 위해 농촌 지역에서 행해지고 있는 보통교육과 성인교육 및 직업교육을 유기적으로 연계시켜 문맹 퇴치는 물론 의무교육 이수자들이 거주 지역에서 경제적인 자립 능력을 갖출 수 있도록 실용적인 직업 기술교육의 기회를 제공하는 데 주력할 방침이다.

일곱째, 2010년까지 9년제 의무교육을 중국 전 대륙에 고르게 시행하여 교육 연한이 세계 증진국增進國 중에서 선두 그룹에 속하게 할 계획이다.

결국 중국 정부의 초·중등 교육 기본 목표는 직업 연관성이 높은 실용적 교육에 초점을 맞추고 있으며, 이는 예술교육 분야에도 적지 않은 영향을 끼칠 전망이다. 예술교육 분야에서의 실용성 제고라는 중앙정부의 교육목표에 맞춰 새로운 음악교육 방향을 모색해야 한다는 당위성이 여기서 나온다.

중국 조선족 9년제 의무교육이 1988년도부터 시행됨에 따라 초등학교 6년제, 중학교 3년제의 음악교과 교육과정이 고시되고 이에 따라 교과서가 발행되어 일선 초·중학교에서 정규 음악교육이 실시되었다. 이러한 교육과정은 현재까지 3차에 걸쳐 연차적으로 개정 고시되고 교과서 발행도 3차에 걸쳐 이루어져 일선에서 실제로 활용해 오고 있다.[67] 이러한 개정 작업을 거쳐 조선족 음악교육도 많은 변화를 가져 왔다. 음악과 교육과정 및 교과서의 내용은 물론이고, 교수·학습 방법에서도 적지 않은 변화와 발전을 도모한 것이다. 이러한 큰 변화의 동인動因은 무엇보다도 학교 음악교육의 수준을 향상시키기 위하여 끊임없이 노력한 많은 음악 교육가들과 학교 현장의 교사들임은 부인할 수 없는 사실이다. 이들은 조선족 음악교육의 이상을 실현하기 위하여 꾸준히 연구하고 있으며 또 실천하고 있다.

그러나 더 질 높은 조선족 교육으로 거듭나기 위해서는 현존하고 있는 문제점을 진단하고 바람직한 대안을 탐색하는 것이 학교 음악교육에 있어서 중요한 교육적 의미를 지닌다고 본다. 그러므로 본 장에서는 초

---

67 중국 교육부는 2001년 7월에 새 교육과정을 공포하였다. 이 새 교육과정은 중국 정부가 추진하는 교육 개혁의 일환으로 개정된 것이다. 새 교육과정은 3년간의 실험 단계를 거쳐 2005년부터 전국의 초·중학교에 적용되었다.

· 중학교 음악교육의 3대 요소인 교육과정, 교과서, 교사 등 핵심 소프트웨어의 문제점 및 그 특징을 간략하게 살펴보면서 내용적 측면과 방법적 측면에서 교육과정, 교과서, 교수-학습 방법, 그리고 교사 양성과 연수 체제의 문제점을 밝히고 앞으로의 조선족 음악교육의 개선 방향과 음악교사 충원 방식 개선, 연수 강화 방안을 탐색하고자 한다.

제1절 음악 교육과정 및 음악 교육목표와 문제점

1. 초등학교의 음악교육 목표

1) 교육과정에 대한 분석 결과

중국의 조선족 초등학교 정규 교육과정은 3차에 걸쳐 개정 고시되었다. 1988년 제1차 교육과정이 고시되고, 2차는 1994년에, 3차는 2004년에 고시되는 등 현재까지 3차에 걸쳐 개정 고시된 것이다. 고시 시기로 보아 제1차에서 제2차까지는 6년 정도 시기이지만 제2차에서 제3차까지는 10년 정도의 기간으로 시기 차이가 4년 정도로 나타난다. 교육 사조와 방법이 급속히 변천하는 시기에 현재 교육과정의 개정은 대단히 늦은 것으로 보이며 바람직하지 못하다고 할 수 있다.

교육과정의 명칭에 있어서는 '전일제 조선족 음악교수요강→의무교육 전일제 조선족 초등학교 음악교수요강→의무교육 조선족 학교 음악

과정표준'으로 시기에 따라 조금씩 변경시킨 것으로 나타난다. 이 명칭
은 앞부분은 대상 학교명이고 뒷부분은 교과 호칭-과정 명칭으로 나타
냈는데 교수요강에서 과정표준으로 현대적인 의미의 명칭으로 바뀌었
다. 그리고 조선족의 9년제 의무교육인 초등학교와 초급 중학교의 교육
과정을 1, 2차 교육과정 시기에는 초-중학교로 분리하였으나, 3차시기
에 이르러서는 통합하여 서술한 것으로 나타난다. 이 방법은 한국의 제7
차 초-중-고 통합 교육과정과 같은 맥락으로 볼 수 있다.

따라서 현재의 초·중학교 통합 교육과정은 9년제로서 체계적으로
일목요연하게 되어 있어 매우 바람직한 상황이라고 할 수 있다. 또한 교
육과정의 편찬 체제로 보아 1, 2차는 분리형 서술로 분량이 23쪽씩 똑
같고, 3차는 통합형으로 1, 2차의 두 배가 넘는 51쪽으로 서술하여 더
욱 구체적으로 서술하고 있는 점을 찾아볼 수 있다.

교육과정을 작성한 주체(편찬담당부서)는 1차시기는 조선족 초·중학
교 음악교수요강 집필소조, 2차시기는 조선족 초·중학교 교학대강 편
사조, 3차시기는 연변교육출판사 미음체 편집실로 파악되는데 모두 소
규모의 음악 담당 편집실에서 작성한 것으로 생각된다. 이러한 편집 담
당 팀은 각계각층의 음악 전문가나 음악교육 전문가, 현장교사 등의 참
여가 부족한 것으로 볼 수 있다.

지금까지의 교과 편성을 살펴보면 조선족 학교 음악교육과정 개발에
참여했던 편집 일원들이 초·중학교의 교과 편성과 관련하여 균형 잡히
고 조화로운 시각을 가지고 과정을 개발했다고 평가하기 어렵다.

교육과정의 목차 서술 방법에 있어서 1차시기는 대목차의 제목을 6
개항으로, 2차시기는 비슷하게 1개항을 추가하여 7개항으로 하였으나,

3차시기는 '제00부분'이라는 특이한 제목으로 4부분으로 나누어 제시하는 방법으로 편찬하였다. 교육과정 내용 중 목표 서술 방법은 대목차로 1, 2차시기는 '교수목적' 3차시기는 '총적목적'이라고 서술하였고, 영역 및 학년별 목표는 1, 2차시기는 전혀 서술하지 않았으며, 3차시기에 영역별로 나누고 다시 학년에 따라 목표를 구체적으로 서술하였다. 3차시기의 목표 서술 용어를 보면 '…하게 한다. 키워준다' 등과 같은 지시문 형식의 수동적 용어로 표현했다.

교육과정의 영역별 변천을 보면 1차시기는 노래, 시창, 청음, 음악지식, 기악, 감상, 창작 등 7가지, 2차시기는 1차시기 영역에서 노래유희가 포함되어 8가지로 나타냈다. 이어서 3차는 영역 분류를 2단계로 나누었는데 상위 분류(하위 분류 수)로 감수와 감상(음악의 표현 요소 등 4개 소영역), 표현(가창, 연주 등 4개 소영역), 창조(창작 실천 등 3개 소 영역), 음악과 서로 관계되는 문화(음악과 사회생활 등 3개 소영역) 등 4개의 대영역과 14개의 소영역으로 분류하였다.

교육과정 기준은 조선족의 민족 특성에 맞게 개정했는지도 불투명하다. 중국 '한족漢族' 학교의 「음악신과정표준音樂新課程標準」과 조선족 학교 「음악과정표준」은 그 내용상 크게 다른 점이 없다. 내용 서술에서 다만 조선족 특성에 맞춰야 한다고 짧게 제시하였을 뿐 구체적으로 어떻게 우리 민족 전통음악을 학생들에게 잘 가르치며 이러한 음악을 통하여 우리 민족의 문화·언어·음악을 비롯한 예술을 제대로 알릴 수 있는지 구체적인 내용들을 제시하지 않았다.

이상과 같이 교육과정의 편찬 체제와 내용 구성은 3차에 걸쳐 변천되어 왔으나 1, 2차에서는 큰 변화를 찾아볼 수 없고 3차에 와서 어느 정도의 변화를 가져온 것으로 분석된다.

이어 3차 교육과정을 주 대상으로 하여 아래 3)항의 [문제의 근원]에
서 개선 방향을 제시하고자 한다.

<표-16> 초등학교 음악교육과정 및 교과서의 시기별 비교 분석

구분	과정	제1차 교육과정	제2차 교육과정	제3차 교육과정
교육과정	고시시기	1988년 6월	1994년 9월	2004년 5월
	과정명칭	전일제 조선족 학교 음악교수요강	의무교육 전일제 조선족 학교 음악교수요강	의무교육 조선족 학교 음악과정 표준
	과정유형	초-중학 분리형	초-중학 분리형	초-중학 통합형
	과정목차	1.교수목적 외 6항	1.교수목적 외 7항	제1부분 등 4부분
	과정분량	23	23	51
	과정영역	노래, 시창, 청음, 음악지식, 기악, 감상, 창작	노래, 노래유희, 음악지식, 시창, 청음, 기악, 감상, 창작	감수와 감상, 표현, 창조, 음악과 서로 관계되는 문화
	과정목표	교수목적 영역-학년목표 없음	교수목적 영역-학년목표 없음	총적목표 영역-학년단계목표
	집필진	조선족 중·소학교 음악교수요강집필소조	조선족 중·소학 교학대강 편사조	연변교육출판사 미음체 편집실
	출판사	연변교육출판사	동북조선민족교육출판사	연변교육출판사
교과서	교과서명칭	전일제 조선족 학교 교과서 음악 제1권	의무교육 조선족 학교 교과서 음악 제1권	의무교육 조선족 학교 교과서 음악 제1학년 상권
	교과서편성	학기별(제1권, 제2권)	학기별(제1권, 제2권)	학기별(상권, 하권)
	편찬시기	1989년 6월 89-90-91-92년	1999년 8월 99-00-01	2004년 6월 2004-2005
	규격 단원수	18.7×26.2cm 10, 10단원	18.7×26.2cm 10,10단원	18.7×26.2cm 10,10단원

쪽수	36-48	40-44	38-40
교과서 영역	노래, 시창, 청음, 음악상식, 감상	가창곡 단원 감상곡 단원	노래, 음악상식, 기악, 음악 감상, 음악유희
편찬조	조선족 중·소학 음악교재 편사조	연변교육출판사 미음체 편집실	연변교육출판사 미음체 편집실
출판사	동북조선민족 교육출판사	연변교육출판사	연변교육출판사

자료: 초등학교 음악교육과정 및 교과서를 시기별로 재구성한 것임

2) 교과서에 대한 분석 결과

초등학교 정규 교과서 역시 <표-16>과 같이 현재까지 3차에 걸쳐 편찬되었다. 편찬 시기로 보아 제1차에서 제2차까지는 10년 정도의 기간이며 제2차에서 제3차까지는 5년 정도의 기간으로 시기 차이가 5년 정도로 나타난다. 그런데 교과서 편찬의 모체가 되는 교육과정 고시 시기 차이는 1, 2차시기가 8년, 2, 3차시기가 10년으로 반대 현상이 보인다. 즉 교육과정과 교과서 편찬 시기가 통일되어야 하는데 그렇지 않은 것이다.

「전일제의무교육 음악과정표준全日制義務敎育音樂課程標準」을 제정하는 것은 음악교육의 중요한 부분이다. 표준의 제정은 교육 개혁을 심화시키고 소질교육의 기본 정신을 추진하는 중요한 작용을 가진다. 교재 편찬도 반드시 표준을 근거로 해야 한다. 교재 편찬 주기와 표준 개정 주기가 통일되어야 과정표준의 새로운 정신을 교재에 반영시킬 수 있다.

음악교과서의 명칭은 제 1, 2차시기는 '의무교육초등학교 교과서 음악 제1권'이라고 같게 나타냈고, 3차시기는 '의무교육 조선족 학교 교과서 음악 제1학년 상권'이라고 하여 1, 2차시기와 다르게 학년을 표시하

였다. 초등학교에서는 3개 시기 모두 매 학년 학기별 교과서 12권을 발행하였는데 1, 2차시기는 제1권에서 제12권까지 학년 표시 없이 나타냈고, 제3차시기는 학년 표시와 더불어 1학기는 상권, 2학기는 하권이라고 표시하였다.

교과서 크기는 3차시기 모두 4×6배판 크기이고, 매권의 쪽수는 1차시기가 36-48쪽, 2차시기가 40-44쪽, 3차시기가 38-40쪽으로 시기별로 큰 차이가 없는 편이고, 매권의 단원 수도 10개 단원씩으로 3차시기 모두 같게 구성되어 있다.

음악교과서의 편찬자는 제1차시기에는 '조선족 중·소학 음악교재 편사조', 2, 3차시기는 '연변교육출판사 미음체 편집실'이고, 출판사는 제1차시기는 '동북조선민족교육출판사', 2, 3차시기에는 '연변교육출판사'에서 출판하였다.

음악교과서의 편찬 내용상 특징은 교과 내용 영역을 제1차시기는 노래, 시창, 청음, 음악상식, 감상 등 5개 영역으로, 제2차시기는 가창곡, 감상곡으로, 제3차시기는 노래, 음악상식, 기악, 음악 감상, 음악유희 등 5개 영역으로 다르게 나타냈다. 특히 제3차시기의 경우, 교과서 편찬을 2차시기보다 편찬 체제나 내용에 있어서 많이 향상되었다고 할 수 있다.

3) 문제의 근원

우선 교과서의 출판 시기가 문제된다. 교육과정이 나오면서 이에 따라 교과서가 편찬되어야 하는데 제 1차시기는 1년 뒤에, 2차시기는 5년 뒤에, 3차시기는 같은 해에 교육과정과 교과서가 출판되는 등 시기마다

다르게 나타났다.(<표-16>)

　교육과정과 교과서 편집자의 명칭을 비교해 보면, 제1차시기는 '음악과 교수요강 집필소조-음악교재 편사조', 제2차시기는 '교학대강 편사조-미음체편집실', 제3차시기는 '미음체 편집실-미음체 편집실'로 밝혀지는데 3차시기만 교육과정과 교과서의 편집진이 같았다.

　교육과정과 교과서의 영역 명칭을 보면, 제1차시기는 교육과정에 기악과 창작이 더 들어 있고, 2, 3차시기는 서로 간의 영역 명칭이 아주 다른 것으로 나타났다.

　결국, 교육과정과 음악교재는 평가 대상이 협소하고 평가 방법이 단일하며 평가 표준이 불명확하다는 데에 초등학교 음악교재가 안고 있는 문제의 근원이 자리하고 있다 하겠다.

2. 중학교의 음악교육 목표

1) 교육과정에 대한 분석 결과

　중등학교의 정규 교육과정도 초등학교와 같이 현재까지 3차에 걸쳐 개정 고시되었다.(표-17) 발행 시기로 보면 제1차에서 2차까지는 5년 정도 기간이지만 2차에서 3차까지는 10년 정도의 기간으로 시기 차이가 4년 정도에 지나지 않는다.

　교육과정의 명칭은 '조선족초급중학교 음악교수요강→의무교육전일제조선족중학교 음악교수요강→의무교육 조선족 학교 음악과정표준'으로 시기별로 조금씩 변경된 것으로 나타난다. 이 명칭은 앞부분은 대상 학교명이고 뒤 부분은 교과 호칭-과정 명칭으로 나타냈는데 교수요강 에서 과정표준으로 현대적인 의미의 명칭으로 바뀌었다. 그리고 조선족 의 9년제 의무교육인 초등학교와 초급중학교의 교육과정을 1, 2차 교육 과정 시기에는 초-중학교를 분리하였으나, 3차시기에 이르러서는 통합 하여 서술한 것으로 나타난다. 또한 교육과정의 편찬 체제로 보아 1, 2 차는 분리형 서술로 분량이 18쪽과 20쪽이 되고, 3차는 통합형으로 1, 2차의 두 배가 넘게 51쪽에 걸쳐 구성되어 있는 바, 문장의 서술이 더욱 구체적으로 되었다는 점을 지적할 수 있다.

교육과정을 작성한 주체는 1차시기는 '조선족 중·소학교 음악교수 요강집필소조', 2차시기는 '조선족 중·소학 교학대강 편사조', 3차시기 는 '연변교육출판사 미음체 편집실'로 파악되는데 모두 소규모의 음악 담당 편집실에서 작성한 것으로 파악되며 초등학교 교육과정 편찬과 같 은 것으로 분석된다. 그리고 출판사는 공공기관의 출판사로 1, 2차시기 는 동북조선민족교육출판사이고, 3차는 연변교육출판사에서 출판한 것 으로 나타난다.

교육과정의 목차 서술 방법에 있어서 1차시기는 대목차 제목을 6개 항으로, 2차시기는 비슷하게 1개항을 추가하여 7개항으로 하였으나, 3 차시기는 '제00부분'이라는 특이한 제목으로 4부분으로 나누어 제시하 는 방법으로 편찬하였다. 이 같은 상황은 초등학교 목차 구성 방법과 같 은 것으로 분석된다.

교육과정 내용 중 목표 서술 방법은 대목차로 1, 2차시기는 '교수목 적' 3차시기는 '총적목적'이라고 서술하였고, 영역 및 학년별 목표는 1,

2차시기는 전혀 서술하지 않았고, 3차시기에 영역별로 나누고 다시 학년 단계별로 목표를 구체적으로 서술하였다. 3차시기의 목표 서술 용어를 보면 초등학교 교육과정과 일치한 것으로 분석된다.

교육과정의 영역 변천을 보면 1차시기는 가창, 시창, 청음, 악전기초, 기악, 감상, 창작 등 7가지가 포함되어 있고, 2차시기는 1차시기의 가창을 노래로, 악전기초를 음악상식으로 변경하였다. 이어서 3차 시기에는 초등학교와 같게 영역을 2단계로 나누었는데 상위 분류(하위분류 수)로 감수와 감상(음악의 표현요소, 음악 정서와 정감, 음악 장르와 형식, 음악 풍격과 유파 등 4개 소영역), 표현(가창, 연주 종합성적인 예술표현, 악보보기 등 4개 소영역), 창조(음향과 음악에 대한 탐색, 즉흥창작, 창작실천 등 3개 소 영역), 음악과 관계되는 문화(음악과 사회생활, 음악과 자매예술, 음악과 예술 이외의 기타 학과 등 3개 소영역)로 4개의 대영역과 14개의 소영역으로 분류하였다.

이상과 같은 교육과정의 편찬 체제와 내용 구성에 있어서 3차례의 변천을 거쳐 왔으나 1, 2차는 큰 변화를 찾아볼 수 없고 3차는 큰 변화를 가져온 것으로 분석된다. 3차 교육과정을 주 대상으로 하여 아래 3)항 '문제의 근원'에서 개선 방향을 제시하고자 한다.

<표-17> 중학교 음악교육과정 및 교과서의 시기별 비교 분석

구분\과정		제1차 교육과정	제2차 교육과정	제3차 교육과정
교육과정	시기	1989년 1월	1994년 9월	2004년 5월
	과정 명칭	조선족초급중학교 음악교수요강	의무교육 전일제 조선족중학교 음악교수요강	의무교육 조선족 학교 음악과정 표준

유형	초-중학 분리형	초-중학 분리형	초-중학 통합형
목차	1.교수목적 등 6항	1.교수목적 등 7항	제1부분 등 4부분
분량	18	20	51
과정 영역	가창, 시창, 청음, 악전기초, 기악, 감상, 창작	노래, 음악상식, 시창, 청음, 기악, 감상, 창작	감수와 감상, 표현, 창조, 음악과 서로 관계되는 문화
과정 목표	교수목적 영역-학년목표 없음	교수목적 영역-학년목표 없음	총적목표 영역-학년단계 목표
편찬조	조선족 중소학교 음악 교수요강집필소조	조선족 중소학 교학대강 편사조	연변교육출판사 미음체 편집실
출판사	동북조선민족 교육출판사	동북조선민족 교육출판사	연변교육출판사
교과서 명칭	초급중학교 교과서 음악 제1학년용 *1차 직전 교과서	의무교육 초급중학 교과서 음악 제1학년용 * 제1차시기 교과서	의무교육 조선족 학교 교과서 음악 7학년 상권
교과서 편성	학년별(60쪽)	학년별(67-71쪽)	학기별(上, 下권-40쪽)
편찬 시기	1985년 7월 85-86년	1992년 7월 92-93	2004년 6월 2004-2005
규격 단원 수	14.3×20cm 10, 10단원	18.7×26.2cm 10,10단원	18.7×26.2cm 7,7단원
교과서 영역	가창, 시창, 음악상식, 음악가, 감상	가창곡 단원 감상곡 단원	노래, 음악상식, 기악, 음악 감상, 실천과 창조
편찬조	연변 중·소학 음악교재 편사조	동북조선민족 교육출판사 조선문 교재 편집부	연변교육출판사 미음체 편집실
출판사	연변교육출판사	동북조선민족 교육출판사	연변교육출판사

자료: 중학교 음악교육과정 및 교과서를 시기별로 재구성한 것임

2) 교과서에 대한 분석 결과

중학교 음악교과서는 1989년에 제 1차 교육과정이 고시되고 1992년에 첫 음악교과서가 발행되었다. 1994년 2차 교육과정시기 교과서는 1

차 음악교과서를 부분 수정하여 출판한 것으로 분석되었다. 제3차시기
는 2004년 5월에 새 음악과정표준에 따라 같은 해 6월부터 음악교과서
가 적용되었다. 그런데 1차시기인 1992년에 초간으로 나온 중학교 1학
년 교과서가 제2차 교육과정 고시 시기인 1994년도 이후인 2000년까
지 활용되는 모순을 나타내기도 했다.

　음악교과서의 명칭은 1차시기는 '의무교육초급중학교 교과서 음악
제1학년용'이라고 1, 2학기를 통합하여 1권으로 나타냈으나, 제3차시
기는 '의무교육 조선족 학교 교과서 음악 제1학년 상권'이라고 하여 1,
2학기로 나누어 편찬하였다. 교과서 크기는 1차 직전 시기는 작게 출판
하였으나, 1, 3차시기 모두 4×6배판 크기이고, 매권의 단원 수를 10개
씩으로 하다가 3차시기는 7개 단원씩으로 줄여서 편찬하였다.

　음악교과서의 편찬자는 제1차시기 직전에는 '연변중·소학음악교재
편사조', 제1차시기는 '동북조선민족교육출판사 조선문교재편집부', 3
차시기는 '연변교육출판사 미음체 편집실'이고, 출판자는 제1차시기는
'동북조선민족교육출판사', 제1차 직전시기와 3차 시기에는 '연변교육
출판사'에서 출판하였다.

　음악교과서의 편찬 내용의 특징을 보면 교과 내용 영역을 제1차 직전
시기는 가창, 시창, 악전기초, 음악가, 감상 등 5개 영역으로 나누고, 1
차시기는 가창곡, 감상곡으로 나누었고, 2차시기는 노래, 음악상식, 기
악, 음악 감상, 음악유희 등 5개 영역으로 다르게 나타냈고, 3차시기는
노래, 음악상식, 음악 감상, 기악, 실천과 창조로 나타냈다. 제3차시기의
교과서 편찬은 2차시기보다 체제나 내용에 있어서 많이 향상되었음을
알 수 있다.

3) 문제의 근원

교과서의 출판 시기부터 살펴보면, 교육과정이 나오면서 이에 따라 교과서가 편찬되어야 하는데 제1차시기는 1년 뒤에, 2차시기는 5년 뒤에, 3차시기는 같은 해에 교육과정과 교과서가 출판되는 등 시기마다 다른 것으로 나타났다.

교육과정과 교과서 편찬조의 명칭의 경우, 제 1차시기는 '음악과 교수요강 집필소조-음악교재 편사조', 2차시기는 '음악교학대강 편사조-미음체 편집실', 제3차시기는 '미음체 편집실-미음체 편집실'로 3차시기만 교육과정과 교과서의 편집진이 같은 것으로 나타났다.

교육과정과 교과서의 영역 명칭을 보면 제 1차시기 교육과정에는 가창, 시창, 청음, 악전기초, 기악, 감상, 창작이 들어 있고, 2차시기 교육과정의 내용 배치는 가창을 노래로, 악전기초를 음악 지식으로, 그리고 시창과 청음 등 1차와 2차시기의 영역 명칭이 다른 것으로 나타났다. 3차시기의 영역 명칭은 2차와도 전혀 다른 영역 명칭으로 되어 있다. 즉 감수와 감상, 표현, 창조, 음악과 서로 관계되는 문화 등으로 아주 다른 영역 명칭으로 나타났다.

종합하면, 중학교의 교육과정과 음악교과서는 평가 대상이 협소하고 평가 방법이 단일하며 평가 표준이 불명확하다는 데 문제의 근원이 있음을 알 수 있다.

이런 관점에서 볼 때, 이제 음악과 교육과정에는 학습과 활동의 지도에 실제적으로 필요한 '지도방법' 및 '평가'의 지침을 제시해야 한다. 먼저 본질적이고 현대적인 시각에서 음악교과의 성격이 명확히 규명되고,

그에 따라 음악교과 교육의 목적과 목표의 설정, 지도 내용의 선정 등이 합리적으로 이루어진다면, 지도 방법과 평가에 관한 지침도 그에 합당한 형태로 선택할 수 있을 것으로 파악된다.

3. 초 · 중학교의 음악 교육과정 및 교과서의 실태와 문제점

1) 교육과정의 연계성 비교

초등학교와 중학교의 교육과정 명칭을 비교해 보면 제1차시기는 서로 다르나 2, 3차시기는 서로 같은 것으로 나타났고, 고시 시기인 1차시기는 1년의 시기 차이를 두었고, 2. 3차시기는 같은 시기로 나타난다. 또 교육과정 내용 서술의 유형과 목차 체계는 3개 시기 모두 서로 같게 나타났다. 교육과정 내용 서술 쪽수는 제 1, 2차시기는 초등학교 교육과정 분량을 더 많이 서술하는 등 초 · 중학교 분리형으로 서술하여 중학교와 다르지만 3차시기는 통합형으로 하였다. 교육과정 내용의 서술 체계는 초 · 중학교가 같게 했고, 과정 영역 명칭과 분류 수는 1, 2차시기와 조금씩 다르게 나타냈다. 그 예로 초 · 중학교 순서로 영역을 표시해 보면 노래를 가창歌唱으로, 음악상식을 악전기초樂典基礎로 약간 높여서 호칭하였다. 교육과정 편찬과 출판사는 3개 시기 모두 초등학교와 중학교가 같은 것으로 나타난다.

2) 교과서의 연계성 비교

제3차시기를 제외하고는 교과서 명칭, 발행연도, 쪽수, 학기별 구분 방법, 영역 명칭 및 종류 수 등 초등학교와 중학교가 같은 연계성이 아주 적은 것으로 나타났다.

제2절 음악교과의 기본 체계와 수업 방법의 문제점

1. 초등학교 음악교과

조선족 초등학교 음악교수·학습방법 변천 과정의 특징을 3차에 걸쳐 변천된 교육과정 시기에 맞추어 교육과정과 교수참고서(교사용지도서)에 준하여 분석하여 보면 <표-18>과 같이 나타난다.

<표-18> 초등학교 음악 교수·학습 방법 시기별 비교 분석

구분 / 과정		제1차시기 교육과정	제2차시기 교육과정	제3차시기 교육과정
교육	시기	1988년 6월	1994년 9월	2004년 5월
	자료 문헌	전일제 조선족 음악교수요강	의무교육전일제 조선족 학교 음악교수요강	의무교육 조선족 학교 음악과정 표준
	관련	* 교수내용과	* 교수내용과 기본요구	* 제3부분

		요구 * 교수설비 * 성적평정 * 각 학년의 내용과 요구	* 각 학년의 교수내용과 배치 * 성적평정 * 교수설비	1. 감수와 감상 2. 표현 3. 창조 4.음악과 서로 관계되는 문화 * 제4부분 1. 교수건의 2. 평가 건의 3. 과정자원의 개발과 이용
	목차			
	목차수	4	4	2-7
과정 및 교수 참고서	시기	-	1996년 12월	2001년 5월
	자료 문헌	-	의무교육조선족 초등학교 음악교수참고서	의무교육조선족초등학교 음악교수참고서
	관련 목차	-	*편집설명 *교과서편찬의 지도 사상 과 원칙 *가요부분 *발성 연습 부분 *음악상식과 시창, 청음 부분 *음악 감상 부분	*편집설명 *가요부분 *발성 연습 부분 *음악상식 시창, 청음부분 *음악 감상 부분 *외국의 음악교수방법에 대한 소개
	목차수	-	6	6

자료: 초등학교 음악교수참고서를 시기별로 재구성한 것임

1) 교육과정에 나타난 음악교수 · 학습 방법의 특징

　　1989년 제1차 교육과정 시기의 '전일제조선족 음악교수요강'의 4개 항목 내용, 1994년의 2차 교육과정 시기의 '의무교육 조선족 학교 음악 교수요강'의 4개 항목내용, 2004년의 3차 교육과정 시기의 '의무교육 조선족 학교 음악과정 표준'에 제시된 2부분 6개 항목 내용 등의 교수-학습에 관한 내용은 시기마다 조금씩 다르게 나타났다. 1989년 제1차 시기와 1994년 2차시기의 내용은 비슷하나 3차시기 내용은 전혀 다른

것으로 나타난다.

　교수·학습 내용의 목차를 3차시기에 걸쳐 관련된 내용별로 짝지어
보면 다음과 같다.

내용	1차	2차	3차
목차	1. 교수내용과 요구 2. 교수설비 3. 성적평정 4. 각 학년의 내용과 　 요구	1. 교수내용과 기본요구 2. 교수설비 3. 성적평정 4. 각 학년의 교수내용과 　 배치	1. 제3부분 내용표준 2. 제4부분 3. 과정자 3. 제4부분 2. 평가건의 4. 제3학습 단계의 내용 　 표준

　위와 같이 연결성은 1, 2차시기는 거의 합치되나 3차시기는 제목 설
정이 1, 2차와 다르게 나타났다. 그러나 내용에 있어서는 1, 2차시기는
난이도상 내용 수준 혹은 학습 내용의 양이 학생 수준에 비하여 높으나
3차시기는 학생 수준에 맞게 학습량을 낮추어 작성한 점을 볼 수 있다.

　제3차 음악과 교육과정을 보면, 내용표준에서 영역 감수와 감상의 음
악 풍격과 유파 부분의 경우 서로 다른 나라, 지역, 민족의 아동가요 및
소형적인 기악곡과 악곡 편단을 듣고 서로 다른 풍격을 감수할 수 있으
며, 조선민족의 민간음악을 듣고 일부 대표성을 띤 지역의 민요, 민간가
무, 민간기악 곡의 서로 다른 풍격을 알고 그 중요한 종류, 창법, 풍격,
유파와 대표인물을 알게 한다고 되어 있다. 그러나 교과서에 나와 있는
전통음악 부분을 보면 서양음악과는 대조될 만큼 체계적이지 못할 뿐만
아니라 그 비중 또한 매우 낮다.

2) 교수참고서에 나타난 음악 교수·학습 방법의 특징

교사용 지도서인 '교수참고서教授參考書'에 제시된 교수·학습 방법의
특징을 분석해 보면 다음과 같다.

제2차 시기인 1996년에 발행된 『의무교육조선족 초등학교 음악 교
수참고서』와 3차시기 직전 2001년에 발행된 『의무교육초등학교 음악
교수참고서』에 제시된 교수·학습방법 관련 내용의 목차를 비교해 보면
다음과 같다.

내용	1996년	2001년
목차	1. 편집설명 2. 교과서편찬의 지도사상과 원칙 3. 가요부분 4. 발성연습부분 5. 음악상식과 시창, 청음부분 6. 음악 감상 부분 7.	1. 편집설명 2. 교과서편찬의 지도사상과 원칙 3. 가요부분 4. 발성연습부분 5. 음악상식과 시창, 청음부분 6. 음악 감상부분 7. 외국의 음악교수방법 소개

2차시기 교수 참고서에 나온 교수·학습 내용의 목차는 5개 항목이
고, 3차 교육과정 고시 직전에 나온 교수참고서에 나온 교수·학습 내
용의 목차는 6개로 1개항목이 추가된 것으로 분석된다. 즉 두 교수 참고
서의 내용은 같은 점이 많으나 2001년에 나온 교수참고서에는 외국의
교수·학습 방법에 대한 내용이 추가되어 있다. 이 두 종의 교수참고서
발행 시기가 교육과정 시기와 맞지 않으며 2001년도 발행 교수참고서
의 내용이 크게 개선되지 않아 바람직한 것으로 평가할 수 없다고 본다.
(<표-18> 참조)

3) 음악교수·학습의 방법적 측면에서의 문제점

(1) 악곡 선정의 문제

'음악과정 표준'에서 교재의 편찬 원칙 중 개방성 원칙에는 "전통과 현대, 경전과 일반, 조선민족의 음악문화와 세계 다원적인 문화의 관계를 정확히 처리하며, 시대감이 짙고 현대적 맥박이 풍부한 우수한 작품들을 주의하여 선택하며, 사회생활과 밀접히 연계하여 교재 내용을 풍부히 하고 학생들의 음악적 시야를 넓혀주어야 한다."고 하였다.[68] 그러나 2004년 제3차 교육과정 시기에 만들어진 새 음악교과서에는 현대음악이 포함되어 있지 않다.

교재 내용에 대한 편찬 건의에서도 "우리 민족의 음악작품과 기타 민족 또는 외국 작품의 비례는 적당히 하여야 한다."고 하였다.[69] 그러나 새 음악교과서에 제시된 가창영역을 보면 조선족 작곡가들이 작곡한 창작가요가 많은 비중을 차지하는 것으로 나타나고 그 다음 서양, 즉 외국 곡들이 초등학교에 25%, 중학교에는 33.33%로 나타났다. 이것은 중국(자국) 가창곡이 차지하는 비율이 초등학교 7.5%, 중학교 7.14%보다 많은 것으로 분석되었다. 외국 곡은 구교재(초등학교 11.11%, 중학교 19.04%)보다 많이 증가된 것으로 분석되었다. 초등학교 새 음악교과서에 실린 121곡의 전체 감상곡 중 외국 곡이 60곡(49.59%)으로 가장 많고, 북한 곡이 19곡(15.70%), 중국 곡 역시 19곡(15.70%)으로 되어 있다. 그 중 조

---

68 『음악과정 표준』, 앞의 책, 2004, 50쪽.
69 위의 책, 50쪽.

선족 창작곡은 23곡 19.01%로 외국 곡 다음의 비중을 차지하였다. 이런 결과를 보면 전체 음악교재 중에서 조선족 곡과 외국 곡의 비율이 제일 많은 것을 알 수 있다.

음악 교과의 목적과 목표를 성취하기 위해서는 학습활동을 통해 지도해야 할 내용을 선정하고 그것을 체계적으로 조직하는 일이 중요하다. 그러나 초등학교 음악교과서의 서양음악 비중이 매우 높다. 교재에 전통 민요도 서양 악보로 나타나 있을 뿐만 아니라 전통 민요의 제목에도 그저 민요로만 제시되어 있어 그 민요의 지방적인 특징을 알아보기 힘들다.

또한 음악수업에서 지도해야 할 내용은 교재의 악곡을 통해 다루게 되는데 이때 악곡은 여러 가지 측면이 고려되는 가운데 주의 깊게 선정되어야 한다. 그 악곡 속에 포함되어 있는 '지도내용'은 다양한 활동의 음악적인 체험을 통하여 학생들에게 제공되어야 한다. 악곡을 선정할 때 전통음악의 다양성을 간과한 채 기존에 선정된 악곡의 범위를 벗어나지 못한 폐단이 자못 큰 것으로 파악된다. 이것이 현행 교과서의 커다란 문제점이라고 생각된다. '음악과정 표준'에는 다음과 같은 내용을 명시하고 있다.'[70]

"민족음악을 뚜렷이 하여야 한다. 음악교육은 반드시 우리 조선민족의 전통음악과 우리나라(자국) 각 민족의 우수한 전통음악을 교수의 중요한 내용으로 하여야 한다. 민족음악에 대한 학습을 통하여 학생들로 하여금 조선민족의 음악문화를 사랑하며 민족의식과 애국주의의 정조情

---

70 『음악과정 표준』, 앞의 책, 7쪽.

操를 갖도록 하여야 한다."

그렇다면 이러한 민족음악을 언제 가르치는 것이 바람직한가? 우리의 음악교육이 본질적이고 체계적인 교육 내용을 갖추고 공적이며 집단적으로 이루어지는 시기는 초등학교 시기라 할 수 있다. 음악적 측면에서의 민족음악 교육은 저학년에서는 통합 교육을 실시하고, 3-6학년에서는 이해와 활동 영역의 각 개념별 지도와 함께 전통음악에 대한 관심과 이해를 높일 수 있는 다양하고 실질적인 지도 방법을 계발하는 것이 필요하다. 아동기 민족음악 교육은 아동들의 잠재되어 있는 능력을 최대한 계발시켜 생활 속에서 보다 성숙한 태도로 음악적 능력을 신장시켜야 할 것이다.

따라서 교재 악곡의 종류를 폭넓고 다양하게 선정하여 우리 전통음악을 여러 가지 방면에서 경험할 수 있는 기회를 학생들에게 많이 제공하여야 할 것이다.

또 '표준'에는 교재가 교재 총량의 80~85%를 차지하고 나머지 15~20%는 지방교재 또는 학교 교재로 할 수 있다고 제시하고 있는데 이상과 같은 교재내용 역시 「음악과정표준」에 어긋나는 것이다. 이것도 현행 음악교재의 커다란 문제점이라고 생각된다.

(2) 음악 교수·학습 방법의 문제

현재 음악교수의 방법적인 측면에서 일종의 혁명이 진행되고 있다고 말할 법하다. 특히 인터넷 네트워크를 통해 음악교육에 필요한 각종 자료들(음원, 이미지, 텍스트 등)을 손쉽게 구할 수 있게 되었고, 음악 수업 지도안과 같은 구체적인 자료도 관심을 공유하는 음악교사들 사이에 빈번하게 유통되는 상황에 이르렀다.

그러나 이러한 자료의 풍요 속에 어두운 면도 있다. 그것은 교사들이 지나치게 교수-학습 자료에 의존하게 되었다는 점이다. 이러한 자료들은 교사가 수업을 진행하는 과정에 꼭 필요할 때에 도입되면 매우 큰 효과를 가져오지만, 수업시간 내내 오디오, 비디오, 그리고 컴퓨터 자료에 의존하게 되면 학생들은 흥미를 잃게 되고, 결국 음악수업 시간 중에 교사가 담당할 역할이 점점 위축되게 된다. 더 나아가 교사들은 음악수업 진행에 대한 자신감을 상실하게 되고, 더욱 더 외부 자료에 의존하게 되는 악순환惡循環이 지속되는 것이다.

교사는 교과 내용의 단순한 전달자가 아니고, 교육하는 사람이다. 즉 교사는 먼저 교과 내용을 철저히 분석하고 이해한 후 그 내용 중에서 학생들에게 꼭 필요한 내용을 다시 구성하여 그들에게 의미 있는 경험이 될 수 있도록 교육하는 것이 중요하다.[71] 아무리 좋은 정보라 하더라도 교사의 '경험의 장'에 새겨지지 않은 채 단지 컴퓨터에서 학생들에게로 직접 전달되고 만다면 교사의 경험과 능력은 점점 줄어들기 마련이다. 그러므로 현대의 교사들은 과거의 교사들이 교수·학습 자료가 미흡했던 까닭에 손수 교구를 제작하고, 악보를 그리고, 대용 악기들을 만들면서 학생들을 직접 지도했던 시절의 '교육정신'을 의미 있게 되새겨볼 필요가 있다.

음악교과에서는 특히 교과의 성격을 어느 쪽으로 규명하는가에 따라

---

71 권덕원, 「학교음악교육50년 : 그 반성과 전망」, 『한국교원대학교 개교20주년 기념학술 심포지엄』, 한국교원대학교, 2004, 594-595쪽.

지도의 방법이 달라지고, 제시되는 지도 내용의 범위 및 수준의 명확도에 따라 지도의 초점이 달라지므로 음악과의 성격을 예술교과로 규정할 때 당연히 음향과 악곡의 예술적 질을 탐구하고 미적으로 경험할 수 있도록 이끄는 방법을 중점적으로 제시해야 하고, 아울러 그러한 경험의 질과 수준을 평가하는 방법도 제시해야 할 것이다.

또한 학생이 의미와 아름다움을 공감하고 누리는 가운데 능동적, 자주적으로 활동하도록 하는 데 역점을 두어 교수 방법을 제시해야 하며, 더 나아가 그것을 통해 음악 구성 요소의 개념을 형성하게 하며, 음악 표현 및 감상의 원리를 이해하고 방법을 터득하며 스스로 연습하게 하는 데 초점을 맞추어 교수 방법을 제시해야 할 것이다.

이러한 모든 음악 지도 방법은 모든 음악 작품과 활동이 학생 자신과 우리 모두의 일상에서 얻어지는 느낌의 실마리들로부터 창출되고 그것을 근거로 수용되는 것이며 진지한 노력의 결과로서 최상의 경험에까지 이를 수 있음을 학생들이 주도적으로 체험하도록 안내하는 과정과 그 맥을 같이해야 할 것이다.

현장에서 이루어지고 있는 음악 학습 방법이나 현재의 교수-학습 방법은 질 높은 음악교육을 수행하는 데 미흡하다는 것이 일반적인 견해이므로 우리가 바라는 질 높은 학교 음악교육의 실행을 위하여 교수·학습 방법이 많이 연구개발 되어야 할 것이다.

2. 중학교 음악교과

초급중학교 교수・학습방법에 대한 변천 과정을 3차에 걸쳐 수정된 교육과정 시기와 1997년에 발행된 교수참고서에 준하여 검토하여 보면 <표-19>와 같이 나타난다. 교수・학습 방법에 비교적 크게 영향 받는 음악교사 양성 과정에 대한 의견도 함께 제시하고자 한다.

<표-19> 중학교 음악 교수・학습 방법 시기별 비교 분석

구분 / 과정		제1차 시기 교육과정	제2차 시기 교육과정	제3차 시기 교육과정
교육과 정 및 교수참 고서	시기	1989년 1월	1994년 9월	2004년 5월
	자료 문헌	조선족 초급중학교 음악교수요강	의무교육 전일제 조선족 중학교 음악교수요강	의무교육 조선족 학교 음악과정 표준
	관련 목차	*교수내용과 요구 *과외음악활동 *교수설비 *성적평정 *각 학년의 내용과 요구	*교수내용과 요구 *각 학년의 교수내용과 배치 *과외음악활동 *교수설비 *성적평정 *교수요강 실시에서 반드시 주의하여야 할 몇 가지 문제	*제3부분 1. 감수와 감상 2. 표현 3. 창조 4. 음악과 서로 관계 되는 문화 *제4부분 1. 교수건의 2. 평가건의
	목차수	–	6	2-6
	시기	–	1997년 7월	
	자료 문헌	–	의무교육초급중학교 음악 교수참고서	
	관련 목차	–	*편집설명 *교과서편찬의지도사 사 상과 원칙	

			*음악교육의 성질, 지위, 역할, 및 임무 *음악교수의 방법	
	목차수	–	4	

자료: 중학교 음악교수참고서 시기별로 재구성한 것임

1) 교육과정에 나타난 음악 교수·학습방법의 특징

1989년 제 1차 교육과정시기의 '조선족초급중학교 음악교수요강'의 5개 항목, 1994년의 2차 교육과정시기의 '의무교육전일제조선족중학교 음악교수요강'의 6개 항목, 2004년의 3차 교육과정 시기의 '의무교육 조선족 학교 음악과정 표준'에 제시된 2부분 6개 항목 등의 교수-학습 관련 내용은 시기마다 조금씩 다르다. 1989년 제1차시기와 1994년 제 2차시기의 내용은 비슷하나 3차시기 내용은 아주 다른 것으로 파악된다. 교수·학습내용의 목차를 3차시기에 걸쳐 살펴보면 다음과 같다.

내용	1차	2차	3차
목차	1. 교수내용과 요구 2. 과외 음악활동 3. 교수설비 4. 성적평정 5. 각 학년의 내용과 요구 6. …………	1. 교수내용과 기본요구 2. 과외음악활동 3. 교수설비 4. 성적평정 5. 각 학년의 교수내용과 배치 6.교수요강 실시에서 반드시 주의하여야 할 몇 가지 문제	1. 제3부분 내용표준 2. 제3부분 음악과 관계되는 문화 3. 제4부분 3)과정자원 개발 4. 제4부분 2)평가건의 5. 제3학습단계의 내용 표준 6.제4부분 4)교재편찬에 대한 건의

위와 같이 연결성은 1, 2차시기는 거의 합치되나 3차시기는 교수·학
습에 관련된 제목 설정이 1, 2차와 다르게 나타났다. 그러나 내용에 있
어서는 1, 2차시기는 내용 수준이나 학습 분량이 학생 수준에 비하여 높
으나 3차시기는 학생 수준에 맞도록 수준과 학습량을 낮추어 작성한 것
을 알 수 있다.

2) 교수 참고서에 나타난 음악 교수·학습 방법의 특징

1997년에 발행된 교사용도서인 『의무교육조선족 초등학교 음악 교
수참고서』에 제시된 교수·학습 방법에 관한 특징을 분석하여 살펴보면
다음과 같다.

① 편집설명 ② 교과서편찬의 지도사상과 원칙 ③ 중학교 음악교육의
성질, 지위, 역할 및 임무 ④ 중학교 음악교수의 방법—국내 방법, 외국
방법 소개

2차시기 교수참고서에 나온 교수·학습 내용에 대한 목차는 4개의
대항목에 8개의 소항목으로 분류하여 서술하였다. 이 교수 참고서에는
외국의 교수·학습 방법에 대한 내용이 중학교 음악교수의 방법에 추가
되었다.

3) 음악과 학습 현장 참관

(1) 수업 참관 개요

음악과 수업 참관의 목적은 교사가 음악 수업에서 사용하는 교수·학

습방법은 무엇이고, 이를 수업의 과정에서 어떻게 적용하며, 학생들과
는 어떠한 상호작용을 수행하는지 관찰하고 분석함으로써 음악 교과의
교수·학습방법 실태를 파악하고, 여기에서 교수·학습 방법과 자료 개
발에 참작해야 할 시사점을 이끌어내는 데 있다.

연변조선족자치주 우수골간 연구회에서 선발한 교사의 일상적 음악
수업과 공개 수업을 그 대상으로 선택하였다.

수업 관찰에서는 음악 수업 중에 어떤 내용을, 교수·학습 방법과 매
체를 사용하여 교수하였으며, 활동의 중심은 교사나 학생 어디에 두고
있으며, 수업 조직이 대집단이나 소집단, 개발 중 어떤 형태로 이루어지
고 있는지, 그리고 그러한 교수·학습 방법이 학습자 수준에 적절한지
를 살펴보았다.

이러한 내용을 기록하기 위하여 [수업 관찰 기록지]를 사용하였다.
[수업관찰 기록지]는 연구자가 수업의 과정을 관찰하면서 일반적인 수
업 절차인 수업조직, 내용, 교수학습방법, 매체, 활동, 학습자 수준 등의
순서에 따라 정리하도록 구성하였다.

(2) 현장 수업 활동에서의 문제

구체적인 수업 현장에서의 여러 가지 상황을 예상하여 문제점을 알아
보고자 한다.

① 수업대상 1 : 훈춘시 제6중학교 2학년6반, 교사: 최홍녀
   수업내용 : (단원명)새봄을 노래하네(제3장 표-14참조)
   수업대상 2 : 훈춘시 제일실험 초등학교, 1학년 2반, 교사: 채매화

수업내용 : (단원명)꼬마도장공 (제3장 표-15참조)

일시 : 2007년 4월 13일 금요일.

수업차시 : 1/1 차시

② 수업목표

대상1 : 민요를 알고 사랑하며 민요에 흥미를 느끼며 부를 줄 알게
　　　한다.

대상2 : 노래를 통하여 학생들이 어려서부터 노동을 사랑하는 품
　　　성을 키워 준다

③ 교수중점

대상1 : 민요를 부르고 리듬악기 연주법으로 장단 연주하기

대상2 : 자연스러움과 유쾌한 심정으로 전반 노래 부르기

④ 교수・학습 매체

－ 다매체 컴퓨터, 흑판, 손풍금, 전자풍금, 트라이앵글(三角鐵), 장
　고, 실물화상기

－ 손풍금을 사용하여 시범 창으로 노래를 부르고, 즉흥연주를 유
　도한 것이 매우 효과적이었다.

⑤ 교수・학습 내용

－ 개념을 이해하고 노래하고 여러 가지 방법으로 표현하기를 위해
　노래 익히기

－ 장단 익히기, 신체타악기로 연주하기

⑥ 수업 조직 : 대집단과 소집단 그리고 개인별 위주

－ 수업의 전 과정이 학생들이 함께 노래 부르는 한 가지 활동으로
　이루어져 단조로웠다.

- 대상2 : 교사와 학생의 내용 문답 형식이 너무 많고 길었다. (표현)

⑦ 교수·학습 방법

- 시범, 설명, 문답, 발표, 실습, 손 기호, 신체표현, 자체로 만든 리듬악기
- 내용에 따라 다양한 교수-학습 방법을 사용하였으나 학생들이 지루한 감을 가졌다.
- 화면 1 : '개구리와 올챙이'의 정경도입으로 수업이 활기찼다.
- 화면 2 : '우리장단 좋아'의 음악감상을 도입하여 생동감을 주었다.
- 문답법과 발표를 많이 활용하여 교사와 학생간의 소통활동이 잘 되었다.
- 노래에 손풍금 반주를 사용해 교사와 학생 간에 눈을 맞추며 노래하는 모습이 인상적이었다.

⑧ 학습자 수준 : 대체로 적절하였다.

- 대상1 : 활용 내용이나 방법 하나하나는 학습자의 수준에 맞으나 전체적으로 활동 내용이 많아 학생들이 어려워하고 시간도 부족한 것 같다.
- 대상2 : 한 차시에 하기에는 다소 많은 양이었다.
- 현장 관람자들은 너무 복잡하고, 지루한 감이 많았다.

이상의 현장 수업과정을 정리하면 다음과 같다.

첫째, 교수·학습 면에서 교사들은 일반적으로 설명, 시범, 문답, 발

표 등의 방법을 사용하였다. 그리고 음악기능을 학습할 때에는 가창, 기악, 창작 영역에 관계없이 리듬을 익힐 때는 리듬 악기로는 트라이앵글 등과 학생 자체로 만든 리듬 악기(빈 캔에 쌀, 콩, 모래 등을 넣어 만듦)로, 음정을 익힐 때는 계명으로, 표현을 익힐 때는 신체 표현, 율동으로 하였다. 특히 노래를 익힐 때는 보편적으로 청창법聽唱法을 사용하였다.

둘째, 매체 활동 면에서는 컴퓨터와 리듬 악기, 학습지를 가장 많이 활용하였다. 특히 학생들이 교사가 악기를 직접 다룰 때 호응도가 아주 좋았으며, 다매체를 활용해 노래 반주를 할 때보다 교사가 직접 손풍금과 전자풍금으로 반주해 주었을 때 학생들의 호응도와 집중도가 높았다.

그런데 평가에서 교사와 학생 간의 평가는 이루어졌지만 학생들 간의 상호 평가나 자기 평가는 이루어지지 않은 것이 아쉬운 부분이었다.

셋째, 수업 조직 면에서 대체로 대집단, 소집단을 활용 내용과 방법에 따라 적절히 운영하고 있었다. 가창 활동에서는 대집단 조직이 많이 이루어졌고, 창작영역 활동에서는 소집단 조직 활동이 이루어졌다. 개인별 조직은 대상2에서 조금 이루어지기는 했는데 학생들에 대한 심화 지도나 평가는 어려웠다. 그리고 대집단 조직으로 운영할 경우 설명, 그리고 시범과 같은 교사 주도적 교수-학습 방법보다 문답법을 활용해 교사와 학생 간의 의사소통이 활발히 이루어질 때 학생들의 집중도가 높았다. 소집단별 발표보다 개인별 발표에 학생들이 더 적극성을 보였다. 그러나 문답법을 활용하는 경우 대답하는 학생이 한정되어 있으며 산만해지기도 하였다.

넷째, 학습자 수준에서 교수·학습 방법은 대체로 학습자의 수준에 맞게 적절하게 활용되었으나 오히려 내용의 양이 많거나 수준이 높을 때 학생들이 어려워하였다.

(3) 면담을 통한 조사

면담조사 대상은 연변자치주 내의 현, 시 진수학교 음악지도원, 연변 교육학원 음악담당주임, 그리고 학교 현장의 초·중학교 음악교사 약간 명으로 하였다. 면담조사는 응답자와의 일대일 대면을 통해 보다 명확하고 구체적인 질문으로 실시하였다. 내용은 현재 음악수업의 운영, 음악과 수업에서의 교수·학습 방법, 새 음악교과표준에 의한 교과서 내용 등 운영에 대한 수업 활동에서의 실태 조사에 중점을 두었다. 그 내용을 종합하면 다음과 같다.

첫째, 음악과 수업의 운영 면에서 부각된 난제로는 시설, 수업 자료의 부족, 교수·학습 방법이 다양하지 못한 점, 음악교사용 지도서가 없는 것, 그리고 중학교에서는 수업 시수 등 여건이 뒤따라주지 못한다는 점 등이 많이 제기되었다. 그리고 음악과 수업에서 가장 필요한 참고자료로는 음악 감상 시간에 사용할 테이프, 오디오 자료, 동영상 자료를 가장 많이 꼽았으며, 다음으로 내용별 수업지도안, 악기, 기자재, 음악실 등을 꼽았다.

둘째, 현재 활용 중인 음악 교수·학습 방법이나 활동은 주로 한족漢族의 음악교수 참고서와 인터넷 자료를 많이 참고하고 있다고 응답하였다. 그리고 현재 조선족 음악과 교수 참고서가 없고 기타 선진국들의 음악교수 학습 방법에 대한 자료가 드물어 음악수업을 잘하기가 힘들다는 점을 들었다. 또한 의무교육 조선족 학교 음악과 '음악과정표준' 내용에서 지도하기 어려운 내용은 민족음악이라고 답하였으며, 이와 관련된 교수 방법들이 교과서, 기존의 교사용 지도서 등에 구체적으로 제시되어 있지 않아 많은 어려움을 겪고 있는 것으로 조사되었다.

셋째, 새 음악과 교육과정 내용이 한족 음악교육과정에 많이 따랐는데, 우리 조선족 민족 자체의 특성에 맞게 그리고 교과서 내용에서는 학생들의 연령에 맞는 음악을 생활화하도록 하는 내용에 중점을 두고 꾸며졌으면 더 좋겠다고 응답하였다. 그리고 교과서의 제재에 따라 다양하게 학습할 방법을 구체적으로 제시하는 지도안이 부족하다고 지적하였다. 또한 수업 지도에서 교사들의 어려움을 해결해 주기 위해서는 근본적으로 대학 음악교육학과 교육과정에서부터 균형 있는 교육과 추수 지도 및 연수가 가장 필요하다고 응답하였다.

(4) 음악과 수업에서의 시사점

음악수업 현장 관찰과 면담조사를 통하여 다음과 같은 시사점을 얻을 수 있었다.

첫째, 수업에서 활용 가능한 자료를 개발하는 것이 필요하다. 즉 교과서와 교사용 지도서에 제시되어 있는 활동 내용과 관련하여 풍부한 수업 자료와 다양한 교수·학습 방법과 활용 방안을 제시해 주는 것이 필요하다.

현재 다매체 활용을 위한 수업 자료가 많이 개발되고 또한 현장에서 사용되고 있다. 기존의 틀에 박힌 방식에 따라 수업하는 것보다는 학생들의 흥미를 유발할 수 있고, 가르치는 교사 또한 흥미와 긍지를 가지고 수업에 임할 수 있다. 이제는 컴퓨터를 활용하지 않으면 교육의 효과를 거두지 못하는 것으로 생각하는 경향이 있으나, 컴퓨터를 수업 매체로 사용하였다는 사실 자체만으로 그 수업이 본질적으로 흥미로운 것이라고는 할 수 없다.

음악은 학생들이 직접 소리 내고, 움직이고, 활동하는 학생 중심의 수업이 되어야 한다. 음악과 학습은 수업을 통하여 실제 학생들이 즐거움을 느끼고 음악을 즐길 수 있는 정서를 신장하도록 진행되어야 한다. 음악은 다른 교과에 비해 정서적인 측면이 특히 강조되고 큰 역할을 차지하므로 스스로의 마음에서 우러나 능동적으로 참여하는 학습 자세를 갖추도록 지도해야 한다. 음악수업이 즐겁고 자발적인 참여의 바탕 위에 이루어져야 하는 이유가 여기에 있다.

컴퓨터나 멀티미디어를 활용한 교수·학습 방법은 갈수록 그 비중과 중요도가 높아지고 있으며, 학습의 효율성이나 학생들의 선호도 측면에서도 적극 활용되어야 하겠지만, 그 활용법을 더욱 잘 연구하여야 할 것이다.

둘째, 교육과정에 제시된 지도 내용을 학습하려면 주당 1시간으로는 그 내용을 감당할 수가 없고, 학습할 수 있을 만큼의 시간을 확보해 주어야 한다. 가장 예민한 감수성을 지니고 있다는 중학교 시절에 학생들은 음악 활동을 통해 깊은 예술적 감동을 경험하는 기회를 자주 갖도록 해야 한다. 이러한 관점에서 중학교 음악 수업 시수의 정상화가 절실하다고 생각된다.

셋째, 교육과정에서는 다양한 음악적 경험을 강조하고 있지만, 교재곡 중심의 구성이 곡만 바꾸었을 뿐 새로운 음악적 경험은 제공하지 못한다는 것이다. 교과서에 나오는 감상 교재 곡은 클래식과 민족음악(세계 여러 나라 민요)이다. 클래식이 예술적인 음악이므로 당연히 선택되어야 하지만 초등학교 학생들이 접근하기에는 흥미가 떨어지고, 어려운 음악이라는 데 문제가 있다. 이렇게 어렵다고 생각하는 클래식을 쉽고도 재미있는 음악으로 만들기 위해서는 보다 많은 연구를 통해 학생들의 관심을 높여야 할 것이며, 다양한 장르의 음악을 감상하여 많은 음악적 경험을 쌓게 해 주어야 할 것이다. 즉, 학생들의 감각을 학교 음악 수업에 이용할 수 있어야 한다.

넷째, 대중음악이 학생들을 지배하는 시대 상황에 발맞추어 음악교육도 변해야 한다고 생각한다. 물론 교육과정에 명시된 음악교육의 목표를 이루기 위해 현 교과서는 교재 곡을 중심으로 여러 활동이 포함되어 있고, 노래를 배우면서 음악성을 습득하게 되어 있지만, 그에 따른 활동이 매우 제한되어 있어서 결국은 노래를 배우는 수업으로 전락할 수밖에 없다는 점이다. 즉, 노래를 가르치기에는 적당하지만 음악을 가르치기에는 매우 제한적이라는 것이다.

다섯째, 수업 내용에서 교사들의 어려움을 해결해 주기 위해서는 근본적으로 교사 양성 기관과 대학 음악교육전공 교육과정에서부터의 균형 있는 교육과 교사 재교육이 매우 필요하고 시급한 과제라고 할 수 있다. 그러나 이러한 과제는 단시일 내에 이루어질 수 있는 것이 아니기 때문에 수업을 지원하고 교사들의 요구를 구체적으로 반영할 수 있는 교수 · 학습 방법 연구가 이루어져야 할 것이다.

제3절 양성대학 음악교육학과 교육과정의 실태와 문제점

교육은 새로운 지식과 기술을 창출할 수 있는 인재를 육성하는 일이므로 교육이야말로 오늘날 국가 경쟁력 확보를 위해 가장 필요한 핵심적 기초라 할 수 있다. 이러한 의미에서 우수한 교사에 대한 요구는 그 어느 때보다 높다. 과거처럼 전공학과 한 과목으로 안일하게 교직에 몸 담았던 시대는 지났으며 오늘날의 '정보가 빛의 속도로 흐르고 인간의 삶도 빛처럼 빠르게 변하는 사이버시대'에 특히 교육 일선의 희망인 교사는 다양한 능력을 요구받게 된다.

교사는 먼저 직업의식이 아닌 사명의식에서 민족교육의 중임을 맡은 사람이라는 인식을 가져야 한다. 교육은 사회의 발전과 직접적으로 연관된다. 특히 주체민족이 아닌 소수민족의 경우, 민족교육의 발전은 그 민족의 생존과 발전의 결정적인 요인이다. 민족교육을 떠나서는 민족의 장래를 운운할 수도, 기대할 수도 없다.

따라서 조선족 학교의 교사는 민족에 대한 애정과 긍지를 갖고 조선족의 생존과 발전을 위한다는 차원에서 조선족 교육의 위상과 역할에 대하여 정확히 파악하고 민족적 사명감으로 교육의 장을 지켜야 하며, 스스로 높은 지식과 자질을 구비하여야 한다. 과거에 좋은 교사의 여러 가지 자질 중에서 첫 번째로 꼽히는 것이 바로 자기가 가르치는 교과목과 학생에 관하여 잘 아는 것이라면 오늘날 교사는 자기가 가르치는 과목 내용을 잘 알아야 할 뿐 아니라 그 주변학과까지 어느 정도 알아야 하며 특히 새로운 지식, 새로운 정보와 기술에 민감하여야 한다.72

　교육 내용의 개혁, 교수 방법의 개선 등 교육의 내재적 활동에서 교사의 자질에 대한 요구가 그 어느 때보다 높아지고 있다. 음악교육의 과정에서도 음악교사는 그 핵심 요인이다. 잘 갖추어진 음악교사라면 혹시 시설이나 악기, 자료 등이 부족해도 성공적인 음악교육을 할 수 있을 것이지만 그렇지 못한 교사라면 아무리 좋은 시설, 악기, 자료 등이 있다 하더라도 성공적인 음악교육을 보장하기 어렵다. 음악교육을 위한 모든 조건이 다 중요하지만, 음악교사의 조건만큼 중요하고 본질적인 것은 없다.73 그러나 중국의 경우 음악교사 양성 과정에 많은 문제점들이 드러나고 있다.

1. 내용적 측면: 교사의 자질을 중심으로

　음악교육의 질적 수준은 음악교사의 수준에 따라 가름되고, 음악교사의 수준은 교사 양성 대학의 교육 수준에 따라 결정된다. 음악교사가 음악 실기를 갖추는 것도 중요하지만 음악에 대한 이해, 철학, 교육에 대한 사명감과 가치관, 확고한 교육관을 갖는 것이 더 중요하다.

　음악교사 양성 대학과 사범학교에서 우수한 교사를 배출하기 위해 경

---

72 김성희. "音樂課程的敎育理論之我見", 『東疆學刊』4期, 中國 : 東疆學刊, 2006, 105쪽.
73 권덕원, 앞의 책, 604쪽.

주하고 있는 노력은 아직 충분하지 않다. 우선 신입생 선발 과정을 볼 때 음악적 능력을 평가하는 과정이 없다는 점을 지적하게 된다. 물론 음악적 능력이 높은 학생들도 선발되지만, 반대로 능력이 낮은 학생들도 적지 않게 입학하게 된다. 이로써 음악적 능력의 격차가 매우 심하고, 특히 음악적 능력이 낮은 학생들의 경우는 대학 교육의 과정에서 음악 관련 과목에 흥미를 갖지 못하며, 그 성취도 역시 낮을 수밖에 없다.

현재 중국 내 유일한 조선족 민족대학인 연변대학의 경우 예술대학에서 연간 50여 명의 음악교사가 전국에 배출되고 있다. 그러나 이들의 대학 커리큘럼에는 음악교육 방법론과 교수법에 대한 강의가 제대로 개설되어 있지 않고 교육 내용은 대부분 실기 위주로 짜여 있다. 실기 위주의 음악교사 양성 제도에도 장점이 있지만, 교육 현장에서 학생들이 받아들이는 음악시간이 그저 악기를 다루고 노래를 부르는 '노는 시간'으로 간주되는 경향이 심해져서는 안 된다. 이 때문에 9년 동안 음악을 배워도 악보 하나 제대로 읽지 못할 뿐 아니라 실제로 악기를 다룰 줄 아는 학생들도 매우 드문 실정인 것이다. 즉 음악적으로 잘 훈련되지 못한 졸업생들이 일선 학교에서 음악수업을 담당해야 하고 학생들은 이러한 교사들에게서 음악 교육을 받게 된다는 데 심각한 문제가 있다.

새로운 교육과정에 따라 질적으로 향상된 새로운 교과서들이 나온다고 할지라도, 근본적으로 이에 알맞은 교사의 자질과 실제 수업 현장의 개혁 없이는 결코 학교 음악교육은 추구하고자 하는 근본 목표에 도달할 수 없을 것이다.

2. 방법적 측면: 전통음악 보존을 중심으로

현재 연변지역에서는 한국이나 중국 대도시로 조선족이 썰물처럼 빠져 나가면서 조선족 사회의 와해 우려마저 커지고 있다. 특히 농촌 지역 조선족 집거지의 경우 가임여성들이 대부분 외지로 떠나 갓난아이 울음소리를 거의 들을 수 없고 100% 조선족 학생들만 수용하던 학교들도 하나둘 사라지거나 한족 학교로 통폐합되고 있는 실정이다.

공식적인 통계에 의하면, 연변 조선족 학교가 급격히 줄어들고 있다. 2005년 연변 조선족 농촌 지역 학생 수는 2001년보다 무려 53%나 줄어들었고, 이에 따라 교사와 학교 수도 크게 감소했다. 아래의 [도표8]과 [도표9]를 참조하자.

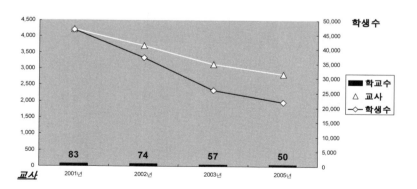

[도표-8] 연변조선족농촌 초등학교, 학생, 전임교사 정황

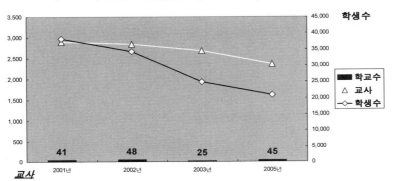

[도표-9] 연변조선족농촌 중등학교, 학생, 전임교사 정황

자료: [도표-9,10]은 2005~2006년 연변교육통계자료에 근거하여 재구성한 것임

　이처럼 위기 상황을 맞은 조선족 사회가 정체성을 보존하고 민족문화의 우수성을 전파하는 데 예술교육만큼 중요한 것은 없다고 해도 과언이 아니다. 특히 우리의 전통문화가 그대로 녹아있는 전통음악 분야는 조선어와 함께 조선족 사회를 온존시킬 수 있는 대표적 문화유산이자 조선족 음악교육의 중요성을 실감케 하는 대목이다. 이러한 교육의 결정적 요인이 바로 교육 일선의 담당자들인 교사이다. 교사는 직업의식이 아닌 사명의식에서 민족교육의 중임을 담당해야 한다.

　그러나 현재 학교 교육에서 서양음악 중심으로 음악교육을 받아 왔기 때문에 많은 경우 서양음악의 사상과 방법에 익숙해져 있다. 오히려 전통음악은 어렵고 그 교육 방법에 대한 정확한 체계도 없기 때문에 교사들이 많이 어려워하고 있다. 또한 전통음악이 많이 보급되면서 교과서 '실천과 창조'에 전통음악, 민요, 민족 악기 등 여러 형식과 비중을 높여 학생들이 쉽게 접할 수 있도록 구성하였지만, 교과서에 나온 내용들을 학생에게 정확하게 전달해야 하는 교사들은 아무런 준비가 되어 있지 않은 것이다.

이러한 교사들을 위한 문제의 해결책으로 개인적 연수를 통해 단소나 장구를 비롯한 전통악기의 연주법을 습득하게 하고 있지만 전통음악에 대한 지식이 체계화되어 있지 않으면 전통음악 교육이 안고 있는 근본적인 문제를 해결 할 수 없다.

이렇듯 교사들이 전통음악을 어려워하고, 전통음악의 비중이 서양음악에 치중되면서 전통음악에 대한 어려움은 더욱 커지고, 교사들이 전통음악에 대한 인식이 부족하여 학생들에게 전통음악에 대한 기회를 제공하지 못하게 되면서 전통음악은 흥미 없고 재미없는 수업이 되고 있는 것이다.

우수한 교원의 양성과 확보를 위해서는 교사 양성 기관의 재정비가 요구되며, 또한 우수한 교사를 확보하기 위해서는 무엇보다 우수한 교사 지망생을 교직에 유인하여 계속 머물도록 하기 위한 배려와 체제 정비, 그리고 전문성 신장을 위한 재교육이 중요하다.

교사 교육은 '직전교육'과 '현직교육'74으로 나누어진다. 직전교육에서 중요한 것은 제도와 교육과정이다. 대학에서 좋은 음악교사를 양성하기 위해서는 전체적인 학제 개편과 관련된 제도적 측면과, 정해진 제도 안에서 음악교육에 관련된 교과목을 어떻게 정할 것인가 하는 교육과정의 측면이 있다.75 무엇보다도 교사를 어떤 체제에서 어떠한 내용

---

74 '직전교육'은 교사 양성 대학의 교육을 말하고, '현직교육'은 교사가 된 이후 받는 교육을 말한다.

75 석문주, 『음악과 교육의 이해와 실천』, 교육과학사, 2006, 22쪽.

으로, 어떠한 과정을 통하여 양성하고 배출하느냐 하는 교원 양성 정책과 교육과정 수정에 달려 있다고 해도 과언이 아니다.

이 모든 측면에서 연변대학 음악교육학과 그리고 연변대학 사범분원(사범학교)의 교육 제도와 교육과정에 여러 가지 문제점들이 존재하고 있으므로 좀 더 실질적이고 충실한 교육이 이루어지도록 교육과정을 개선해야 한다.

제5장 조선족 초·중학교 음악교육의 발전 방안

제1절 발전 방안 도출을 위한 설문조사의 설계

고도의 지식 기반 사회로 특징 지워지는 21세기의 학교 음악교육은 새로운 도전에 직면하고 있다. 초·중학교 음악과 교육은 학교에서 음악교육의 당위적 가치와 실제를 담아내는 음악교육의 전반적 계획을 반영한다. 따라서 학교 음악교육이 지향하는 기본 철학과 목표, 그리고 이러한 목표를 달성시키기 위한 음악교육의 내용과 방법 및 평가의 내용들을 최적화하여 함축적으로 제시하는 계획서는 학교에서 음악수업을 실천하는 근간이며 학교 음악교육의 나침반 역할을 할 것으로 생각된다.

이렇듯 중요한 역할을 하는 학교 음악교육은 개인과 사회, 그리고 학문의 요구와 발전에 따라 항상 변화하는 특성을 지닌다. 음악과 교육과정이 학교와 사회에서 필요로 하는 살아 있는 교육과정이 되기 위해서는 당대의 사회·문화적 변화와 개인적·학문적 요구에 적절하고 효율적으로 대처할 수 있는 교육과정이 되어야 한다. 그러나 현재 우리 음악교육은 음악에 관한 교양을 기르는 정도의 기초적인 단계에 머물고 있는 실정이다. 그러므로 변화하는 세기적 요구에 대처할 수 있는 학교 음악교육의 비전을 제시하고, 이에 기초한 음악교육의 내용과 방법을 고안하는 일이 시급하다. 구체적으로 학생들의 창의성, 음악 미적 감수성, 사회·문화적 안목과 자기 계발 능력 등을 높은 수준으로 발달시킬 수 있는 새로운 학교 음악교육의 창출이 필요한 것이다.

본 장에서는 이러한 세기적 추세에 맞추어 조선족 초·중학교 음악교육의 실질적이고 구체적인 개선 방안을 제시하려 한다. 이를 위해 우선 현장에 있는 조선족 학교 음악교사 50명과 학생 1,250여 명을 대상으로 설문조사를 실시하였다. 이 설문조사를 통하여 조선족 음악교육의 실태와 그 개선 방안에 대한 교사와 학생들의 의견을 충실히 파악하려고 노력했고 이를 토대로 개선 방향을 모색할 수 있었다.

물론 이러한 조사와 분석이 현재 조선족 학교 음악교육에 관한 모든 문제점들을 세세히 밝혀내고 그 대안을 제시하는 목적에까지 다다를 수 있을지는 의문이다. 하지만 음악 분야에서 최초로 음악교육의 현상을 직접 조사하고 통계 분석하여 결론을 이끌어낸 첫 번째 연구라는 점에서 중요한 의미를 찾을 수 있을 것이다. 물론 첫 시도인 만큼 이 연구가 조선족 학교 현장 음악교육 전체의 문제를 포괄하지 못하고 방법론에 있어 미숙한 점이 있다고 할지라도, 객관적인 조사 결과를 제시한 만큼, 앞으로 조선족 학교 음악교육에 대한 모든 연구에 있어 객관적인 기초 자료로 활용될 수 있을 것으로 생각된다.

이 절에서는 조선족 학교 교육에서 음악교과 교육의 기본 체계와 관련된 문제점을 밝히고, 다음으로 교육 내용과 방법의 측면에서 각 문제별 세부 내용들을 해결할 수 있는 바람직한 대안을 찾아 새로운 세기의 변화와 요구에 적절히 대응할 수 있는 개선 방향을 제시하고자 한다.

1. 음악교육 개선을 위한 설문조사 개요

조선족 음악교육의 실질적인 개선 방향을 제시하기 위하여, 또한 현장에 있는 초·중학교들의 음악교육과정 실태와 개선에 관한 의견을 조사하기 위하여 '중국 조선족 초·중학교 음악교육의 변천과 발전 방향 연구에 대한 설문지'라는 설문지를 작성하여 각 성, 시, 현 급 조선족 학교의 음악교사들과 학생들을 대상으로 조사를 실시하였다.[76]

이 조사는 2007년 2월 22일부터 3월 2일까지 설문지를 작성하고 2007년 3월 5일부터 4월 10일 사이에 설문지를 대상자들에게 직접 배부하였다. 학생에게 1,400부, 음악교사에게 50부를 배부하였고, 학생과 교사로부터 회수된 1,253부와 50부의 응답 결과를 분석하였다.

설문지는 교사 설문지와 학생 설문지의 두 가지로 구성하였다.

교사 설문지는 음악교사들의 의견을 수집하여 조선족 초·중학교 음악교육의 개선 방향에 관한 견해를 도출하는 데 중점을 두었다. 질문은 '일반 조항, 음악과정 표준에 대하여, 음악 교과서에 대하여, 음악교수 참고서에 대하여, 음악교사 양성과 재교육에 대하여'라는 다섯 가지 조항과 모두 48가지 문항으로 작성되었다. 그리고 마지막에 교사들이 자

---

76 설문지는 주요하게 장춘(성급), 연길(주급), 훈춘(시급), 왕청(현급) 등 길림성 내의 11개 조선족 초·중학교에서 진행되었다.

유롭게 의견을 기술하도록 '음악교육 개선을 위한 의견'이라는 문항이 추가되었다.

학생 설문지는 음악교육에 대한 학생들의 견해를 수합하여 학생들의 일반적인 취미를 발견하고 조선족 초·중학교의 음악교육을 평가하면서 학생들의 연령에 맞는 개선 방향을 도출하는 데 중점을 두었다. 질문은 '일반 조항, 좋아하는 것에 대하여, 학교 음악공부에 대하여, 음악 교과서에 대하여, 음악 과외 공부에 대하여'라는 다섯 가지 조항과 모두 32가지 문항으로 작성되었다.

2. 교사의 응답(부록 1-1)

설문에 응답한 조선족 초·중학교 음악교사 50명을 학교 소재지별로 분류한 결과 도시 학교에 근무하는 교사는 총 24명이고 현 소재지에 근무하는 교사는 21명, 진 소재지에 근무하는 교사가 5명, 농촌 지역에 근무하는 교사가 2명이었다.

교사들의 교직 근무 연수는 대체로 30년 이상이 6%인 3명이고, 11-20년은 58%인 29명이며, 5-10년은 28%인 14명, 5년 미만은 8%인 4명이었다. 그리고 현장 음악교사들의 연령은 30~40대가 가장 많은 것으로 분석되었다. 이는 현재 상황으로는 별 문제가 없는 연령 분포이나 앞으로의 음악교육 발전에는 바람직한 상황이라고 할 수 없다. 중년 교사들의 인원이 많고 젊은 교사들이 너무 적다는 것은 앞으로 세대 간의 균형이 무너짐으로써 그만큼 교사 연령층대의 공백이 생길 수 있을 것으로 예상되기 때문이다.

교사들 중에서 남성 교사의 비율은 22%인 11명로 적고 여성 교사들의 비율은 74%인 37명으로 많았다.[77] 출신학교는 사범전과와 음악학원을 졸업한 교사가 가장 많은 20명으로 40%를 차지하고 그 다음은 사범대학을 졸업한 교사가 7명으로 14%이고, 일반대학을 졸업한 교사는 6%인 3명이었다.[78]

담당 교과 항에서는 음악교과 전담교사가 68%인 34명으로 가장 많으며 그 다음은 음악교과와 예능교과를 가르치는 교사가 24%인 12명이고 음악교과와 일반교과를 가르치는 교사는 8%인 4명이었다. 교사들의 담당 학년 항에서는 초등학교 1, 2, 3학년 담당교사는 40%이고 4, 5, 6학년은 32%이며 중학교 1학년은 22%, 2학년은 20%, 3학년은 8%로 분석되었다.

설문 응답 결과는 또한 현재 조선족 초·중학교에 음악교사의 수가 많이 부족하다는 점을 보여주고 있다. 심지어 어떤 중학교에는 전 학교

---

77 남, 여 교사들의 불균형의 문제는 사범학교(대학) 학생 모집에서부터 현저한 차이를 보이고 있다. 특히 음악교사 지망생의 경우 남자교사 지망생은 25%정도에 불과하다.

78 중국의 교사 양성 체계는 다음과 같다. ① 사범대학(사범학원):중국의 고등사범교육을 담당하는 학교는 일반적으로 사범대학 혹은 사범학원이라고 칭하며 사범대학의 임무는 기초 교육을 담당할 수 있는 대학 본과 이상의 졸업 수준을 가진 수준 높은 중등학교 교사를 배양해 내는 데 있다. ② 사범전문학교: 고급 중학교 졸업생이 입학 대상이 되며 학제는 2-3년제의 두 가지로써 주로 초급 중학교 교사 양성을 주된 임무로 하고 있다. ③ 중등사범학교: 중국의 중등사범학교(유아사범학교를 포함)는 초급 중학교 졸업생이 입학 대상이 되며 학제는 3-4년제의 두 가지로써 초등학교 교사를 배양하는 것을 주된 임무로 하고 있다.

에 음악교사가 1명밖에 되지 않는 실정이다. 이는 음악교사의 양성과 배치가 시급한 시점에 처해 있다는 것을 역설한다.

3. 학생의 응답(부록 1-5)

길림성 내의 장춘, 연길, 훈춘, 왕청 등 네 개 도시의 총 11개 조선족 초·중학교에 설문지를 배부하여 조사하였는데 그 중 도시 학교 재학생은 52.93%를 차지하고 현 소재지 학교 5.69%, 진 소재지 학교 24.08%, 농촌지역 학교 8.34%를 차지하였다. 그들 중 초등학교 저학년(1-2)은 5.61%, 중학년(3-4)은 9.66%, 고학년(5-6)은 38.50%이며, 중학교 1학년은 13.64%, 2학년 13.80%, 3학년 11.85%이었다. 그리고 남녀 학생의 비율은 남학생 47.39%, 여학생 52.14%이었다.

출신 유치원별로 보면 도시 유치원에 다녔던 학생이 41.23%, 현-진 소재지 유치원 31.25%, 농촌 유치원 19.72%이었으며, 유치원에 다니지 않았다는 학생이 3.12%이었다.

중학생들의 출신 초등학교는 도시 초등학교를 다녔다는 학생이 39.83%이고 현-진 소재지 초등학교는 32.58%이며, 농촌지역 초등학교는 17.93%로 분석되었다.

제2절 조선족 음악교육의 개선 방향에 관한 논의

중국의 교육과정 개정 주기는 약 10년 정도로 볼 수 있다. 1949년 건국 이후로부터 지금까지 50여 년 동안 중국의 교육과정은 일곱 차례에 걸쳐 전면적인 개정을 실시하였다. 하지만 이미 제정 발표된 교육과정에 대한 부분적인 조정이 진행되는 경우가 많았기 때문에 제1차, 2차와 같은 호칭은 사용하지 않고 있다. 특히 중국의 교육과정 개정은 주기적이라기보다는 중국 사회의 변화 수요에 따라 수시로 개정이 이루어지는 형식을 채택하고 있다. 그러나 1980년대 개혁개방 이후 중국의 교육과정 개정은 10년을 단위로 개정되는 양상을 보이고 있다.

중국 음악교육과정은 「기초교육과정개혁요강(시행)」의 규정에 따라 국가, 지방, 학교의 3급 과정 관리를 실행하며 국가의 과정 이외에 지방과 학교들에서는 당시의 인문지리 환경과 민족문화 전통과 결부하여 지구, 민족과 학교의 특색을 띤 음악교육과정을 개발해야 한다고 명시하고 있다.

그리고 중국의 조선족 초등학교와 초급 중학교의 9년제 의무교육에서 음악교육은 「음악과정 표준」이라는 교육과정에 준하여 이루어지고 있다. 즉 2004년도부터 초·중학교 교육과정을 통합한 음악과교육 교수·학습 방법에 의하여 음악교육을 실시해 오고 있는 것이다.

차기 교육과정을 개정할 때에 참고해야 할 내용을 위의 설문 조사의 결과와 연구자의 견해를 종합하여 다음과 같이 제시하고자 한다.

1. 내용적 측면

1) 교육과정의 개선

(1) 교육과정의 정신 및 교육과정 개발팀 구성의 합리화

음악과 교육과정은 음악과 교육목표를 설정하는 것이다. 교육목표에 따라 교육 내용의 선정, 교수·학습 방법, 평가 방법의 준거 문제가 결정된다. 따라서 음악과의 성격과 특성에 맞는 교육목표의 설정, 설정된 교육목표를 바탕으로 하위목표 간의 일관성, 교육목표의 초·중학교 급별 간의 일관성과 계열성 등을 고려하여 음악과의 목표를 설정할 것이 요구된다. '왜' 학교에서 음악을 가르쳐야 하는가 하는 음악교육의 철학적 고찰을 통하여 학교 내 음악교육의 필요성을 반영하여 음악과 교육과정 목표를 설정해야 한다. 이에 따라 어떠한 음악적 내용을 선정하고, 어떻게 조직할 것인가가 결정되기 때문이다.

현재 연변교육출판사 미음체 편집실에서 몇몇 소수의 실무자로 편집진을 구성하여 제정하고 있는 제도를 확대 개편하여야 한다. 전문가와 현장 교사가 다양한 형식으로 개입하여 실제 문제를 반영할 수 있도록 편집·감독 체계를 수정해야 할 것이다.

음악교육과정의 총론 부분은 교육학자와 음악교육 전문가로 구성된 총론 개발팀을 구성하여 연구 개발-심의-적용-공청회 등의 절차를 거쳐 확정하여야 한다. 학교 '음악과정 표준', 즉 각론 부분은 음악교육 전문가, 음악가, 작곡가, 작사자, 우수한 현직 학교 음악교사 등으로 연구진-집필진-심의 진영 등을 조직하여 편찬하도록 해야 한다.

또한 교과의 교육과정 심의위원회 대표들로 구성하여 학교교육의 본질에 합당하고 현대적 요구에 부응하는 교육과정을 개발하도록 해야 할 것이다.[79]

교사 설문지의 두 번째 조항의 세 번째 문항 '현행 음악과정 표준은 어떤 교육이념에 맞게 개정되었는가?'에 대한 응답에서 '기본은 중국, 정신은 조선족에 맞게'라는 문항이 제일 많이 나타나서 56%인 28명이고 '조선족 민족음악의 특성에 맞게'라는 문항이 두 번째로 26%인 13명이며 '중국 특성에만 맞게'라는 문항이 세 번째로 12%인 6명으로 나타났으며 기타가 6%인 3명으로 분석되었다. 교육과정에 대해서 5년에 한 번씩 바꾸기를 바라는 교사의 비율이 제일 많은 것으로 보아 교사들은 음악교육과정 표준이 단 기간 내에 실현을 통하여 교훈을 섭취하고 제 때에 수정해 주기를 바란다고 해석할 수 있다.

음악교육과정의 편성 작업에 대해서는 '현직 교사, 음악교육 전문가'의 비율이 제일 많아 음악교육과정이 현지에서 근무하고 있는 진정 음악을 즐기고 연구하는 현직 교사 그리고 음악교육 전문가의 입장에서 편성한 음악교육과정으로 개선되기를 바라는 것을 알 수 있었다.(부록1-4)

(2) 포괄적이고 연계성 있는 교육과정으로 개선

초등학교 6개 학년과 중학교 3개 학년을 각각 하나로 묶어 일관성 있

---

79 이홍수, 「중등학교 음악교육 50년 반성과 전망」, 『한국교원대학교 개교 20주년 학술 심포지엄, 2004』, 661쪽.

고, 포괄적이고, 연계성을 가지도록 교육과정을 새롭게 구성하여야 한
다. 음악과 내용 구성에 있어서의 필수 학습 요소는 활동을 중심으로,
학습량을 최적화하여 선정하고 그 수준과 범위를 적정화하도록 하며,
학습자의 관심, 흥미, 필요, 요구와 시대적, 문화적 필요를 조화롭게 반
영하여 학습자 중심의 교육과정을 구성할 필요가 있다. 설문지 분석 결
과에서 음악교육과정 표준은 초등학교와 중학교 분리되어 편찬하는 것
이 바람직하다는 견해가 높은 비율(58%)을 차지하고 있음을 참고해야
할 것이다.(부록 1-4 참조)

(3) 교육과정의 학습량과 내용에 대한 통합 구성

현재 초등학교 6개년, 초급중학 3개년으로 되어 있는 음악 지도 내용
을 통합하여 9학년제로 제정한 제도를 개편할 때에 목차 및 내용 구성
을 개편하여야 한다.

현재 51쪽의 서술 내용으로 되어 있는 많은 분량을 축소하여야 하고,
구체적인 사항은 교수용 참고서에서 다루도록 해야 한다. 따라서 현재
교육과정 목차 구성을 1) 음악과 교육과정의 성격, 2) 교육과정의 목표
구성 3) 교육과정의 내용 구성, 4) 교수-학습 방법, 5) 평가방법 등으로
나누고 하위 목차를 구성하여 간결하게 작성해야 할 것이다.

설문지의 두 번째 조항 '음악과정 표준'에 관한 문항 5, 6, 7, 8, 9번의
응답 결과를 정리하면 [도표 10-11]과 같다. 평균치 비교에서 볼 수 있
는 바, 교사들의 응답은 거의 다 3점 '보통이다'와 비슷하다. 이것은 음
악교육과정 표준이 보통 정도로 우리 교육에 적합하다는 것으로 반영된
다. 그러나 필자는 중국의 교사들이 대체적으로 비판적인 견해를 노출

하기를 꺼려한다는 점을 고려할 때 이러한 응답이 '과정 표준과 내용 면에서 부단한 개선과 발전이 필요하다'는 교사들의 마음의 소리를 반영한 것이라고 해석하며, 그러므로 앞으로 우리 민족교육에 맞는, 민족적 특색이 있는 음악과 교육과정 내용으로 개선해야 한다고 주장한다.

[도표-10] 교사설문지: 조선족 학교 '음악과정 표준'의 적합성 분석(부록1-4)

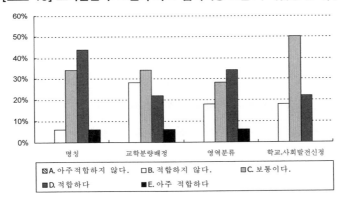

[도표-11] 교사설문지: '음악과정 표준'의 적합성에 대한 평균치 비교(부록1-4)

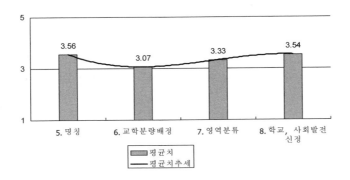

(4) 음악교과 목표의 명확한 제시

음악과 교육과정을 통하여 문제 해결 능력과 창의성을 기르도록 해야 한다. 음악과의 교수·학습 방법은 통합적이고 활동 중심으로 이루어져야 하며, 그 과정을 통하여 학생 스스로 실천적·창의적이고, 일관성 있게 해결하는 능력을 기르게 된다. 음악적 창의성은 창조적 사고를 바탕으로 하는 바, 학생 스스로 음악을 해석하여 창의적으로 표현하며 연주하고, 음악을 만들고, 음악을 분석하며 들을 수 있는 능력을 기르게 한다.[80]

현재 음악교재에는 가창과 기악, 감상과 창작으로 학생들을 계발하여 창조성적으로 예술표현을 진행해야 한다고 제시하고 있다. 그러나 많은 학생들이 음악 기초이론을 알고, 노래를 부르고, 악기를 연주하는 음악적 기술을 갖고 있으나, 음악의 특징을 감지하여 듣는 능력이나 음악을 만드는 능력은 소수의 학생만이 가능하다고 생각된다.

그리고 음악과 교육과정 표준의 기본 이념에서는 "음악적인 창조를 하도록 고무해 주어야 한다."[81]고 제시하였다. 현행 음악과정 표준과 관련하여 '읽어 본 횟수가 적다'는 음악교사가 18%로서 9명이고 '보통이다'도 역시 18%인 9명, '읽어 보았다'가 44%로 22명을 차지하여 제일 많고 '읽어 보면서 연구하였다'는 12%인 6명밖에 되하지 않았다. 여기서 음악과정 표준을 읽어 본 음악교사는 많지만 그것을 연구해 본 교사는 상당히 적다는 것을 알 수 있다. 이처럼 학생들에 대한 문제 해결

---

80 석문주, 앞의 책, 68쪽.
81 『음악과정표준』, 앞의 책, 7쪽.

력과 창의성 신장을 위한 교육과정도 음악교사들에게는 중시되지 않고 있는 것으로 보인다. 따라서 학생들이 감상과 창작 활동을 통하여 음악을 듣고, 구별하고, 분석할 수 있는 자신의 작품을 만들어 연주함으로써 자기 주도적·창조적 학습 능력을 기르도록 해야 한다.

(5) 수업 시간 배당의 개선

현재 조선족 학교의 음악과는 교과 내용을 지도하는 데 필요한 수업 시간을 충분히 확보하지 못하여 교과로서의 기능을 상실한 상태에 있다. 음악과는 한낱 기능의 교과나 오락 교과, 사치스런 장식의 교과가 아니라, 인간의 온전한 성숙과 행복하고 풍요로운 삶에 기본이 되는 교과이므로 음악의 미적 경험을 통해 개인의 행복한 삶에 필수가 되는 고귀한 정신과 풍부한 정서를 갖추게 하고, 사회적 삶 속에서 추구되어야 할 가치와 질 높은 문화 취향, 다양하고 품위 있는 여가 생활에 견고한 기반을 제공하는 교과이며, 더 나아가 심미성과 휴머니즘, 상상력과 창의력을 길러 주는 교과가 되도록 해야 한다.[82]

그러므로 음악교과에 대해 학교 단위에서는 올바른 인식을 갖고 음악과 수업 시수를 교과의 목표를 달성할 수 있는 수준으로 잘 배정하여야 한다. 또한 현재 배정되고 있는 음악수업 시간이라도 최대한 보장하여야 한다.

학습 기준에서도 선진국들과 같이 포괄적인 교육과정이 되어야 한다. 중학교 선택교과에서 단지 음악 감상에만 지우치는 것으로부터 밴드,

---

82 이홍수, 앞의 책, 662쪽.

오케스트라, 합창 그리고 미술, 드라마, 무용과 함께 예술 선택 교과로
되어야 할 것이다.

설문지 분석결과(표-20)에 나타난 바와 같이 학교 음악 공부의 중요
지도자는 학교 음악 교사이며, 제일 많이 사용하는 교재는 음악교과서
이고, 수업 시간에는 성악영역을 많이 공부하기를 바라고, 한 주일의 음
악시간 수는 대체로 1시간 정도로 더 늘리기를 원하며, 음악 평가는 성
악 시험으로 하자는 의견이 제일 많았으며, 앞으로의 음악 시험은 여러
영역을 종합한 시험으로 보는 것이 바람직하다고 답하였다.

<표-20> 학생설문지 '학교음악공부'에 대한 분석(부록1-10)

음악공부는 누가?	담임선생님	학교 음악선생님	외부 음악선생님	기타
	5.07%	85.50%	1.79%	5.69%
음악공부는 1주일에 몇 시간?	1시간	2시간	3시간	기타
	50.97%	21.20%	0.94%	7.87%
음악시간에 무슨 책을 사용?	음악교과서	음악참고서	선생님이 만든 음악책	기타
	85.11%	2.73%	3.20%	4.75%
무슨 영역의 공부를 많이 합니까?	가창	기악	감상	이론
	50.66%	6.47%	29.46%	8.42%
무슨 영역의 공부를 많이 해야 합니까?	성악	기악	감상	이론
	40.22%	12.39%	29.46%	7.64%
성악지도 때 무슨 악기를 많이 사용?	피아노	전자풍금	손풍금	민족 악기. 기타
	7.33%	70.85%	10.44%	4.68%
음악시험은 어떤 영역을 많이 봅니까?	성악	기악	이론	종합예술표현
	34.14%	19.64%	15.90%	24.55%

음악시험은 어떻게 평가?	여러 영역 고르게	실기시험만	노래하기만	악기다루기만	종합예술 표현으로만
	26.11%	17.85%	14.58%	6.00%	28.22%

2) 교과서의 개선

(1) 초·중학교의 학년별 교과서 편찬

중국의 조선족 초등학교와 초급 중학교의 9년제 의무교육의 음악교과서는 '의무교육 조선족 학교 교과서 음악 0학년 상권'이란 명칭으로 편찬하였다. 이 교과서는 초등학교와 중학교를 1학년부터 9학년까지 1개 학년을 두 학기 상-하권으로 모두 18권을 발행 활용해 오고 있다. 따라서 차기 교과서를 편찬할 때는 다음 사항을 참고할 것을 제안한다.

우선 교사 설문지의 셋째 조항 일반적인 문항에 대해서 분석한 결과 셋째 조항의 둘째 문항인 음악 교과서의 개정에 대한 의견은 학년별로 편찬하는 것이 많이 나와 각각 58%인 29명으로 나타났고 그 외 학기별로 편찬하는 것은 이보다는 적은 30%인 15명으로 나타났다. 절반 이상의 음악교사는 음악교과서의 개정은 학년별로 편찬하여야 한다는 것으로 인식하고 있다.

또 학생 설문지(부록 1-11)의 셋째 조항의 둘째 문항 음악 교과서에 대한 의견에서 학생 총수의 52.92%가 '학년별 합본 교과서'로 편찬을 가장 많이 선호하고 있고, 다음으로 학생 총수의 39.44%가 '학기별 교과서'라고 인식하고 있다. 이것은 음악교사 설문지에서 조사된 것과 같은 결과이다. 음악교사와 학생들은 모두 학년별 합본 교과서를 편찬하는 것을 선호하고 있는 것으로 확인되었다.

그러므로 9개 학년용 18권의 음악교과서 편찬의 번잡스러움을 줄여 1개 학년의 두 학기용을 1권으로 합본하여 편찬하여야 한다. 그래야 출판 비용을 절약하고, 과중한 분량의 학습 내용을 줄일 수 있을 것이다.

<표-21> 교사설문지: 음악교과서 일반적인 사항의 설문지 분석(부록 1-5)

음악교과서는 몇 년에 한번 씩 바꾸는 것이 합당한가?			
	5년		10년
음악교과서	74%(37)		14%(7)
음악교과서를 개정한다면?			
	학기별		학년별
음악교과서	30%(15)		58%(29)
음악교과서와 교수참고서의 편찬 작업에 대하여?			
	교육과정행정담당자	대학교수	행정담당자, 대학교수	현직교사, 음악교육전문가
음악교과서	22%(11)	4%(2)	10%(5)	74%(37)

(2) 교과서 편찬 제도 및 체제 개선

연변교육출판사 미음체 편집실에서 소수 인원이 편찬하는 편찬진영 구성을 교육과정(음악과정 표준) 제정 참여자 구성과 같이 다양한 전문가들이 많이 참여하게 하여야 한다. 즉 연구진-집필진-심의진영 등을 구성하여 편찬하여야 한다. 또 편찬-발행 기간을 충분히 확보하여 실험용 교과서를 집필하여 적용-실험-수정의 절차를 밟아야 한다.

교과서의 규격은 현행대로 하고 학년별 내용은 학습량을 고려하여 현행보다 줄여야 한다. 그리고 지질을 개선하고 삽화와 사진 등을 보다 참신하게 바꾸어야 한다.

아래 설문지 응답의 분석 결과에 나타난 바와 같이 음악 교과서의 개정 시기는 5년 주기, 교과서 제정 및 개발팀은 현직 교사와 음악교육 전문가가 공동으로 하는 것을 가장 선호하는 것으로 확인되었으며 이상과 같은 방향으로 개선되어야 한다고 본다.

<표-21>에 근거한 교사 설문지 셋째 조항의 음악 교과서에 대한 분석을 보면 음악 교과서는 '5년에 한번 씩 바꿔야 한다'가 74%로 가장 많은 비율을 나타내는 것으로 보아 음악교사들은 음악 교과서에 대한 개편은 비교적 짧은 기간 내에 이루어져야 한다는 대부분의 요구를 드러냈다고 볼 수 있다. 교사 설문지의 음악 교과서 편찬 인원에 대한 의견에서는 현직 교사와 음악교육 전문가의 비율이 제일 높은 것으로 이는 음악 교수의 실제를 제대로 반영하고 실제 문제를 해결할 수 있는 능력 구비를 전제로 하기 때문이라고 본다.

(3) 교과서 단원의 내용 편성 개선

학습량을 고려하여 학년별 단원 수를 현행보다 줄이고, 학습량이 많아 부담스러운 보충 가요 부분을 삭제하여야 한다고 본다. 단원별 영역 비중을 가창곡 위주로 편성하되 기악, 감상, 이론(상식)을 부담이 되지 않는 비중으로 줄여야 한다.

서양음악 영역은 이론이나 실기, 역사 등이 차례로 서술되어 있어 공부하는 학생들이 쉽게 이해하고 받아들일 수 있지만, 민족전통음악은 이론, 감상, 실기 등이 연관성 없이 산만하게 삽입되어 전통음악의 구성을 이해하는 데 많은 어려움이 있다. 따라서 서양음악의 수업 내용과 방법을 참조하여 우리 민요 및 전통음악에 대한 이론, 리듬 형태 등을 체계적으로 수록함으로써 학생들로 하여금 기본개념에서 체계에 이르기까지 구체적이고도 알기 쉽게 이해하도록 교과서를 개선해야 한다.

예를 들어, 표현영역에서 가창 부분은 여러 지방 민요를 골고루 접할 수 있도록 하되 민요의 이름을 지방에 따라 명확히 제시하여야 한다. 즉 민요는 통속 민요와 토속 민요를 구분하여 표시한다. 예를 들면 '진도아리랑'은 전라도 민요로, '밀양아리랑'은 경기도 민요로 제시하여야 한다.

기악 부분에서 장구 장단은 실제적인 학습 활동이 되도록 개편해야 하며, 학년이 올라갈수록 여러 종류의 타악기와 가락악기를 접할 수 있도록 하여야 한다.

감상영역은 전통음악을 폭 넓게 이해하는 것이 가장 좋으므로 일상생활에서 쉽게 접할 수 있는 곡과 다양한 장르의 곡들을 골고루 포함하여 교과서에 체계적으로 수록해야 한다.

설문지 분석 결과에 나타난 바와 같이 음악 교과서는 규격과 분량, 내용 수준 등 면에서 보통 정도로 적합[83]한 것으로, 반드시 학생들의 연령과 특징-애호, 흥취, 심리에 맞게끔 개선되어야 한다.

학생 설문지의 셋째 조항의 1, 3, 4, 5번째 문항을 평균치를 비교하는 방법을 사용하여 비교 분석해 보면서 학생들이 현행 음악 교과서에 대한 평가를 조사해 보았다. 도-12에서 볼 수 있는 바, 현행 음악교과서는 어려운 정도가 2.31로 3점 이하이므로 '쉽다'의 범위에 속하고 분량은 2.51로서 '적다'의 범위에 속하며 꾸밈 정도는 2.56으로서 '꾸미지 못했

[83] 적합성 정도를 분석하기 위하여 평균치를 구하는 방법을 사용하였다. '3. 보통이다'를 기준치로 하여 3점을 넘으면 적합하다는 범위에 속하고 3점을 넘지 못하면 적합하지 못한 범위에 속한다.

다'는 범위에 속한다.(도표 12, 13 참조)

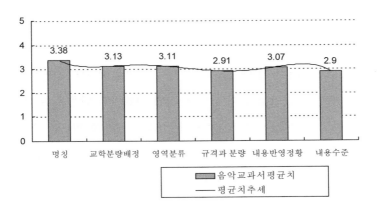

[도표-12] 교사설문지: 음악 교과서 적합성 분석(부록1-5)

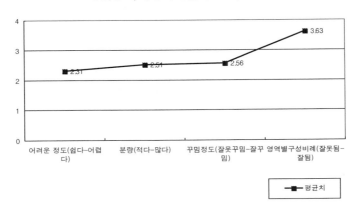

[도표-13] 학생설문지: 음악교과서의 분량, 난이도, 꾸밈정도, 구성비 평균치 분석(부록1-11)

또한 학생들이 새로운 것에 대하여 느끼는 호기심에 근거하여 음악 교과서는 부단히 새로운 내용으로 꾸며져야 한다. 그러나 교재의 분석 (표-22)에 의하면 새 교재의 내용은 거의 80% 정도가 구교재 내용을 그대로 재인용한 것으로 분석되었다.

초등학교 교재 가창곡 120곡과 보충 가요 60곡, 총 180곡 중에서 74. 44%인 134곡이 구교재 내용 그대로 사용되는 것으로 분석되었다.

현행 교과서의 내용 적합성과 분량, 난이도, 꾸밈 정도, 구성 비례평균치 등에 대한 응답자들의 반응은 대체로 50% 이상이어서 비교적 긍정적인 것으로 나타나 있지만, 이는 교사와 학생들이 보다 이상적인 교과서를 본 경험이 없어서 현재 상태에 대해 비판적인 반응을 보이지 않고 있을 뿐이지 개선의 여지가 없기 때문이라고 해석해서는 안 될 것이다. 현행 교과서의 내용을 대한민국, 일본, 미국, 독일 등에서 현재 사용하는 내용과 비교해 보면 특히 내용의 적합성 부문에 개선의 여지가 많은 것이 현실이다.

형행 교과서에 구교재의 내용이 그대로 사용된 것이 74%를 차지한다는 것은 그만큼 교재 곡 선정에 새로운 시대적 사회적 변화와 요구에 대응하지 못하고 있음을 뜻하므로 보다 과감하게 개편해야 할 것이다.

<표-22> 음악 교과서 내용(가요 부분) 비교 분석

학년 단원	제1학기 가요 제목		제2학기 가요 제목	
	구교재	신교재	구교재	신교재
1	오성붉은기	오성붉은기	새봄이 와요	뻐꾸기
2	꽃이슬	손벽을 칩시다	할미꽃	할미꽃
3	꼭꼭 숨어라	애기별이 반짝	송아지	무슨 노래 부르니
4	그네 뛰기	딸랑강아지	무슨 노래 부르니	개미
5	손뼉치기	착한 아이 되고 싶어요	개미	꽃이슬

6	애기별이 반짝	꼭꼭 숨어라	시계	그네뛰기
7	발자국	엄마 사랑	살림이 늘어간다 기뻐해요	시계
8	겨울밤	함박눈	꽃사슴	꽃사슴
9	설날이 왔어요	겨울밤	호박꽃	성실 해야죠
10	함박눈	설날이 왔어요	탑식기중기	살림이 늘어간다 기뻐해요
보충1	고추잠자리	고추잠자리	봄맞이	새봄이 와요
2	알락고양이	사시절	성실 해야죠	봄맞이
3	딸랑고양이	발자국	기럭기럭 기러기야	개구리
4	사시절	그 버릇 고치려무나	그 버릇 고치려무나	다 함께 노래합시다
5	착한 아이 되고 싶어요	어디서 살가	종다리	호박꽃

*회색 부분은 앞의 구교재에서 제시되었던 곡이다

(4) 교재에 민족무용 관련 내용 특설

민족음악교육은 다만 과거의 음악을 보존하기 위하여 학생들에게 전수시켜 주는 교육이 아니다. 우리 민족의 고유한 예술 문화를 위해서 민족 음악문화의 창조적 변화와 발전을 위해서 학생들이 인식하도록 해주는 것이야 말로 민족예술의 창조적 발전을 위한 가장 필수적인 바탕이 될 것이다.

이에 무용이 포함된 음악교재도 편찬되어야 한다. 현행 음악교재에 전통문화를 내용으로 한 과목이 33.69%를 점하여 민족문화 자질 교육을 진행하는 데 아주 유리한 조건을 마련해 주고 있지만, 한때 선을 보이던 무용 교재[84]는 과정 설치의 제한으로 자취를 감추어 큰 유감을 가지게 한다. 조선민족의 우수한 전통적 무용을 음악교재에 재현시키고 일정한 비례로 무용교수 시간을 규정한다면 학생들이 전통적인 무용 지식과 기능을 신장할 수 있다. 때로는 음악교수와 무용 교재를 결부할 수도 있다. 예를 들어, 민요 '풍년가'를 지도했다면 그 곡에 맞춰 조선민족의 전통무용을 가르칠 수 있다. 이렇게 되면 노래를 잘 부르고 춤을 잘 추는 조선족의 전통을 계승시킬 수 있을 것이다.

(5) 교사용 지도서의 개선

연변교육출판사 미음체 편집실에서 소수 인원이 편찬하는 편찬진영 구성 외에 전문가와 현장 음악교사의 의견을 제대로 수렴하고 교과서에 반영할 수 있도록 정기적인 연구 모임을 갖거나 편찬고문위원회를 따로 설정하여 이들 음악교육 전문가와 교사를 교과서 편찬에 적극 참여할 수 있는 여건을 마련해야 한다.

① 초·중학교 학년별 교사용 지도서(교수참고서)

음악과 교수학습 지도에서는 지식 주입의 수업보다는 '음악하기'를 강조하며 학습 결과보다는 학습과정을 중시해야 한다. 의미 있는 음악학습을 위하여 학생들의 직접적인 참여를 통한 음악적 경험을 강조하는 학습과정과 학습내용이 중심으로 되는 활동형태로 제시해야 하는 것이다. 그리고 교육과정을 기초로 한 이해와 활동의 통합을 중시하여 구성하며, 음악 개념은 다양한 음악 활동을 통해 습득되고, 음악 활동을 하

---

84 의무교육소학교 『무용교과서』1학년용(시용), 중국: 동북조선민족교육출판사발행, 1991.

기 위해서는 음악 개념의 이해를 바탕으로 할 수 있는 통합적이고 구체
적인 방법으로 편찬되어야 한다.

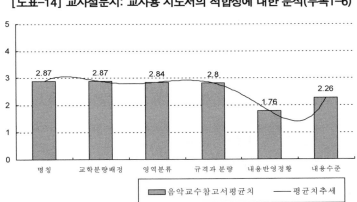

[도표-14] 교사설문지: 교사용 지도서의 적합성에 대한 분석(부록1-6)

② 교사의 이해를 높일 수 있는 참고서

수업의 과정과 방법은 다양하고 구체적으로 제시되어야 하며 다양한
교수-학습 방법과 이를 위한 구체적인 사례를 제시하여야 한다. 학생의
능력에 따라 적용할 수 있는 개별 학습과 소집단별로 실시하는 협동 학
습 등을 구체적으로 제시하여야 한다. 그리고 다양한 교수·학습활동을
통하여 미적 경험을 신장시킬 수 있는 내용을 제시하여야 한다.

학생 스스로 활동을 구성하고, 학생의 음악적 능력과 적성에 따라 활
동을 선택할 수 있는 교수·학습 방법과 활동을 제시하여야 한다. 단순
한 음악상식이나 음악 활동을 나열하는 것이 아닌 실제 수업에서 활용
할 수 있는 풍부한 교수·학습 자료를 제공하여야 한다. 예를 들면 현장
교사들이 작성하는 우수한 교수·학습 방법을 선별하여 교수 참고서에

삽입하여 단원별 지도 내용에 삽입할 수도 있다. 이는 학습 활동을 유도, 자극하는 유형으로 만들도록 한다.

　도입, 전개, 정리의 과정이 효과적으로 이루어질 수 있도록 학습 목표에 따라 창의적인 학습과정을 도입하도록 한다. 특히 학생들이 생각하고 활동하게 하는 탐구의 과정과 활동을 강조하여 제시하며 이를 위하여 학습의 내용을 축소하여야 한다.[85] 또한 단원별에 따라 평가 관점, 평가 방법, 평가 도구를 제시할 필요가 있다.

　③ 교사들이 활용하기 편한 참고서

　단원 간의 균형을 적절하게 유지하고 불필요한 내용의 중복이 없도록 구성해야 한다. 단순한 반복활동이 아닌 음악적 능력이 실질적으로 신장되는 방법이 분명하게 드러나도록 구성하고, 실천적인 음악과 교수-학습과정이 이루어질 수 있도록 구성한다. 교사의 교재 연구와 수업 방법 개선에 도움이 되고 활용하기 용이하게 구성해야 한다. 또한 풍부한 보충 자료를 제시하고 교과서에서 제시된 내용과 관련된 내용 해설 그리고 이에 도움이 되는 참고자료를 제시하도록 한다.

---

85 석문주, 앞의 책, 85쪽.

2. 방법적 측면

1) 교수 방법의 개선 방향

(1) 교수 방법의 활성화 제안

새 「음악과정 표준」을 바탕으로 교사들은 음악교육 내용 요소와 음악 활동 체계를 잘 연구해서 학생들에게 쉽게 가르칠 수 있는 방법을 개발하여야 하며, 더욱 좋은 음악수업을 원만하게 지도할 수 있는 능력을 갖추도록 하여야 한다. 따라서 변화하는 시대에 발맞추는 새로운 음악교육의 방식을 모색하고, 특별한 재능을 필요로 하는 전문적인 교육이라기보다는 우리 문화에 대한 기본적인 음악교육이라는 관점 하에서 이루어져야 한다.

특히 서양음악이 거의 모든 주류를 이루는 우리의 교육 현실 속에서 우리 민족음악의 자주성 회복과 합리적이고 과학적인 교육 방법을 바르게 알고 표현하며 감상하는 민족음악교육의 방안 모색이 절실히 요구되며 이에 대한 보다 많은 연구와 노력이 필요하다고 생각한다. 이에 효율적인 음악수업을 위한 몇 가지 방법을 모색하여야 한다.

학교 음악과 교육의 교수 방법에서 활성화를 위한 제안을 위하여 설문지 분석을 통하여 학생들이 취미를 확인해 보았다. 설문지 분석 결과에 나타난 바와 같이 학생들이 제일 좋아하는 악기는 피아노이지만 학교수업에서 피아노 악기로 수업을 하는 학교가 아주 적었다. 이것은 우리의 학교 현장 상황을 잘 반영하고 있다.

학생 설문지의 "음악교과 공부는 전체 교과 중 몇 번째 정도로 좋아합니까?"의 문항을 보면 음악교과를 전체 공부 중의 1, 2, 3번째로 생각하는 학생 수가 제일 많은데 음악교사들의 반응에 의하면 학교에서는 음악교육을 중시하지 않는다고 한다. 이것은 아직도 초·중학교에서의 음악교육은 학생들의 전면적인 발전을 고려하지 않고 응시교육을 진행하고 있다는 분석 결과이다.

그리고 학생들이 가장 좋아하는 노래는 현대가요를 포함한 기타 노래이며, 좋아하는 음악가로는 외국의 음악가가 제일 많은 것으로 분석되었는데 이런 학생들의 취미와 애호에 맞게 교수–학습 과정이 진행되어야 하는 것이 바람직할 것이다.

<표-23> 학생설문지 '좋아하는 것에 대하여'의 분석(부록1-9)

음악교과의 전체 교과 중 몇 번째?	1,2,3위	4.5.6위	7.8.9위	10,11,12위	
	40.76%	29.46%	13.56%	10.91%	
음악수업중 제일 좋은 영역?	가요부분	기악부분	음악 감상	음악활동	기타
	18.24%	13.56%	47.93%	9.43%	7.64%
가장 좋아하는 악기?	피아노	손풍금	전자풍금	민족 악기	기타
	46.30%	7.56%	11.07%	11.77%	22.68%
가장 좋아하는 노래는?	교가 또는 국가	동요	민요	외국동요	기타(현대가요)
	20.42%	20.19%	9.20%	13.95%	33.44%
좋아하는 음악가?	중국	우리 민족	서양	기타(현대가수)	
	27.05%	29.31%	32.27%	15.20%	
미래 되고 싶은 사람?	성악가	연주가	무용가	음악선생님	기타
	14.81%	9.66%	5.53%	14.26%	48.71%

(2) 교구–설비의 확보 및 개선

학교 수업의 방법이 다각적인 접근에 의하여 이루어져야 한다는 것은 현대 교육학, 특히 교육공학적인 측면에서 매우 강하게 주장되고 있다. 따라서 기존에 학교교육에서 많이 사용되던 음향매체, 영상매체, 컴퓨터 등에 대한 교육적 관심이 크게 고조되면서, 조선족 음악교육에서도 이러한 경향이 조금씩 반영되고 있다. 인쇄된 자료는 물론 오디오 자료, 비디오 자료, 컴퓨터 등을 학교 현장 수업에 활용하고자 하는 노력이 많이 일고 있다.

그러나 대부분의 조선족 학교에는 음악실이 따로 배치되지 않는다. 일반 교실에서 교사가 손풍금, 전자풍금 등 간단한 악기를 들고 와 노래를 가르치는 수준이다. 음악 감상도 고급 음향기기가 아니라 소형 휴대용 녹음기를 사용하는 실정이다.

음악과 교육과정에서 실기교육을 지향한다지만 학생들은 학교에서 단소, 구풍금口風琴(입으로 부는 풍금)을 배우는 것이 고작이다. 일부 부유층 어린이들이 특기과목으로 바이올린, 피아노 등을 배우지만 플루트 등 특정 악기를 배우는 학생들은 아주 드물다. 결국 일반 학생들은 조악한 수준의 기자재와 시설을 갖춘 학교에서 원초적 수준의 음악교육을 받고 있는 셈이다.

음악과는 음악실의 유무와 악기, 음향기기, 컴퓨터, 음반 등의 수량과 질이 교수·학습의 성과에 결정적인 영향을 끼친다. 그리고 그러한 시설 설비는 재정의 뒷받침 없이는 마련될 수 없기 때문에 구비와 활용이 제도적으로 보장되지 않는 한 음악교사의 힘으로서는 확보하기 어려운 것이다.[86]

분석 <표-23>에 의하면 학생들이 가장 좋아하는 영역은 음악 감상영역이고 음악교사들이 사용하는 악기 중에서 전자풍금이 다른 악기들과 비교할 때 매우 높은 비율을 차지했다. 또한 음악교사들의 응답에 의하면 학교 내의 음향 설비가 많이 부족하다는 것이 확인되었다. 음향 설비가 따라가야만 학생들이 제일 좋아하는 감상영역의 수업을 진행할 수 있으므로, 학생들의 흥미를 불러일으켜 음악 공부에 대한 열정을 표현할 수 있도록 하는 방향으로 개선되어야 할 것이다.

2) 교사 교육 체계의 개선 방향

현 상황에서 음악교사 양성을 위한 대학 음악교육과의 교육과정의 문제점들은 반드시 일련의 개혁을 통해 근본적으로 개선되어야 한다고 본다. 이에 아래에서는 현재 초·중학교 현장에 실질적으로 유용한 대학 음악교육학과 교육과정이 되도록 구체적인 개선 방안을 제시하였다.

(1) 창의적인 교육과정 개선문제

대학 음악교육학과의 교육과정에서 창의적인 교육과정은 매우 중요하다. 교사 양성 대학에서는 덕성과 소양, 그리고 기능을 갖춘 음악교사를 양성하기 위해 끊임없는 도전과 창의적 노력을 기울여 왔지만 교육과정이라는 제도적 틀에서 벗어나기 어렵다. 음악교육학과의 교육과정이 이수하는 개인에 따라 서로 다른 측면도 있으나, 명백한 한계성을 지

---

86 이홍수, 앞의 책, 663-664쪽.

니기 때문에 실질적이고 창의적인 교육과정 개발이야말로 질 높은 학교 음악교육을 실천하고 공헌할 수 있는 유능한 음악교사를 양성해 내는 제도적 장치이다.

학문적이고 정립된 지식과 정보를 이해하고 파악하여, 외형만 보면서 행위만 하고 지나가는 방식의 지식과 기능 교육의 지도에서 벗어나 사실, 정보, 지식으로부터 원리를 탐색·탐구하여 새롭게 시도·창조하는 교육으로 나아가야 한다. 따라서 음악교육학과의 교육과정은 교과교육을 담당할 음악교사들이 교과전체를 능숙하게 지도할 수 있는 창의적인 교육과정으로 구상되어야 할 것이다.

(2) 교육 내용의 분화 및 전문화 과정 설치

음악교육학과 교육과정은 연주자를 희망하는 학생, 학자가 되기를 원하는 학생, 교사가 되고자 하는 학생을 충분히 고려하여 그 특수성을 살려 교육과정을 운영하여야 한다. 전통적인 통념을 하루속히 버리고 음악 교육자를 길러내는 교육과정의 특징에 맞도록 교육의 분화 및 전문화가 요청된다.

교육학과에서 주관하는 교육학, 교육심리학 등의 교과목은 교사의 이상과 사명의식을 정립시켜는 주겠지만 음악교육에 대한 구체적인 접근에는 미흡한 실정이라고 지적하며, 교직과목 이수를 통해서는 후세들의 음악적 심성을 형성하는 막중한 역할을 수행할 훌륭한 음악교사를 기대하기 어렵다. 따라서 음악교육학과에서의 교직과정은 기초이론에 있어서는 음악교육 철학과 음악교육론, 응용이론에는 음악교육과정 연구, 음악교육 방법론을 비롯하여 음악교육에 구체적이고 실제적으로 도움이 될 만한 과목을 제공하여야 하는 것이다.

한국의 경우(예컨대 한국교원대학교의 경우), 교원자격증의 취득을 위해서는 음악교육론과 음악교수법, 교과교재 연구 및 지도법 등의 과목을 반드시 이수하도록 정하고 있다. 이렇듯 우리는 음악교육학과로서의 특성을 살리면서 보다 전문화한 교육내용들을 설치할 것이 요구된다.

(3) 타당한 학점 비율의 배치

음악교육학과의 졸업학점은 총 160학점인데 보통교육과정의 학점은 43학점으로 총 학점의 26.88%를 차지하고, 전공기초과목은 51학점으로 총 학점의 31.88%, 전공필수과정은 36학점 22.5% 정도의 비중을 차지하는 것으로 분석된다. 이처럼 보통교육과정이 총 학점의 26.88%를 차지하는 경우는 국내외 여러 음악대학들에서는 찾아볼 수 없이 과중한 학점이다.

한국교원대학교의 경우 음악교육학과의 졸업학점이 총 140학점이고, 보통교육과정(교양과정)은 21학점인데 총 학점의 15%를 차지하고 있다. 그 외 공동필수 16학점, 교과 내용에서 필수과목은 48학점, 그중 선택과목 26학점을 차지하고 있으며, 교과교육학 필수과목에서도 6학점과 선택과목 3학점, 총 9학점으로 대부분 전공에 의한 과목들로 배치하고 있다. 따라서 연변대학교 음악교육학과 교육과정에서 보통교육과정 학점을 대폭 줄이고 전공과정 개념을 더욱 강화하여 선택한 전공 분야 관련 학점을 대폭 증가시키는 방안을 검토해 보아야 한다.

(4) 교수 방법에서의 교재 내용 개선

음악교육학과 교재 내용도 각 교재 지도법의 비중을 늘려 '가르치는 기술'의 과목을 늘려야 한다. 또한 전공과목의 교과목은 학교 현장에서 실제로 필요한 내용을 광범위하게 다룰 수 있도록 개선되어야 한다.

바람직한 음악교사 양성을 위해서는 음악교사 양성기관의 음악전공 교과목 내용이 실제 현장과 연관되는 활용성이 있는 것이어야 하며 세부적이고 체계적 지도를 할 수 있는 교과목이 개설되어야 할 것이다. 즉, 지금까지의 전통적인 음악교수법에서 벗어나 다양한 교수법의 활용을 통하여 교수 방법에서 수준 높은 향상이 이루어져야 한다. 즉, 오르프 교수법, 코다이 교수법, 달크로즈 교수법, 포괄적 음악교육, 음악교과 교재 연구 및 지도법 등 교과목들을 설치하는 것이다.87 이러한 교수 방법들을 개설하여 세계적인 현대 음악교육의 추세에 발맞추어야 한다.

[도표 -15] 교사 설문지: 음악교사의 전공영역과 지도영역 비교

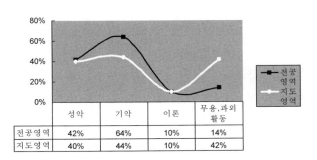

	성악	기악	이론	무용,과외 활동
전공영역	42%	64%	10%	14%
지도영역	40%	44%	10%	42%

설문지(도표-15) 분석 결과에 나타난 바와 같이 기악영역은 충분히 발

휘하지 못하고 무용 등 과외 활동은 충분히 발휘하였으며 최고학력은 본과로 분석되었다.

(5) 전공필수과정에서의 민족음악의 위치 제고

현재 운영되고 있는 음악교육학과의 교육과정은 특정 영역에만 치우치지 말아야 한다. 현장에서 음악교육을 수행할 수 있는 능력 및 자질을 형성하는데 있어 교육과정의 편성은 모든 영역이 균등하면서 적절하여야 한다. 특히 선택과정이 아닌 전공필수과정에 조선민족음악사, 민족음악개론, 전통악기실기와 교수법 등 과정을 보충하는 것이 요청된다.

현행 의무교육 조선족 학교 '음악과정표준'에는 "조선민족의 민간음악을 듣고 각 지구의 민요, 민간가무, 민간 기악을 알며 그 종류, 창법, 풍격, 유파를 알게 한다."[88]는 우리 민족 음악문화 창달을 위한 민족교육을 강조하고 있다. 그러나 현행 대학 음악교육학과의 교육과정을 보면 민족음악 영역과 관련된 교과목 편성의 비중이 낮다. 이 원인으로 인해 음악교사들이 학교 현장으로 배출되고 학교에서 우리 음악 지도를 할 때 많은 어려움을 겪고 있다. 교육과정에서 민족음악 영역이 많은 비중을 차지하여야 하는 가장 큰 근원은 바로 민족음악의 계승을 위한 것이다. 올바른 민족 전통음악의 이해를 통하여 조상들의 철학, 역사, 문화 등을 간접적으로 살펴볼 수 있기 때문이다. 따라서 대학 음악교육과의 교육과정은 현장의 민족음악 지도와 관련된 구체적인 민족 악기 실기 및 지도법의 과목이 확대되어야 할 것이다.

---

88 『음악과정표준』, 앞의 책, 7쪽.

(6) 전공에 따른 교과 내용의 차별화

음악교육학과의 교육과정은 음악교사 양성을 위한 교과 내용을 충분히 담고 있어야 한다. 교사 양성 교육과 연주자 양성 교육은 그 교과과정과 내용에 분명한 차별이 있어야 하며, 음악 실기만 능하면 교사도 할 수 있고 대학교수도 할 수 있고 연주가도 될 수 있다는 실기 만능주의에서 벗어나야 한다.[89]

그런데 현재 연변대학의 '음악학' 전공과 '음악교육학' 전공의 커리큘럼과 교육 내용에 큰 차이가 없이 거의 동일한 내용과 방법으로 운영되고 있어 '음악교육학과'의 교육이 정상적으로 이루어지지 않는다는 큰 문제점을 지적하지 않을 수 없다. '음악교육학과'의 교과 운영이 대개 음악 실기와 음악이론 중심의 과목들로 이루어져 있어서 바람직한 음악교사를 양성하기에 매우 미흡한 상태에 있다고 할 수 있다. 즉, '음악교육학' 전공 학과가 아니라 '음악학' 또는 '음악실기' 전공으로 운영되고 있는 사실을 스스로 증명하고 있는 것이다. 이러한 운영이 계속된다면 제대로 음악교육 방법론을 배우지 못한 교사들이 학생을 가르치고 이 학생들이 똑같은 방식으로 음악교사가 되는 과정을 밟는 악순환이 계속될 것이다. 그러므로 연주가 양성 교육과 교사 양성 교육, 그리고 음악학자 양성 교육을 철저히 구분하여 실시해야 하며, 교직의 전문직과 특수성을 고려하여 음악교과 내용을 전문성 있는 과목들로 구성해야 한다.

---

89 권덕원, 앞의 책, 104쪽.

(7) 음악적 능력 평가 과정

신입생 선발 과정에서도 음악적 능력을 평가하는 제도적 장치가 요구된다. 현재 음악적 능력이 높은 학생들도 선발되지만, 반대로 그 능력이 낮은 학생들도 적지 않게 입학하게 되어 있으므로 음악적 능력의 격차가 매우 심하고, 특히 음악적 능력이 낮은 학생들의 경우는 대학교육의 과정에서 음악 관련 과목에 흥미를 갖지 못하며, 그 성취도 역시 낮을 수밖에 없다. 문제는 이렇게 음악적으로 잘 훈련되지 못한 사범학교 혹은 음악교육학과 졸업생들도 학교에서 음악수업을 담당해야 하는 경우가 생긴다는 점이고, 학생들은 이러한 교사들에게서 음악 교육을 받게 되는 문제가 발생한다. 그러므로 선발 과정에서 음악적인 능력을 평가할 수 있는 방안을 신중하게 연구할 필요가 있다.

(8) 현직 음악교사 재교육 과정

음악교사들을 위한 재교육, 즉 연수 과정도 대학 음악교육과정 프로그램에 첨가되어야 한다.

일반적으로 초등학교 음악교사보다 중학교 음악교사들이 음악 연수에 대한 관심의 정도가 낮다고 한다. 아마 음악대학을 졸업했으니 음악에 대해서 누구에게 더 배울 필요가 없다고 여길 수도 있을 것이다. 그러나 음악도 변하고 음악교육도 변한다. 새로운 음악에 대해서, 그리고 새로운 음악교육이론에 대해서 공부하고 연구하는 일은 학교의 음악수업에 큰 변화를 가져다주는 바탕이 된다. 10년 전, 20년 전에 배운 음악 지식으로 평생 동안 음악수업에 임하는 것은 음악교사 자신의 성장에 있어서나 또 학생들의 학습권 측면에서 부정적인 결과를 낳게 될 것이다. 때문에 현직 교사들의 연수를 강화하면 직전교육에서 부족했던 부분을 보충할 수 있으므로 연수 과정이 필수화되어야 한다.[90] 이에 주기적인 재교육을 위한 구체적 방안이 요구된다.

그러므로 교육법의 방침에 따라 조선족 음악교원 양성 방법을 획기적으로 개선하고 음악교사의 연수를 강화하도록 추진하여 현재 전무한 교사 연수 프로그램을 작성하며 전문 연수기관을 설립하여야 한다.

설문지(<표-24>) 분석 결과에 나타난 바 교사의 학력은 대부분이 4년제 사범대학음악교육과[91]를 졸업하였으나 실기 강의가 부족하며 재교육은 받았지만 시간이 적은 것으로, 재교육의 주관 부서는 대학교 예술학원으로, 토론회는 해 보았지만 횟수가 적다는 것이 확인되었다.

<표-24> 교사설문지–음악교사 양성과 재교육에 대한 분석(부록 1–7)

음악교사에 대한 학력요구	4년제 음악대학	4년제 사범대학 음악교육과	대학원 석사 과정	기타
	38%(19)	62%(31)	4%(2)	6%(3)
출신학교에서 배운 내용	일반음악이론만	음악교육이론	실기위주로	음악 이론과 실기강의
	26%(13)	58%(28)	28%(14)	12%(6)
재교육 받은 정황	재교육을 받았다		재교육을 받지 않았다.	
	88%(44)		12%(6)	
재교육 연수 주 최단위는?	대학교 사범대학	대학교 예술학원	교원진수 학교 및 교육학원	교육행정기관 (교육국)

---

90 이홍수, 앞의 책, 662쪽.

91 초-중학교 음악담당 교사의 학력에 대한 요구문항에서 음악교사들은 절반이상 즉 62%인 31명이 모두 4년제 사범대학 음악교육과라고 하였고 그다음은 4년제 음악대학 38%인 19명이며 대학원 석사과정이 4%인 2명으로, 기타가 6%인 3명으로 반영되었다.

	32%(16)	44%(22)	38%(19)	
재교육 연수 시간은?	3일정도 (18시간)	5일 정도(30시간)	10일 정도 (60시간)	학기마다 (1~2번 정도)
	8%(4)	24%(12)	46%(23)	22%(11)
재교육 연수내용	음악일반이론	음악실기	음악교육 이론	음악교육이론 과 실기
	10%(5)	12%(6)	22%(11)	70%(35)
공개 연구수업 정황(5년내)	해보았다		하지 않았다	
	90%(45)		6%(3)	
공개수업을 위해 준비	교수―학습방법	교수―학습방법과 학습 자료	학습자료	기타
	18%(9)	80%(40)	8%(4)	4%(2)
공개연수수업 후 토론회	토론회를 전혀 안함	토론회를 할 때가 적음	보통이다	때론 한다	아주 잘한다.
		12%(6)	12%(6)		62%(31)

이와 같은 관점에 비추어 음악교사 양성을 위한 교육과정과 연수 제도를 음악교사의 자질과 능력을 함양하는 데에 초점을 두고 시급히 재정비해야 한다. 음악교사다운 음악교사를 양성하는 데 필요한 인적 구성을 갖추고 그에 합당한 교육과정을 운영하게 하는 제도적 장치를 마련해야 할 것이다. 또한 교사들이 필수적으로 정기적인 교과교육 연수 기회를 갖도록 제도화할 필요가 있다. 즉, 우수한 교사 양성을 위해서는 먼저 교원교육기관이 제 기능을 십분 발휘하여 잠재적 역량을 최대한 계발할 수 있도록 제도적 장치가 마련되어야 한다.

교사 양성 문제는 중국 중앙정부 교육 정책에 맞춰 시행해야 하는 것으로 시스템과 관련된 것이다. 앞에서 지적한 교원 양성의 문제점을 해소하기 위해서는 우선 연변조선족자치주 차원에서 심층 분석을 통해 교원 선발 및 교육과정 개선 방안을 마련해야 한다. 이를 토대로 길림성 정부와 중앙정부에 소수민족 우대 차원의 음악교사 양성 방법 개선안을 제출하고, 이를 통해 새로운 패러다임을 갖춘 교사들을 배출해야 한다.

현재 조선족이 많이 살고 있는 길림성, 요령성, 흑룡강성 등 동북 3성에는 초등학교 276개, 중·고등학교 130개 등 모두 406개의 조선족 학교가 운영되고 있다. 농촌지역은 보통 1~2명, 도시 지역의 경우 최대 9명까지 음악교사가 근무하고 있는 점을 감안할 때 이들 학교의 음악교사 숫자는 700여 명에 달할 것으로 추정된다. 조선족자치주 주도인 연길시의 경우 전체 초등학교 음악교사 78명 가운데 51%인 40명, 중·고등학교는 32명 가운데 53%인 17명이 조선족이다. 아직도 많은 비율을 차지하는 이들을 새로운 교수법을 습득한 젊은 교사들로 바꾸려면 많은 시간이 걸리기 때문에 우선 교사들에 대한 재교육 프로그램을 강화하는 일이 선결 과제이다.

음악교사 연수 프로그램을 강화하기 위한 과제는 다음과 같다.[92]

첫째, 교육 연수 프로그램을 운영할 때 음악교사들의 필요와 요구가 적절히 반영되며, 그들이 직접 참여할 수 있어야 한다. 음악교사들의 의견과 참여가 있을 때 효과적인 연수가 될 수 있다.

둘째, 교육 연수 프로그램의 내용은 음악교사 한 사람 한 사람에 맞추어 좀 더 다양하고, 차별적이며, 구체적으로 구성되어야 한다.

셋째, 교원연수 프로그램의 운영에 있어서 전통적 주입식 강의보다는 다양한 매체를 통한 참여식 교육 방법을 적극 활용하도록 한다.

넷째, 교과별 학습목표나 학습과제를 학교 현장과 연결시켜 실제적으로 제시함으로써 음악교사들의 적극적인 연구 및 연수 동기를 유발하도

---

92 이도식, 『音樂科敎育과 바람직한 교사의 역할』, 교육연구사, 1991, 65-66쪽.

록 노력하여야 한다.

　교육과정의 구성은 그 배경이 되는 교사의 자질93과, 세계 학문의 추세와 동향을 반영하여 새롭게 짜야 한다. 아무리 좋은 교육과정도 교사의 자질이 뒷받침 되지 않으면 무용지물이기 때문이다. 이를 위하여 예비교사의 선발 및 교육, 현장교사의 재교육에 대한 기본적 검토가 병행될 때 교육과정 구성 및 실행이 의미가 있을 것이다.94

　음악교사들의 학습은 그들이 생활하는 삶의 현장에서 부딪치는 과제나 문제를 해결하는 데 구체적이고 실제적으로 활용할 수 있는 내용일 때 그 효과가 높을 것이다. 지금까지 교사 연구가 현장의 경험을 바탕으로 하였지만 그 형식은 전문적인 연구 형식을 따랐다. 그러나 앞으로 교사 연구 영역을 수업 모형 개발, 수업계획서 및 내신제와 관련된 평가영역으로 바꾸도록 하여야 한다.

제3절 조선족 음악과 교육의 바람직한 모형

　현행 '음악과정 표준'을 기초로 국내외 새로운 음악교과과정의 내용

---

93 '교사의 자질'이란 비교적 영속성 있는 교원이 갖추어야 할 개인적 특성 및 교직적 태도를 뜻한다. 즉 주로 교사 개인의 지적, 정서적, 사회적, 신체적 특성과 교직에 관련된 특정한 태도 및 수행 능력을 의미하는 것이다.

94 김용희, 「제7차 음악과 교육과정의 내용 분석 및 개선방안」, 교원연구, 2005, 283쪽.

을 참고해 조선족 학교 음악과 교과목표 및 내용 체계의 이상적인 방안을 모색하고자 한다. 이것은 다른 국가 또는 중국 내 여타 지역의 사례가 조선족 음악교육 개선에 합리적인 해결 방안을 제공해 줄 수 있을 뿐더러 국제화 시대 추세에 맞춰 음악교육에서도 글로벌 스탠더드를 확립할 필요가 있기 때문이다.

1. 음악교과목표와 지도 체계 표준 모형

음악은 사람의 느낌과 생각을 소리로 표현하고 향유하는 예술 형태이다. 즉, 악곡과 활동을 통해 음향에 담긴 인간의 느낌과 생각을 공감하고 소통하는 예술 형태이며, 예로부터 인간생활의 일부로서 삶의 질 향상에 큰 영향을 끼쳐 왔다. 그리고 사람은 누구나 음악을 향유하는 경험을 통해 즐거움과 정서적 만족감을 느끼고 개인적 성숙과 사회 문화적 안목의 확장을 이루며 더 나아가 조화로운 인성을 갖출 수 있다. 그것은, 음악 경험이 개인에게 자아를 실현할 방편을 제공하고 미적 감수성과 창의성을 발휘하는 기회가 되며 보편적인 음악문화를 공유할 수 있는 바탕을 마련해 줄 뿐만 아니라 인간과 삶에 관한 이해의 폭을 넓혀주기 때문이다.

음악교과는 학생에게 다양한 음악적 경험을 제공하고 음악 활동에 필요한 기본적인 능력과 음악성을 기르며 풍부한 음악적 정서를 함양하도록 체계적으로 도와줌으로써 음악을 생활화할 수 있는 바탕을 마련하는 데 목적을 둔 교과이다. 또한 학생들이 음악을 향유하는 데 필요한 기본적인 능력을 갖추고 잠재된 음악적 능력을 최대한 확장하도록 도와주는 동시에 음악적 심성을 함양하게 함으로써 더 나아가 조화로운 인성을 갖추게 하는 데 이바지하고자 한다. 이를 위하여 음악교과는 다양한 악곡과 음악 활동을 미적으로 느끼고 생각하면서 경험하게 하며, 그러한 음악 활동에 필요한 기본 감각과 기초적 기능을 기르며, 음악 경험의 다양화와 질적 향상을 위해 스스로 탐구하고 연마하며 창의력을 발휘하면서 능동적으로 표현하고 수용하도록 지도하는 데 중점을 둔다.

이러한 음악 교과는 다양한 악곡 및 활동을 스스로 경험하게 하며, 그러한 경험을 통해 음악 향유의 능력과 음악적 창의력을 계발하게 하고 음악적 정서와 음악 애호심을 기르며, 더 나아가 음악을 다양하고 질 높게 생활화할 수 있는 바탕을 마련하는 데 목적을 둔다. 이에 따른 바람직한 학습 단계별 음악과 교육목표는 다음과 같다.

1) 초등학교 음악과의 지도 특성

초등학교 음악과는 기초적인 음악 개념의 이해, 다양한 음악 활동의 경험, 음악에 대한 흥미와 즐겨 참여하는 태도를 기르는 데 중점을 둔다. 종합적인 예술 표현(가창, 연주, 창작) 영역으로 운영되도록 하며, 음악 활동을 통하여 음악 개념을 이해하고 창의적인 사고력과 표현력을 기르도록 한다.

2) 중학교 음악과의 지도 특성

중학교 음악과는 초등학교에서 이루어진 기초적인 음악 개념의 습득을 바탕으로 심화된 음악 개념 이해, 다양한 악곡의 경험, 적극적인 음악 활동을 통하여 창의적으로 표현할 수 있는 능력을 계발하는 데 중점을 둔다. 또한 음악 생활에 능동적으로 참여하여 음악에 대한 애호심과 긍정적인 태도를 갖도록 지도한다.

3) 단계목표

① 1단계 : 1-2학년 목표
가) 음악에 대한 흥미를 느끼게 한다.
나) 간단한 악곡의 노래 부르기 및 악기 연주하기와 듣기를 경험하게 한다.
다) 다양한 소리 현상에 대한 기본 감각과 기초적인 음악 표현 기능을 습득하게 한다.
라) 단순한 음악을 들으면서 느낌에 따라 몸 움직임으로 반응하게 한다.

② 2단계 : 3-4학년 목표
가) 음악에 흥미를 갖게 하며 음악 활동에 적극적으로 참여하게 한다.
나) 기본 형식의 다양한 악곡과 여러 가지 활동을 미적으로 느끼면서 경험하게 한다.

다) 기초적인 음악 표현 기능과 개성적인 표현 및 감상 능력을 습득하게 한다.

라) 기본적인 음악 용어 및 개념과 오선악보의 기본 체제를 이해하고 사용하게 한다.

③ 3단계 : 5-6학년 목표

가) 음악 감수 능력과 감상 능력을 기르도록 한다.

나) 다양한 음악 장르를 표현하고 감상하는 능력을 습득하게 한다.

다) 민족음악에 대한 이해와 사랑을 기르도록 한다.

라) 예술적인 상상과 창의력을 기르도록 한다.

④ 4단계 : 7-9학년 목표

가) 풍부한 생활 감정과 낙관적인 태도로 음악 활동에 적극적으로 참여하는 태도를 가지게 한다.

나) 다양한 형식의 악곡과 여러 가지 활동을 미적으로 느끼고 생각하면서 경험하게 한다.

다) 창의적으로 표현하고 사회적, 역사적 맥락에 따라 이해하면서 감상하는 능력을 습득하게 한다.

라) 음악과 예술 이외의 기타 과목의 지식과 연계하여 음악 작품을 이해하고 중국과 세계 여러 나라들의 음악을 아울러 이해하게 한다.

이러한 관점에서 초등학교 6년과 중학교 3년의 바람직한 음악교육과정의 모형을 다음과 같이 설정해 볼 수 있다.

아래 표와 같이 교과 내용과 지도 체계는 음악 표현 영역에서 가창, 악기 연주하기, 음악 창조 등 표현 기법과 음악 감수와 감상영역, 음악 이해(음악상식) 영역, 음악과 서로 관계되는 문화 등 4개 부문으로 크게 나눌 수 있다.

<표-25> 초등학교 음악교과의 목표와 지도체계 표준모형

영역＼학년		초 1–2학년	초 3–4학년	초 5–6학년
음악표현(종합예술표현)	가창	–바른 가창자세 –자연스런 목소리 내기 –그림악보/글자악보/악보 보며 듣고 부르기 –외워서 표현하기 –가요의 정서를 표현하기	–동요 부르기/전래동요/다른 나라 동요 –악보보고/듣고 부르기 음악을 몸 움직임으로 표현하기 –지휘 동작과 전주에 대해 알기 –제창, 독창하기 –악곡의 특징 살려 표현하기 –바른 자세/호흡으로 부르기 –가사 뜻 생각하면서 부르기 –가요 외워 부르기	–지휘에 맞추어 표현하기 –2부 합창, 2중창하기 –정확한 발음/자연스러운 발성으로 부르기 –가락흐름에 따라 크기를 조절하면서 부르기 –지휘에 따라 합창하기 –부분2부 합창 지휘하기 –자기와 다른 사람의 가창에 대해 평가하기 –가요 외워 부르기
	연주	–간단한 타악기 배우기 –리듬 듣고 치기 (리듬악기) –짧은 가락 듣고 치기 –타악기로 가요 반주하기 –종합예술 표현활동 참여하기	–바른 주법으로 연주하기 –악보보고 연주하기(리듬악기, 리코더, 건반악기) –독주하기 –리듬합주하기 –가락합주하기 –악곡의 정서에 맞게 연주하기	–악보보고 연주하기(단소/장구/여러 리듬악기/가락악기) –2중주하기 –합주하기 –리듬악기로 음형반복 반주하기 –좋은 음질로 연주하기 –즉흥적으로 표현하기 –간단한 가락 짓기

				-종합예술 표현하기	-종합예술 표현하기
	창조		-사람의 목소리와 악기소리 모방/창작하기 -음악을 듣고 즉흥적인 동작하기 -성구, 짧은 어구, 가사로 절주로 표현하기 -선, 색채, 도형으로 소리와 음악을 표시하기 -글자리듬/가락악보읽기 -행진곡에 맞추어 걷기 -춤곡 들으며 춤추기	-2~4소절의 짧은 절주 창작하기 -악기로 음악이야기, 음악유희를 즉흥적으로 표현하기 -짧은 시로 노래지어 부르기 -장면에 어울리는 음악 만들기 -음악 듣고 느낌 말하기/느낀 장면 그리기 -가요의 정서에 맞는 율동, 춤동작을 즉흥적으로 창작하기	-놀이노래 지어 부르기 -가사로 8마디 정도의 노래 지어 부르기 -이야기를 음악으로 만들어 표현하기 -부동한 음원과 표현형식으로 음악이야기, 음악유희를 즉흥적으로 만들어 표현하기 -실용음악(영화음악, 배경음악)찾아 듣기
음악 감수와 감상			-어린이 목소리, 여자목소리, 남자목소리를 듣고 가리기 -악기소리를 감수하기 -부동한 정서의 음악체험하기 -기본 박에 맞추어 움직이면서 듣기 -아동가요, 행진곡, 춤곡을 듣고 모방/표현하기	-바른 태도로 감상하기 -민요/행진곡/춤곡 듣기 -박자 치면서 듣기 -남녀/금관악기/현악기 음색 구별하면서 듣기 -놀이음악/사회생활 관련음악 찾아듣기 -음악 듣고 느낌 말하기/느낀 장면 그리기 -악곡의 전체적인 특징 파악하며 감상하기	-아동가요/민요/합창곡/독창 예술가요/변주곡/관악합주 부동한 장르음악 듣기 -구조에 반응하면서 듣기 -남여 음역/목관악기 음색 구별하면서 듣기 -반복/변화 느끼면서 듣기 -선율/높고 낮음, 느리고 빠름, 강약을 듣고 가리기 -악곡의 특징적인요소를 파악하며 감상하기
음악 이해(상식)			-박/규칙 박 -길이, 긴소리/ 짧은 소리/같은 길이	-기본 박, 여러 가지 리듬 박 -3박자 장단 구성(민족장단)	-여러 박자 리듬 -기본 장단(민족장단)알기 -계이름, 조/조성 -대조, 소조의 악보알기

		-높이, 높은 소리/ 낮은 소리/같은 높이 -크기, 큰소리/작은 소리 -사람소리/타악기소리/가락악기소리 -악곡의 빠르고/느림 -장단 세마치(박자) -2/4박자, 3/4박자 알기 -창명으로 악보 모방하여 부르기	-음계, 높은음, 가락구성, 같은/다른 가락 -오선악보, 수자 보 알기 -C대조, 5음 음계 알기 -화음발생 -동기 구성/역할, 가락반복, 같은/다른 가락, 끝나는/계속되는 가락 -4/4, 3/8, 6/8, 12/8 박자 알기 -악보(부분 2성부 포함)알기 -관악기의 종류와 음색 -음원에 따른 음색특징 알기	-민요풍특징 알기 -가락과 화성관계 알기 -주요3화음, 부분2성부 알기 -작은악절, 큰악절 반복/모방/변화, 행진곡/춤곡형식 -악보(부분3성부)알기 -음색들의 어울림/구별 -여러 가지 악기의 종류와 음색 -음원에 따른 음색특징알기
음악과 서로 관계되는 문화	사회생활	-음악의 가치를 인식하기 -일상생활 속에서 음악을 감수하고 활용하기 -학교내외의 음악활동에 참여하기 -라디오, 텔레비전, 녹음테이프, CD롬 등을 통해 음악을 감상하기	-음악을 즐기는 태도 갖기 -일상생활 속에서 음악을 감수하고 활용하기 -사회주역, 향촌의 음악활동에 적극적으로 참여하기 -음악회, 민속활동에 참여하기 -다매체를 통해 음악자료 수집하고 감수하기	-음악의 가치를 인식하고 관심을 갖기 -사회와 개인생활 속에서 음악 활용하기 -학교와 사회의 음악행사에 적극적으로 참여하기 -다매체를 통해 음악자료 수집하고 감수하기
	자매예술	-음악절주에 맞게 몸동작 하기 -음악정서에 맞게 동작표현하기 -색채, 선으로 음악의 같은 점과 다른 점 표현하기	-음악, 무용, 미술, 연극의 주요요소 알기 -음악, 무용, 미술, 연극 등 예술표현 형식 알기 -음악이 극과 무용과의 역할 알기	-음악, 무용, 미술, 연극의 주요 요소/역할 알기 -영화음악, 배경의 주제음악, 텔레비전 음악 이해하기 -종합예술표현수단으로 학교 문예활동을 설계하고 참여하기
	기	-생활 속의 소리현	-시(詩)의 내용에 맞게	-배경음악을 선택하여 아동

타 학 과	상 알기 -자연환경에서의 소리현상 알기 -부동한 절주, 박 절, 정서로 음률 체조동작하기	배경음악을 배합하기 -배경음악을 선택하여 아동가요, 동화 및 시 낭송에 배합하기	가요, 동화 및 시낭송에 배 합하기 -부동한 역사시기 가요/아동 가요 알기 -부동한 지역과 나라의 대표 적인 가요/아동가요 알기	

<표-26> 중학교 음악교과의 목표와 지도체계 표준모형

학년 영역		7학년 (중1)	8학년 (중2)	9학년 (중3)
음악 표현	가창	-변성기목소리/지식과 방법알기 -무리 없는 발성으로 노 래하기 -2부 합창, 2중창하기 -제창, 윤창 합창하기 -가요, 가곡, 민요 부르 기 -가요의 특점과 풍격을 이해하고 정서에 맞게 표현하기 -2부 합창 지휘하기	-지휘에 맞추어 표현하기 -다른 나라의 가요 부르 기 -민요/판소리 따라 부르 기 -3부 합창, 3중창하기 -풍부한 발성으로 부르기 -나타냄표에 따라 느낌을 풍부하게 표현하면서 부 르기 -3부 합창 지휘하기	-가곡, 민요 부르기 -판소리 따라 부르기 -다양한 장르의 음악 듣 고 따라 부르기 -해석에 따라 느낌을 개 성 있게 표현하면서 부 르기 -현대가요 부르기
	연주	-악보보고 연주하기(여 러 가락악기) -중주/합주하기 -가락악기/건반악기로 반주하기 -전체 음향에 맞게 크기 조절하면서 연주하기 -악곡 구조에 따라 타악 기로 연주하기 -작은 규모 합주 지휘하 기 -즉흥적으로 연주하기	-바른 주법으로 연주하기 -악보보고 연주하기(여러 가락악기) -전체에 음향에 맞게 음 질 조절하면서 연주하기 -나타냄표에 따라 느낌을 풍부하게 표현하기 -큰 규모 합주 지휘하기 -각종 연주활동에 적극적 으로 참여하여 연주습관 갖기	-각종 연주활동에 적극 적으로 참여하여 연주 습관 갖기 -즉흥적으로 연주하기 -다양한 형식의 가락연 주 -해석에 따라 느낌을 개 성 있게 표현하면서 연 주하기 -타당한 연주방법으로 악 곡의 정서를 표현하 기 -자기와 다른 사람의 연

				주 평가하기
	창조	-가사로 12마디정도의 짧은 노래 지어 부르기 가요 또는 악곡의 내용과 정서에 즉흥적으로 창작 -다양한 매체를 활용하여 음악 재구성하기 -디지털 매체를 활용하여 음악 만들기	-가사로 16마디정도의 노래지어 부르기 -이야기음악, 무용음악 만들어 표현하기 -여러 조의 가락 지어 적고 부르기 -다양한 매체를 활용하여 음악 재구성하기 -디지털 매체를 활용하여 음악 만들기	-극음악 만들어 표현하기 -간단한 노래2부 편곡하기 -광고음악 만들어 보기 디지털 매체를 활용하여 음악 만들기 -다양한 매체를 활용하여 음악 재구성하기 -컴퓨터로 음악을 창작하기
	음악 감수와 감상	-바른 태도로 감상하기 -민간음악/가곡/사물놀이/서곡/합주 곡/협주곡1악장/소나타1악장 듣기 -성부조직 느끼면서 듣기 -주제의 변화/발전 느끼면서 듣기 -사회문화적 맥락에서 듣기 -여러 시대의 음악을 비교하면서 감상하기	-바른 태도로 감상하기 -통일성/다양성 느끼면서 듣기 -조선민족 민요, 민간 가무, 민간기악곡을 알고 감상하기 -민족음악, 동서양음악을 감수하고 감상하기 -연주형태에 따른 특징 느끼면서 듣기 -사회문화적 맥락에서 듣기 -여러 시대의 음악을 비교하면서 감상하기	-가곡/교향곡 감상하기 -작곡자/연주자의 특징 느끼면서 듣기 -혼성합창, 총보 보면서 듣기 -여러 문화권의 음악을 비교하면서 감상하기 -악곡의 내용과 사회적, 문화적 맥락을 파악하며 감상하기 -현대음악 듣기 -세계 각국의 민족민간 음악을 듣고 그 풍격과 특점을 감수하기
	음악 이해 (상식)	-여러 가지박자 -여러 종류의 리듬 -여러 민족장단, 변형장단 -가락의 구조, 음정 -주선율/대선율구성과 역할 -V7화음, 화성 음/비화성음 -악곡의 통일성/다양성,	-변 박자 -여러 가지 장단(민족장단) -조성의 변화 -순음악/표제음악 -화성, 결합음발생 -형식/론도, 소나타 -종류/독창곡, 중창곡, 합창곡, 독주곡, 실내악곡, 관현악곡, 변주곡, 합주	-여러 가지 장단(민족장단) -조옮김 /조바꿈원리 -선율모방진행 -여러 조의 3화음과 V7화음, 결합음의 효과 -소나타 형식구성, 1악장 악곡구성, 성부조직, 양식 -성부 합창곡 총보읽기

		가곡 형식, 성부조직의 여러 형태 -선율의 중복진행 -성악연주형태 이해 -악곡의 종류 /특징알기 -G, F대조 악보적기 -감상곡 주제가락 외워 적기	곡 등) -주제 변화발전, 성부조 직에 따른 악곡 양상 -기악/성악연주형태 -대조, 소조 악보적기	-시대에 따른 악곡의 종 류 -근 현대 작곡가 알기 -근 현대 음악, 전통음 악, 예술음악, 대중음 악
음악과 관련되는 문화	사회 생활	-음악을 가치를 인식하 기 -사회 속에서 음악의 역 할알기 -생활 속에서 음악을 감 수하기 -학교내외의 음악활동 에 참여하고 음악발표 하기	-여러 가지 매체를 통해 음악을 듣고 이해하기 -음악자료 수집하고 음악 감수하기 -사회생활 속에서 음악을 감수하기	-학교내외의 음악활동 에 참여하고 음악발표 하기 -음악가, 민간예술인들 에 대해 요해하기 -사회생활 속에서 음악 을 감수하기
	자매 예술	-종합예술표현수단으로 문예활동을 조직, 설계 하기 -영화음악, 배경음악, 광고음악에 대해 이해 하기 -음악, 무용, 미술, 연 극의 주요요소이해	-예술작품을 통하여 청각 예술, 시각예술의 표현 특점을 알기 -영화음악, 배경음악, 광 고음악에 대해 이해하기 -종합성(綜合性)예술로서 각 예술의 특점이해	-예술작품을 통하여 청 각예술, 시각예술의 표 현특점을 알기 -영화음악, 배경음악, 광고음악에 대해 이해 하기 -음악, 무용, 미술, 연 극의 주요요소이해 -종합성(綜合性)예술수 단을 응용하여 문예활 동을 조직하기
	기타 학과	-음악과 기타학과의 관 계이해 -소리의 예술과 언어예 술의 관계 이해 -음악으로 시사(詩詞), 산문의 감정을 부각하 기	-사회과학, 자연과학과 결부하여 음악작품 이해 하기 -소리의 예술과 언어예술 의 관계 이해 -중국과 세계 기타나라의 가요 또는 악곡 및 그와	-사회과학, 자연과학과 결부하여 음악작품 이 해하기 -소리의 예술과 언어예 술의 관계 이해 -중국과 세계 기타나라 의 가요 또는 악곡 및

		–사회과학, 자연과학과 결부하여 음악작품 이해하기	서로 관계되는 풍토와 인정세태 알기	그와 서로 관계되는 풍토와 인정세태 알기

2. 종합예술로서의 음악교육 모형

우리의 음악은 음악만으로 홀로 존재해 온 것이 아니다. 우리의 정서와 사고, 시대사상과 자연환경 속에서 복합적으로 생성되었다. 따라서 우리의 음악은 문화현상들이 복합되어 있는 전체적인 문화구조 속에서 이해해야 한다.95 따라서 의무교육 조선족 학교 새 '음악과정 표준'에는 '음악과 예술 이외의 기타 학과'를 '음악과 서로 관계되는 문화'와 같은 학습영역으로 다루고 있다. 이것은 음악의 속성이 서로 회귀하는 방식이기도 하다. 이렇게 하면 학생들로 하여금 문화의 측면에서 음악을 이해하고 음악을 탐구하게 된다. 또한 학생들이 음악예술을 공부하는 동시에 문화 지식의 바다에 노닐게 되며 일련의 인류문명의 성과도 이해하고 체험할 수 있다.

음악예술의 본질은 하나의 문화이자 사회 대문화를 배경으로 하며 특히 자매예술과 사회학과는 서로 분리될 수 없는 밀접한 관계를 가지고 있다. 음악교육은 반드시 학과 사이의 이런 유기적인 연계성을 중시하고 음악문화의 생동함을 완전하게 표현시켜야 한다. 이렇게 해야 학생

---

95 변미혜, 「음악과 교과용 도서 개발 방향 연구」, 음악교과, 한국교육과정평가원, 2005, 569쪽.

들이 음악에 대한 적극성을 불러일으키고 참여하는 가운데 음악적 시야를 넓히고 체험과 감수를 심화함과 동시에 음악 감상 능력, 표현, 창조 능력을 제고할 수 있다.

이러한 필요성에 따라 현행 「음악과정표준」96에 제시되어 있는 내용을 바탕으로 교과목에 타당한 효과적인 교수–학습 방법의 틀을 모색하고자 한다.

1) 음악과 관계되는 문화

음악은 인류가 창조한 문화 현상의 하나이며 인류문화의 중요한 형태이자 표현체이다. 또한 문화의 한 부분으로서 음악의 존재는 종래로 고립적인 것이 아니다. 음악의 기원으로부터 보면 초기의 음악은 시가와 결합되었고 역사 발전을 보면 음악은 정치, 경제, 종교, 역사, 문화와 모두 연관이 있다. 만약 고대 희랍문화와 로마문화의 충돌이 없었더라면 문예부흥이 있을 수 없었을 것이고, 독일문화와 독일대혁명의 충돌이 없었더라면 베토벤을 대표로 한 독일 고전음악도 없었을 것이다. 이렇게 음악과 여타 예술과의 융합, 그리고 또 기타 문화와의 상호작용과 영향이 있기에 음악으로 하여금 풍부한 인문적 의미를 갖게 하고 또한 그 독특한 예술적 매력으로 인하여 인류 문화의 기나긴 역사 속에서도 지속적으로 발전할 수 있게 된 것으로 생각된다.

---

96 金亞文, 『初中音樂新課程 敎學法』, 中國 : 高等敎育出版社, 2005, 126쪽.

「음악과정표준」에서는 아래와 같이 지적했다. 음악과 서로 관계되는 문화는 음악과의 인문학과 속성의 집중적인 체현으로서 학생들의 문화 소양을 직접적으로 증진시키는 학습 영역이다. 이는 학생들의 음악문화 적 시야를 넓혀주고 음악에 대한 체험과 감수를 촉진하며 음악을 감상 하고 음악을 표현하며 음악을 창조하고 예술적 심미 능력을 제고하는 데 도움이 된다. 이런 영역에는 음악과 사회생활, 음악과 자매예술, 음악 과 예술 이외의 다른 학과의 내용이 포함되며 지식 면이 넓고 정보량이 크며 참여성이 강한 것이 그 특징이다.

2) 음악과 사회생활

음악은 사회생활과 아주 밀접한 관계를 가지고 있을 뿐만 아니라 중 요한 사회 기능도 갖고 있다.

시장경제가 급속히 발전하고 있는 오늘날 음악예술도 비약적인 발전 을 가져오고 있다. 음악과 생활의 관계, 음악과 사람과의 거리도 비약적 으로 가까워지고 있다. TV, VCD, DVD, 워크맨, 노래반주기가 널리 알 려지고 예의음악禮儀音樂, 광고음악의 광범위한 사용, 그리고 환경음악 과 배경음악의 부단한 발전을 통하여 음악의 오락 기능, 실용 기능은 전 에 없었던 충분한 체현과 발전을 가져왔다. 사람들은 거의 음악 속에서 산다고 해도 과언이 아닐 만큼 매일 저도 모르게 음악 정보를 듣게 되며 이런 것들은 학생들의 생활에 영향을 미치고 있다.[97]

---

97 金亞文, 앞의 책, 123쪽.

그러므로 음악교사들은 학생들의 음악 감상 능력을 제고시킴과 동시에 음악 심미 능력을 배양하여 정확한 심미관을 형성시켜야 한다. 또한 음악수업과 사회생활을 결합시켜 학생들로 하여금 음악 정보를 선택하여 접하게 하며, 사회 음악 활동에 참여하여 음악의 즐거움을 체험하고 자신의 음악 경험에서 출발하여 인생의 관계를 탐구하고 사고할 수 있게 해야 한다.

이를테면 무용, 체조 등 활동 중에서 음악 반주를 통하여 듣기와 박자 훈련을 할 수 있다. 또 핸드폰, 알람 벨 등을 통하여서도 '실용음악'을 체험할 수 있다. 또한 고급적인 레스토랑, 호텔, 커피숍에서도 우아하고 은은한 분위기를 조성하기 위하여 잔잔한 음악을 깔기도 한다. 이렇게 음악은 인간의 생활과 밀접하게 관련되어 있다는 것은 주지의 사실이다.

[예시 A] 시의 이미지를 바탕으로 배경음악 만들기

- 주어진 시를 보고 떠오르는 느낌을 자유롭게 이야기 한다.

- 시낭송을 배경음악으로 쓸 경우에는 의미를 잘 전달하기 위해 끊어서 읽을 곳을 잘 설정하고 의미를 생각하며 창작한 음악과 잘 어울리게 시낭송을 하여 발표해 본다.

[예시 B] 음악에게 편지 보내기

- 음악을 대상으로 편지를 써 본다.

- 가장 감명 깊었던 음악이나 그 음악을 들었을 때의 충격과 감정 등을 솔직하고 자유롭게 상상력을 발휘하여 써 본다.

3) 음악과 자매예술

학교교육에서 이루어지는 자매예술 관련 음악교육은 심미적이고 창조적인 교육을 받는 것은 모든 학생들의 권리라는 철학에 바탕을 두고 있다. 문화예술이란 개념적 차원에서 예술의 근원에 대한 이해는 과거와 현재에 있어 전통성과 창조적 예술 사이의 연결고리를 인식하는 것이다. 자매예술에는 음악과 무용, 음악과 미술, 음악과 연극과 같은 예술 영역이 조화롭게 제시되어 있다. 이러한 종합예술성 음악교육을 통해서 학생들은 각각의 예술 영역을 이해하고, 예술을 종합적으로 사고하며 조작하는 능력을 발전시킬 수 있다.

종합예술로서의 음악교육은 학생들의 창조적 자아발전 기능을 키우고, 학생들의 예술적 성장 발달 단계를 올바르게 반영하여 그들의 예술적 사고를 추진할 뿐만 아니라, 그들의 예술적 표현능력을 키워주어야 한다. 비록 음악, 무용, 연극, 미술이 각각 고유한 예술 영역으로 구분되지만 서로 예술적으로 중복되는 요소들이 분명히 존재한다. 이러한 점에서 종합예술로서의 음악교육은 각 예술 영역들 간의 인지적이고 정서적인 양식들을 인정하면서 상호 간의 협력과 지원을 이끌어 낼 때 강한 힘을 발휘할 수 있다. 학생들은 교원으로부터 어떠한 가르침을 받았는가에 따라 상당한 예술적 편차를 보일 수 있다. 교원은 학생들이 자기가 특별히 좋아하는 미술, 무용, 연극과 같은 예술 영역의 도움을 받아 자신들의 음악적 능력을 더욱더 향상시킬 수 있다는 점을 인식하여야 한다. 그러나 주의할 것은 음악학과가 독립된 학과라는 점에서 다양한 예술 영역과의 상호관계에서 이루어지는 종합적 음악교육이 예술의 혼합을 추구하는 것이 아니라, 각 예술 영역들을 존중하면서 그들의 기술적인 방법들을 수용하여야 한다는 것이다.

음악과 미술은 각각 청각예술이며 시각예술이다. 하지만 이들은 광범한 연계를 이루고 있다. 박자음률, 경지 등 방면을 볼 때 음악과 미술은 통하는 면이 있다. 미술의 박자는 주요하게 선율의 유동, 색채의 형태, 빛의 명암 등을 통하여 표현한다. 이런 것들은 모두 시각의 절주를 구성하고 있는 것이다. 건축에서의 문, 창, 기둥의 반복적인 교체, 절주, 음률 또한 음악과 비슷하다. 운율은 협協과 미美의 격률格律이다. '운율韻'은 일종 미의 음색이고 '율律'은 법칙을 말한다. 심리학으로 볼 때 미술과 음악은 흔히 색청연각色聽聯覺[98]을 형성하게 한다.

(1) 종합예술로서의 음악교육이 갖는 심미적 양상

자매예술에서 음악교육은 다른 예술 영역들을 각각 존중하면서 서로 간에 상호작용할 것을 요구한다. 이러한 상호작용의 과정은 악기 혹은 목소리에 어떠한 색채가 어울리는지, 리듬에 어떠한 신체의 움직임이 적합한지 등과 같이 예술적 종합의 결과가 어떻게 나타날 수 있는가에 대한 예술적인 시각을 보여준다. 창작, 실현, 반응 그리고 맥락 이해의 획득 과정을 통하여 학생들이 다양하게 경험한 것들은 인지적이고 감각적인 반응을 끌어내면서 그들의 심미적 감각을 활발하게 발전시켜 줄 수 있기에 교원은 종합적 예술로서의 음악 활동이 학생들의 창조성과

---

98 색청연각이란 바로 저음은 짙은 색(深色)을 연상케 하고 고음은 연한 색(淺色)을 연상케 한다.

예술성을 충분히 반영하고 있는가에 주의를 돌려야 한다.

학생들의 심미적 반응은 느낌을 통하여 활발하게 일어나는데, 이러한 느낌은 특별한 예술 형식을 제작하고 감상할 때 발생한다.99 즉, 흥미로운 연극을 관람할 때, 슬프고 엄숙한 본질을 가진 음악에 맞추어 춤을 출 때 그리고 특별한 그림을 보았을 때 이러한 느낌이 일어난다.

또한 예술 영역들 간의 상호작용은 여러 형태로 나타날 수 있다. 예를 들면, 무용의 창작 과정은 완성된 곡을 사용하여 일어날 수도 있으며, 완성된 그림을 통해서 음악이나 무용에 대한 아이디어를 얻을 수도 있다. 역시 이러한 종합적 음악교육은 역사적, 문화적, 사회적 맥락에서 학생들의 창조성과 연관시킬 수 있다.

음악, 무용, 연극은 공연예술이다. 음악과 무용의 리듬적인 양상은 어디에서든지 불가분적으로 일어나기에 두 가지 예술영역이 성공적으로 결합되는 것이 가능하다 할지라도, 그 전에 배움의 주요 영역으로서 리듬을 포함하는 음악과 무용을 독립적으로 경험하는 것이 필요하다. 무용, 희극, 미술, 영상 등과 같은 자매예술은 음악과 밀접한 관계를 가지는데 그 중요한 표현은 그들 사이의 공통점과 고유한 특성에서 찾을 수 있다. 다음 <표-27>는 음악, 미술, 무용, 연극의 특성과 공통성을 보여준다.100

---

99 민경훈, 「초등학교 음악교육에 있어서 통합 예술적 수업모형 개발에 대한 연구」, 음악교육연구, 2005, 59쪽.
100 민경훈, 앞의 논문, 60쪽.

<표-27> 예술 분야별 주요 요소

예술요소	음악	미술	무용	연극
시간	제한적	비제한적	시간적	시간적
시각	화려	화려	화려	화려
운동감각	행동기술과 도구	행동기술과 도구	몸짓을 통한 상징적 표현	몸짓을 통한 상징적 표현
기술	목소리, 악기	그림, 조형시각	몸의 움직임	말, 몸의 동작
소리	유성	무성	무성	유성
청각	소리, 악보해석	무성	음악해석	문맥해석

또한, 건축을 '응고된 음악'이라 부르고, 서예는 '소리 없는 음악'이라 부르기도 한다.101 이런 자매예술의 특징을 활용하여 수업을 하면 학생들이 다종다양한 예술 형식을 접촉하게 되고 또 시각적, 청각적인 범위를 넓힐 수 있게 된다.

<표-28> 종합예술로서의 음악교육에서 이루어지는 다양한 경험

종합예술로서의 음악교육에서 이루어지는 다양한 경험	
1. 창작의 과정	예술적 생산의 체험적 과정
2. 예술적 표현	예술작품의 제작에 의한 예술적 실현
3. 비판적 평가	과정의 결과로서 예술품에 대한 비판적인 평가
4. 다양한 맥락에서의 예술의 이해	사회, 문화, 역사적 맥락에서 예술의 이해

자료: 민경훈, 앞의 논문. 63쪽 내용. 참조한 것임

---

101 金亞文, 앞의 책, 126쪽.

(2) 학습의 구조

구체적인 교수와 학습 원리는 학생들이 음악, 무용, 연극, 미술에 대한 지식과 기술 그리고 아래에 제시된 네 가지 유형의 상호적 경험들을 획득하는 방법에 기초하여야 한다.

'창작의 과정'은 아동들이 춤추기, 그림 그리기, 글쓰기 또는 작곡을 하는 방법을 배우는 과정에서 모든 학생들이 참여하거나 실천할 것을 요구하고 있다.

'예술적 표현'은 아동들이 학창시절을 거치면서 성장하는 동안 여러 가지 예술 형태와 접하고 그들의 예술적 지식을 깊이 있게 하는 것이다.

'비판적 평가'는 음악, 무용, 연극, 미술 등과 같은 예술 활동에 관하여 써 보거나 토의할 수 있는 능력을 기르고, 예술의 본질에 대한 지식을 쌓아가는 방법이다.

'다양한 맥락에서의 예술의 이해'는 예술에 대한 사회적, 문화적, 역사적 양상의 발견을 통해 아동들의 예술을 이해하는 안목을 넓혀 주고 자신의 연구를 깊게 하기 위해 관련 자료를 참작하는 것을 의미한다.

학생들이 이러한 방법으로 예술을 이해하는 것은 문맥적 지식의 획득에 도움을 줄 수 있다. 창작 과정에서 활동에 대한 참여는 예술품을 계획하고 만드는 것을 돕는 다양한 기술과 해결 방법을 극복하고자 하는 능력을 길러 주는 것이다. 즉, 학생들은 한 학년을 마치면서 음악을 듣고 그림을 그리는 활동, 음악을 몸으로 표현하는 활동, 타악기를 위한 음악 활동 등 다양한 레퍼토리로써 풍부하고 다양한 예술품들을 가지게 될 것이다. 예를 들면, 음악을 듣고 춤을 출 때 스텝과 터닝에 기초한 연속동작을 수행하는 능력은 전문적인 통제와 기술을 필요로 하지만, 이

288 중국 조선족 음악교육의 변천 과정 및 발전 방안

와 동시에 창조적인 이해를 요구한다.

또한 예술의 개념에 대한 이해는 다양한 예술 영역들에 대한 정보를 입수하고, 다양한 예술품을 보고 분석하려는 노력에 전적으로 의존한다. 이러한 정보와 예술품은 다양한 자료와 공연 그리고 전람회의 참관까지도 포함할 수 있다. 예를 들면, 미술전시회를 보고 작품에서 느낀 감정을 음악으로 표현하는 것이다. 이러한 교육과정은 넓은 안목에서 예술에 대한 지식과 표현적 기술 그리고 참여, 레퍼토리, 비판적 평가, 다양한 맥락으로부터의 이해를 수용하여야 한다.

(3) 지도의 방법

종합예술의 지도방법이 최상의 가능성을 얻기 위해서는 효과적인 계획과 준비가 전제되어야 한다. 여기에는 네 가지 구별되는 단계가 있다.

제1단계 : 교사와 학생 간의 교류에 의한 수업목표의 확인
제2단계 : 4~6주 동안 이루어질 프로그램 준비
제3단계 : 개인의 역할 분담, 프로그램의 감독과 평가
제4단계 : 수업과정의 기록 및 보고

제1단계는 특별한 예술적 지식의 축적을 위해 매우 중요한 기초과정이다. 학생들은 교원 의도의 주제가 무엇인지를 상상하여야 하고, 주제에 대한 결과를 얻기 위하여 어떠한 경험들이 필요한지를 생각해야 한다. 교원은 학생들이 수행하여야 할 과정의 경로를 미리 숙고하여, 그들이 충분히 도달할 수 있도록 도와주어야 한다. 다음 <표-29>은 종합예

술로서의 음악 프로그램의 제1단계 과정에서 요구되는 지식이다.

<표-29> 종합예술로서의 음악 프로그램의 제1단계 과정

음악	미술	무용	연극
음악을 통해 경험될 수 있는 것들을 써라 -표현적 형태: -필요한 기술: -완성될 작품: -주제에 대한 소리의 본질:	미술을 통해 경험될 수 있는 것들을 써라 -표현적 형태: -필요한 기술: -완성될 작품: -주제에 대한 시각적 본질:	무용을 통해 경험될 수 있는 것들을 써라 -표현적인 형태: -필요한 기술: -완성될 작품: -주제에 대한 무용의 본질:	연극을 통해 경험될 수 있는 것들을 써라 -표현적인 형태: -필요한 기술: -완성될 작품: -주제에 대한 목소리/움직임의 본질:

↓

종합예술 음악 프로그램

음악, 미술, 무용, 연극의 종합을 통해 경험될 수 있는 것들을 써라
    -표현적 형태:
    -필요한 기술:
    -완성될 작품:
    -주제에 대한 종합성 본질:

자료: 민경훈, 앞의 논문, 65쪽을 참조한 것임

제2단계는 수행 과정의 경로 결정이다. 이 단계에서는 교사의 지도적 방법적 기술과 학생들의 예술에 대한 지식이 필요하다. 왜냐하면, 프로그램 구상에 대한 생각을 많이 하면 할수록 지도와 학습과정 그리고 완성되어야 할 결과물의 윤곽이 명확히 드러날 수 있기 때문이다.

제3단계는 교사의 지도방법에 대한 설계와 관계된다. <표 31>은 수업의 명확한 목적과 목표 그리고 결과물의 윤곽을 도표화한 것으로서,

학습시간과 학습 단위에 따라 서로 다르게 적용되는 방법을 보여준다. 수업계획은 서술식으로 작성되어서는 안 되고 학습구조, 듣기기술, 학습자료, 준비도구 그리고 다양한 관련 자료들을 고려하여 수업내용을 구체적으로 기술하여야 한다.

<표-30> 교사의 지도 방법 설계

수 업 개 관	
제목(목적): 중심 주제:	날짜: 시간: 학년: 이름: 장소: 종합성 예술 맥락(음악/미술/무용/연극):
목표	1)개념 2)지식 3)기술 4)행동
창의적 생각(사고형성)	1)자극과 사고형성 2)설명, 증명, 기술의 실천 3)학생과의 상호작용
창의적 과정(사고의 행위)	1)반응 및 경험 2)사고와 기술의 연결 3)창의적 문제해결 및 해결책 발견 4)주제와 관련된 예술형식으로의 사고형성 5)자기격려 및 평가(활동의 집중 및 동료평가)
창의적 의사소통(사고의 실현)	1)활동의 완성 단계에 도달
수업에 대한 창의적 반응	1)목표도달에 대한 만족도 2)학생 개인의 반응 3)수업과정 중 교사역할에 대한 반응 4)다음 수업의 전략

자료: 민경훈, 앞의 논문, 68쪽을 참조한 것임

　종합예술로서의 음악교육은 다음과 같은 전략으로 수행될 수 있다.
　① 수업의 목적, 목표, 종합예술의 맥락 : 주요개념의 확인, 지식, 기술, 행동

② 창의적 생각, 창의적 과정, 창의적 실현을 위한 지도 방법적 전략

③ 학생이 자신의 작품을 논의하는 방법 및 교수 방법의 효과성에 대한 교사의 자기평가 등이다.

<표-31> 학생의 성취기록 양식

종합예술로서의 음악교육 기록		
이름:	평가:
종합예술로서의 음악교육에서의 성취단계	음악( ) 미술( ) 무용( ) 연극( )
1. 창작의 과정(예술 활동에 대한 학생들의 반응): 2. 예술의 표현과정(예술적 표현의 능력): 3. 비판적 평가과정(자신과 동료의 작품에 대한 평가): 4. 다양한 맥락의 이해과정(예술활동에 대한 토의, 정리):	전체적 논평:
종합 진술: 교사 서명: 날짜:	종합 점수( )

자료: 민경훈, 앞의 논문, 68쪽 참조

제4단계(<표-31>)는 학생 성취에 관한 기록이다. 교사는 학생이 그들의 능력 수준에서 음악 과제의 최고점으로서 무엇을 성취할 수 있을 것인가에 대하여 예측하고 확인하여 학습목표로 설정하고, 이 학습목표에 도달하기 위하여 학습하는 과정과 프로그램을 결정하여야 한다. 교사가 학생들에게 요구되는 기술과 사고양식을 이해하는 것은 학습 활동의 주요 내용을 형성한다. 특히, 교사가 학생들의 예술적 기술 및 사고를 분석하는 것은 학생들이 자신의 사고를 종합하는 방법을 일깨워 주는 데에 중요하게 작용할 수 있는데, 이것은 교사가 학생들의 창의적 성장을 촉진시키는 방법이다. 학생들의 발달을 관찰하는 것은 지속적인 과정이지만 성취에 대한 체계적인 기록은 보통 규칙적인 원칙에 따라 이루어

져야 한다.

학교 음악교육에서 "종합성 예술 음악교육의 형태로 이루어져야 한다."는 철학은 "심미적이고 창의적인 교육이 모든 학생들의 권리이고, 감정교육이 바탕이 되어야 한다."는 믿음에 기초한다. 따라서 종합성 예술교육은 학생들의 창의적인 사고 능력을 촉진시키고, 예술적 표현 능력을 길러준다는 점을 근본 원리로 삼아야 한다. 음악교육이 음악을 주체로 미술, 무용, 연극과 같은 자매예술 영역을 조화롭게 수용한 예술교육으로의 접근은 학생들의 예술적 안목을 넓혀 나갈 수 있고, 각각의 예술 영역을 종합적으로 이해하고 조작하는 능력으로 발전시킬 수 있다.

이러한 학습 활동을 통하여 다른 과목들에서 학습한 내용을 자연스럽게 수용할 수도 있다. 학교 음악교육에서 학생들의 다양한 예술적 감각을 고려한 지도 방법에 대하여 실제적인 인식을 갖고 지도해야 한다. 즉 음악 교과는 단지 노래와 악기 연주 등의 기능에 치우쳐서는 안 되며 그 음악이 존재하는 문화예술 전체를 이해하여야 하고 교육과정의 내용 및 지도 방법에 있어서 음악교과와 다른 교과의 종합적 예술교육이 함께 이루어져야 한다.

본 장에서는 조선족 초·중학교 음악교육의 실질적이고 구체적인 개선 방안을 제시하기 위한 첫 번째 방안으로 현장에 있는 조선족 학교 음악교사와 학생을 대상으로 설문조사를 실시하였다. 조선족 음악교육 분야에서 음악교육의 현상을 직접 조사하고 통계 분석한 내용을 요약하면 다음과 같다. 응답 교사의 경우, 교직 경력은 11-20년이 58%로 가장 많았고, 현장 음악교사들의 연령대가 30-40대 정도가 가장 많은 것으로 분석되어 앞으로 세대 간의 균형이 무너짐으로써 그만큼 교사 연령층대의 공백이 생길 수 있을 우려가 예상되었다. 교사들 중에서 여성 교사들의 비율이 74%로 절대적으로 많았고, 출신 학교를 보면 사범전과와 음악학원을 졸업한 교사가 가장 많은 20명인 40%를 차지하였다. 담당교과 항에서는 음악교과 전담교사가 68%인 34명으로 가장 많았고, 교사들의 담당 학년 항에서는 초등학교에서 중학교로 갈수록, 학년이 높을수록 적은 비율을 나타냈다. 이 밖에도 현재 조선족 초・중학교에 음악교사의 수가 많이 부족하다는 점을 보여주고 있다.

중국의 음악교육과정은 국가, 지방, 학교의 3급 과정 관리를 실행하고 있는데, 지방과 학교의 교육과정은 지구, 민족과 학교의 특색에 맞게 음악교육과정을 개발해야 한다고 지적하고 있다. 그에 따라 조선족 음악교육은 '의무교육 조선족 학교「음악과정표준」'이라는 교육과정에 의하여 이루어지고 있다.

조선족 음악교육의 두 번째 개선 방안을 내용적 측면과 방법적 측면으로 나누어 요약하면 다음과 같다.

내용적 측면에서 우선 교육 과정을 보면, 음악과의 성격과 특성에 맞는 교육목표를 설정하고 교육목표와 하위목표 간의 일관성, 교육목표의 초・중학교 급별 간의 일관성과 계열성 등을 충분히 고려해야 한다. 음악 교과서의 제정에서는 전문가와 현장 교사가 다양한 형식으로 개입하여 실제 문제를 반영할 수 있도록 편집 감독 체계를 수정하고 학교 교육의 본질에 합당하고 현대적 요구에 부응하는 교육과정을 개발해야 한다. 초등학교 6개 학년과 중학교 3개 학년을 각각 하나로 묶어 일관성 있고, 포괄적이고, 연계성을 가지도록 교육과정을 구성하여야 한다. 음악과 내용 구성에 있어서의 필수 학습 요소는 활동을 중심으로, 학습량을 최적화하여 선정하고 그 수준과 범위를 적정화하도록 하며, 학습자의 관심, 흥미, 필요, 요구와 시대적, 문화적 필요를 조화롭게 반영하여 학습자 중심의 교육과정을 구성한다. 또한 현재 초등학교 6개년, 초급중학 3개년으로 되어 있는 음악 지도 내용을 통합하여 9학년제로 제정한 제도를 개편할 때에 목차 및 내용 구성을 개편, 많은 분량을 축소하여야 하고, 구체적인 사항은 교수용 참고서에서 다루도록 해야 한다. 현재 조선족 학교의 음악과가 교과 내용을 지도하는 데 필요한 수업시간을 충분히 확보하지 못하여 교과로서의 기능을 상실했다는 점에 비추어 음악과 수업 시수를 교과의 목표를 달성할 수 있는 수준으로 알맞게 배정해야 한다. 적어도 지금의 음악수업 시간이라도 최대한 보장하여야 한다.

다음 교과서의 경우, 9개 학년용 18권의 음악교과서 편찬의 번잡스러움을 줄여 1개 학년의 두 학기용을 1권으로 합본하여 편찬함으로써 출판비용을 절감하는 외에 과중한 분량의 학습 내용을 줄일 수 있을 것이다. 학습량을 고려하여 단원별 영역 비중을 가창곡 위주로 편성하되 기악, 감상, 이론(상식)을 부담이 되지 않는 비중으로 줄여야 한다. 한편, 무용이 포함된 음악교재도 편찬하여 조선민족의 우수한 전통적 무용을 음악교재에 재현시키고 일정한 비례로 무용교수 시간을 규정한다면 학생들이 전통적인 무용 지식과 기능을 신장해야 한다. 교사용 지도서(교수참고서)를 개선하고 교사의 이해를 높일 수 있고 활용하기 편한 참고서를 만들어 냄으로써 단순한 음악상식이나 음악 활동을 나열하는 것이 아니라 실제 수업에서 활용할 수 있는 풍부한 교수-학습 자료를 제공하여야 한다.

개선의 방향에 관한 방법적 측면의 연구 결과, 우선 교수 방법의 개선 방향으로 고질적으로 행해지고 있는 입시교육의 체제를 탈피하고 학생들이 좋아하는 노래와 악기를 우선적으로 고려하고 교구-설비의 확보와 개선에 커다란 노력을 기울여야 한다. 다음 교사 교육 체계의 개선 방향으로 사실, 정보, 지식으로부터 원리를 탐색·탐구하여 새롭게 시도·창조하는 교육을 지향하면서 음악교육학과의 교육과정으로 하여금 교과교육을 담당할 음악교사들이 교과 전체를 능숙하게 지도할 수 있는 창의적인 교육과정으로 구상되어야 할 것이다. 한편, 음악교육학과 교육과정은 연주자를 희망하는 학생, 학자가 되기를 원하는 학생, 교사가 되고자 하는 학생을 충분히 고려하여 그 특수성을 살려 교육과정을 운영하여야 한다. 전통적인 통념을 하루 속히 버리고 음악 교육자를 길러내는 교육과정의 특징에 맞도록 교육의 분화 및 전문화가 요청된다. 음악교육학과 교육과정에서 졸업학점의 160학점 중 보통교육과정의 학점이 43학점으로 총 학점의 26.88%를 차지하는 등 국내외 여러 음악대학들에서는 찾아볼 수 없이 과중한 학점을 대폭 줄이고 전공과정 개념을 더욱 강화하여 선택한 전공 분야 관련 학점을 대폭 증가시키는 방안을 검토해야 한다.

이 외에 음악교육학과 교재 내용에 있어서도 각 교재 지도법의 비중을 확대하여 '가르치는 기술'의 과목을 늘려야 한다. 또한 전공과목의 교과목은 학교 현장에서 실제로 필요한 내용을 광범위하게 다룰 수 있도록 개선되어야 한다. 전공필수과정에서의 민족음악의 위치를 제고해야 하며 '음악교육학' 전공학과가 아니라 '음악학' 또는 '음악실기' 전공으로 운영되고 있는 문제점을 타개하고 연주가 양성 교육과 교사 양성 교육, 그리고 음악학자 양성 교육을 분명히 구분하여야 하며, 교직의 전문직과 특수성을 고려한 음악교과 내용을 전문성이 있는 과목들로 구성해야 한다. 신입생 선발 과정에서 음악적인 능력을 평가할 수 있는 방안에 대해 신중하게 고려해야 하며 음악교사들을 위한 재교육 문제, 즉 음악연수 과정도 대학 음악교육과정 프로그램에 첨가되어야 한다.

조선족 음악교육의 세 번째 개선 방안으로는 조선족 음악과 교육의 바람직한 모형 설계이다. 우선 음악과 교과목표와 지도체계 표준 모형을 제시하면 음악과 교육과정의 총적목표는 음악과정 가치의 실현에 의거하는 가운데 다양한 악곡 및 음악 실천 활동을 통하여 음악의 아름다움을 경험하게 하고, 음악의 감수 능력과 감상 능력, 표현 능력과 창조 능력을 기르며, 풍부한 음악문화 수양을 제고하며 음악적 정서와 음악을 생활화하는 태도를 가지게 하는 데 있다. 구체적으로, 초등학교 음악과는 기초적인 음악 개념의 이해, 다양한 음악 활동의 경험, 음악에 대한 흥미와 즐겨 참여하는 태도를 기르는 데 중점을 둔다. 중학교 음악과는 초등학교에서 다루어지는 기초적인 음악 개념을 바탕으로 심화된 음악 개념에 대한 이해와 다양한 악곡과 음악 활동을 통하여 창의적으로 표현할 수 있는 능력을 계발하는 데 중점을 둔다.102

다음, 종합예술로서의 음악교육 모형을 다음과 같이 제시한다. 음악예술의 본질은 하나의 문화이자 사회 대문화를 배경으로 하며 특히 자매예술과 사회학과는 서로 분리될 수 없는 밀접한 관계를 가지고 있으므로 음악교육은 반드시 학과 사이의 이런 유기적인 연계성을 중시하고

---

102 <표-28> '초등학교 음악과 교육목표와 지도체계 표준모형'와 <표-29>의 '중등학교 음악과 교과목표와 지도체계 표준모형' 참조.

음악문화의 생동함을 완전하게 표현, 학생들의 음악에 대한 적극성을 불러일으키고 참여하는 가운데서 음악문화의 시야를 넓히고 체험과 감수를 심화함과 동시에 음악 감상 능력, 표현 능력, 창조 능력을 제고할 수 있음을 강조하고자 한다. 음악교수에서 교사들은 학생들의 음악 감상 능력을 제고시킴과 동시에 음악 심미 능력을 배양하여 정확한 심미 가치관을 형성시켜야 한다. 또한 학교 음악수업과 사회 음악 생활을 결합시켜 학생들로 하여금 음악 정보를 선택하여 접하게 하며 사회 음악 활동에 참여하여 음악의 즐거움을 체험하고 자신의 음악 경험에서 출발하여 인생의 관계를 탐구하고 사고할 수 있게 해야 한다. 개념적 차원에서 예술의 근원에 대한 이해는 과거와 현재에 있어 전통성과 창조적 예술 사이의 연결고리를 인식하는 것이다. 자매예술에는 음악과 무용, 음악과 미술, 음악과 연극과 같은 예술 영역이 조화롭게 제시되어 있다. 이러한 종합예술로서의 음악교육을 통해서 학생들은 각 예술 영역을 이해하고, 예술을 종합적으로 사고하며 조작하는 능력을 발전시킬 수 있다. 구체적인 교수와 학습 원리는 학생들이 음악, 무용, 연극, 미술에 대한 지식과 기술 그리고 창작의 과정, 예술적 표현, 비판적 평가, 다양한 맥락에서의 예술의 이해 등 네 가지 유형의 상호적 경험들을 획득하는 방법에 기초해야 한다. 이러한 종합성 예술의 지도 방법이 최상의 가능성을 얻기 위해서는 효과적인 계획 과정의 준비가 전제인데 이는 대체로 1) 교사와 학생 간의 교류에 의한 수업목표의 확인, 2) 4~6주 동안 이루어질 프로그램 준비, 3) 개인의 역할 분담, 프로그램의 감독과 평가, 4) 수업과정의 기록 및 보고 등 네 개 단계로 나누어 설계할 수 있다.

제6장 결론과 제언

    이 논문에서는 중국 조선족 초·중학교 음악교육의 변천 과정을 역사적으로 고찰하고, 바람직한 음악교육의 발전 방향을 구체적인 방법과 모형을 통하여 제시하고자 하였다.

    제 1장 서론에 연구의 필요성과 목적, 연구 내용 및 방법을 제시하였고, 2장에서 연구의 기초 배경으로 조선족의 초·중등학교 교육의 실태와 음악의 실태를 고찰하였으며, 3장에서는 조선족 음악교육의 역사적 과정, 초·중학교 음악과 교육목표, 음악교육의 기본 내용과 방법의 변천 과정을 살펴보았다. 그리고 4장에서 초·중학교 음악교육 목표의 실태와 문제점, 음악교과의 기본 체계와 수업 방법의 실태 및 문제점, 교사 양성 대학 음악교육과정의 실태와 문제점을 고찰하였다. 5장에서는 현황 파악을 위하여 실시한 설문조사, 인터뷰, 수업 현장의 답사에서 얻은 내용과 교육 현장의 실태를 정리하였고, 이 실태 파악과 문제점의 개선 방안 탐색을 통하여 앞으로 조선족 학교 음악교육의 합리적인 발전 방향을 모색하였다.

    중국 동북3성 지역의 200여만 조선민족의 음악교육은 1906년 연변의 용정에 서진서숙이란 교육기관이 설립되면서 시작되어 그 역사가 올해로 100년이 넘었다. 그러나 9년제 의무교육인 초등학교와 초급 중학교의 정규 교과의 음악교육이 시작된 것은 1986년도로 올해로 20여 년의 짧은 역사밖에 되지 않는다. 지난 20년간의 초·중학교 음악교육은 3차에 걸쳐 교육과정이 개정 고시되고, 교과서와 교사용 지도서가 발행되면서 많은 변천을 가져 왔으나 개선을 필요로 하는 문제점들이 많이 발견되었다.

교육과정 시기별로 검토한 초등학교와 중학교의 교육과정과 교과서의 특징을 정리하면 다음과 같다. 초등학교 음악 교육과정은 제1차시기의 경우 1988년에 연변교육출판사 음악교수요강집필소조에서 작성한 '전일제 조선족 음악교수요강'은 교수목적, 교수내용과 요구 등 6개항으로 구성되었다. 1989년에 조선족 중·소학 음악교재편사조에서 집필한 매 학년 학기별 교과서인 『의무교육 초등학교 교과서 음악 제1권』은 10개 단원으로 구성하여 편찬하였다. 제1차시기 교수·학습 방법의 내용은 교육과정인 '음악교수요강'에서 구체적으로 명시하였다. 제2차시기의 경우, 1994년에 조선족 초·중학교 교학대강 편사조에서 작성한 '의무교육 전일제 조선족 초등학교 음악교수요강'은 교수 목적, 교수 내용과 요구 등 7개항으로 구성되었다. 1999년에 조선족 초·중학교 음악교재편사조에서 집필한 매 학년 학기별 교과서인 『의무교육초등학교 교과서 음악 제1권』은 10개 단원으로 구성하여 편찬하였다. 제2차시기 교수·학습 방법에 대한 내용은 교육과정인 '음악교수요강'과 교사용 지도서인 '교수참고서'에서 구체적으로 명시하였다. 제3차시기 음악교육과정은 2004년에 연변교육출판사 미음체美音体 편집실에서 작성한 '의무교육 조선족 초등학교 음악과정 표준'으로 머리말과 교육과정 목표 등 4개항으로 구성되었다. 2004년에 연변교육출판사 미음체 편집실에서 집필한 매 학년 학기별 교과서인 '의무교육 조선족 초등학교 교과서 음악 ○학년 상권'은 10개 단원으로 구성하여 편찬하였다. 제3차시기 교수·학습 방법에 대한 내용은 교육과정인 '음악과정표준'과 교사용도 서인 '교수참고서'에 구체적으로 제시하였다.

중학교 음악교육과정도 이와 비슷한 경로를 통하여 변천하였다. 제 1 차시기 음악교육과정의 경우 1989년에 동북조선민족 초등학교 음악교 수요강 집필소조에서 작성한 '조선족 초급중학교 음악교수요강'은 교수 목적, 교수내용과 요구 등 6개항으로 구성되었다. 1992년에 조선문교 재편집부에서 집필한 매 학년 학기별 교과서인 『의무교육 초급중학교 교과서 음악 제1학년용』은 학기별 10개 단원으로 구성하여 편찬하였다. 제1차시기 교수·학습 방법에 대한 내용은 교육과정인 '음악교수요강' 에 구체적으로 제시하였다. 제 2차시기 음악교육과정의 경우 1994년에 조선족 초·중학교 교학대강 편사조에서 작성한 '의무교육 전일제 조선 족 중학교 음악교수요강'은 교수목적, 교수내용과 요구 등 7개항으로 구 성되었다. 제 2차시기 교수·학습 방법에 대한 내용은 1994년에 고시 한 '음악교수요강'과 1997년에 간행한 '음악교수참고서'에 구체적으로 제시하였다. 제 3차시기에 맞추어 2004년에 연변교육출판사 미음체편 집실에서 작성한 '의무교육 조선족 초등학교 음악과정 표준'은 머리말 과 과정목표 등 4개항으로 구성되었다. 2004년에 연변교육출판사 미음 체 편집실에서 집필한 매 학년 학기별 교과서인 '의무교육 조선족 학교 교과서 음악 ○학년 상권'은 7개 단원으로 구성하여 편찬하였다. 제 3차 시기 교수·학습 방법에 대한 내용은 2004년에 개정된 교육과정인 '음 악과정 표준'에서 구체적으로 제시하였다.

조선족 초·중학교 음악교육은 여러 가지 면에서 문제점을 노정하고 있다. 우선 교육목표를 살펴보면, 교육과정과 교과서간의 상호연계성이 부족하고 이를 극복할 만한 특단의 조치가 필요하다는 점이 지적되었다. 즉 각 시기별 교육과정이 여러 차례 변화했음에도 불구하고 실제 교육 현장에 적절하게 접목시킬 수 있는 교과서가 제대로 개발되지 않고 있는 실정이라는 것이다. 교과서 외에도 음악교과의 기본 체계와 수업 방법도 문제점으로 지적되었다.

교재의 악곡 선정이나 음악 교수법 개선이 시급한 것은 물론 조선족 음악교육 시간에 반드시 관철해야 할 구체적인 수업 활동이 필요하다는 점이 지적되었다. 보다 중요한 것은 현행 음악교사 양성 대학의 음악교육학과 교육과정에 본질적인 문제점이 존재하고 있다는 사실이다. 우선 신입생 선발 과정에서 음악적 능력을 평가하는 과정이 없다는 점이다. 그럼에도 불구하고 현재 중국 내 유일한 조선족민족대학인 연변대학의 경우 예술대학에서 연간 50여 명의 음악교사를 배출하고 있다.

초·중학교 9년 동안 음악을 배워도 악보를 제대로 읽지 못할 뿐만 아니라 실제로 악기를 다루는 학생도 매우 드물다. 즉 음악적으로 잘 훈련되지 못한 대학교 졸업자들이 학교에서 음악교육을 담당하며 학생들은 이러한 교사들에게 음악교육을 받게 된다. 더욱이 민족교육의 중임을 맡고 있는 교사들이 음악에 대한 지식을 체계적으로 갖추지 못한 상태에서 악기 연주만 배운다고 해서 전통음악까지 가르쳐야 하는 근본 임무를 감당할 수는 없는 것이다.

또한 교육 현장에서 창의적인 음악 수업이 이루어지기 위해서는 무엇보다 교과서에 창의성 계발과 관련된 내용이 교사와 학생이 실천에 옮

길 수 있을 정도로 자세하고 구체적으로 포함되어야 한다. 이미 다른 나라의 교과서나 다른 교과에서는 창의적인 시도가 교과서를 통해 체계적으로 나타나고 있는 반면에 조선족의 음악 교과서는 아직 창의성이 부족하며 타 교과와의 연계나 다양성이 부족한 실정이다.

연구의 실제적인 근거를 마련하기 위하여 중국 조선족 초·중학교 음악교육의 변천과 발전 방향 연구에 대한 설문지를 작성해 각 항목별로 내용을 분석하였다. 이미 제4장에서 제시한 바와 같이 현재의 음악교육은 많은 문제점을 안고 있으며 개선 방향의 제시가 시급하다는 결론을 얻었다. 이에 중국 조선족 음악교육의 도약적인 발전을 위해 실제 음악교육에서 나타난 문제점과 개선 방향에 관하여 아래와 같이 몇 가지를 제시하였다.

첫째, 의무교육 조선족 학교 교육과정과 교과서 편찬에 많은 전문가가 참여하여 연구, 개발하여 이루어지도록 해야 할 것이다. 개발팀은 음악교육 전문가, 현장 음악교사 등으로 전문가가 연구, 집필, 심의하는 3원 제도로 이루어지도록 해야 한다.

둘째, 현재의 지나치게 많은 학습량을 실제 배정된 시간과 학생들의 수준에 맞도록 재조정하고, 내용을 간결하게 하여야 한다. 그리고 초·중학교의 교육과정과 내용을 연계하는 연속 과정으로 구성하여야 한다.

셋째, 초·중학교의 학년별 통합 교과서 편찬이 새로운 과제로 떠오르고 있다. 교과서 단원의 선정은 시간 배당을 고려해야 하고, 과중한 내용 편성을 피하고, 민족음악을 몇 개의 단원에 걸쳐 구성하도록 해야 한다.

넷째, 초·중학교 음악교과서 내용의 선택에서도 반드시 어린이들의 연령, 취미, 기호, 흥취, 심리에 맞게끔 주의해야 하며, 평시에도 재미있게 부를 수 있는 곡을 수록하도록 해야 한다.

음악교과는 이론과 실용성이 유기적으로 결합된 학과들 중의 하나라고 볼 수 있다. 음악교육은 반드시 학생들의 심리적 특징을 이해하고 그들의 취미를 불러일으키는 방식으로 교수−학습을 진행해야 한다.

다섯째, 초·중학교의 음악교과서, 음악교수 참고서, 교육과정의 개정 시기는 약 5년을 주기로 하는 것이 바람직하다. 중국 조선족 음악교육은 1, 2, 3차 교육과정 시기인 약 20년 가까이 장족의 발전을 이루었다. 다른 학과가 부단히 변화하듯이 음악교육의 발전 속도 또한 비약적이므로 음악교육도 그 시대적 요구에 따라 내용, 교수−학습 체계 등이 모두 달라져야 한다. 이런 변화에 적응해서 빠른 주기로 개선해야 시대적 요구에 맞고 개정 의도에 맞는 음악교육을 실시할 수 있다.

여섯째, 초·중학교 교수·학습 방법의 개선 제도를 확립해야 한다. 초·중학교 학년별 교사용 도서 편찬을 교육과정과 교과서를 이해하고 지도할 수 있게끔 구체적으로 서술하도록 해야 한다. 초·중학교 음악교육의 활성화를 위해 음악 시수의 확충과 다양한 음악 재료 및 학습 교구와 설비가 대폭적으로 지원되어야 한다.

마지막으로 교원 양성 방법을 개선하고 교원의 연수를 강화하도록 추진해야 한다. 중앙정부의 교육 방침에 맞춰 조선족 음악교원 양성 방법을 획기적으로 개선하고, 현재 전무한 교원 연수 프로그램을 작성 운영하며, 전문 연수기관을 설립하여 음악교사에 대한 재교육을 강화해야 한다.

이 연구는 조선족 음악교육의 실태를 파악하여 그 문제점과 발전 방안을 살펴보고 마지막으로 바람직한 교육과정 모형을 설계하여 제시하였다. 일단 그간의 연구 성과를 바탕으로 조선족 음악교육의 각종 문제점을 해결하기 위해 어떠한 모델이 가장 적합한지 자문하는 기회를 갖고, 향후 조선족 음악교육의 새로운 모델을 설정하기 위한 전초 작업을 진행해 보자는 취지였던 것이다.

조선족 음악교육 과정의 표준적인 모형은 내용과 방법의 두 측면으로 구성하여 그 구체적인 개선 방향을 제시하였다. 특히 각 학년별 음악과 교과목표와 교과 내용, 지도 체계의 표준 모형을 음악을 표현하는 기법, 음악 감상, 음악 개념 이해, 연습 적용하기 등 4개 부문으로 나눠 살펴보고, 조선족 음악과 교수·학습방법의 실제 모형을 종합예술로서의 음악교육의 관점에서 다루었다.

물론 이러한 모형이 교과서 편집에서 음악교육의 현장에 이르기까지 실질적인 결과물로 나타나려면 중국 교육 당국의 소수민족 예술교육에 대한 발상의 전환과 이에 대응하는 민족대학 차원의 연구 노력이 뒤따라야만 그 가능성이 있다. 하지만 아직까지 열악한 교육의 환경 속에서 이 논문이 제시한 조선족 음악교육의 개선 방향은 일단 모형 단계로 간주될 수밖에 없다. 56개 소수민족을 통괄하는 중국 교육 제도의 거대한 틀 속에서 움직일 수밖에 없는 기본적 한계가 있는데다 정치적·역사적으로 민감한 부분들이 많기 때문에 보다 점진적으로 접근해야 한다고 보는 것이다. 더구나 서구西歐의 음악교육 모델이 그대로 적용될 수 없는 결정적 한계가 도사리고 있어 조선족 음악교육 체제는 불가피하게 논란거리가 될 수밖에 없다. 이러한 한계점에도 불구하고 본 연구는 중국 사회에서 자체 민족의 정체성을 지키는 데 도움을 주는 조선족 음악교육의 바람직한 발전 방향을 모색하는 데 초석을 놓는 계기가 될 것으로 믿는다.

민족교육의 요체는 언어와 문화예술이라는 점에 있음을 되새길 때, 조선족 음악교육이 나아갈 방향을 꾸준히 재고해 보면서 이 연구가 조선족 음악교육의 각종 문제점 해결을 위해 어떠한 모델이 가장 적합한지 스스로 자문하는 기회를 갖고, 향후 조선족 음악교육의 새로운 모델을 설정하기 위한 전초작업을 진행하는 데 보탬이 되기를 바란다.

참고문헌

<일반문헌>

『중국조선민족문화사대계-예술사』, 중국: 민족출판사, 1997.

『중국조선민족문화사대계-교육사』, 중국: 민족출판사, 1997.

김강일 외, 『중국 조선족 사회의 문화 우세와 발전전략』, 중국: 연변인민출판사, 2001.

김경훈, 『문학교육론』, 중국: 연변대학출판사, 2001.

김덕균, 『중국조선민족예술교육사』, 중국: 동북조선민족교육출판사, 1992.

김종국 외, 『중국 조선족 문화활동』, 중국: 민족출판사, 1993.

남희철, 『20세기 중국 조선족 음악문화』, 중국: 민족출판사, 2005.

박규찬, 『중국조선족교육사』, 중국: 동북조선민족교육출판사, 1991.

석문주 · 권덕원 · 최은식 · 함희주, 『음악과 교육의 이해와 실천』, 한국: 한국교육과학사, 2006.

양종모 · 이경언, 「음악과 교육목표 및 내용체계 연구」, 『한국교육과정평가원 연구보고』, 한국: 한국교육평가원, 2001-2002.

이경언 외, 『초등학교 음악과 교수 · 학습방법연구』, 한국: 한국교육과정평가원, 2002.

이도식, 『노래, 가창, 그리고 음악표현』, 한국: 한국교원대학교 출판부, 2002.

이홍수, 『느낌과 통찰의 음악교육』, 서울: 세광음악출판사, 1992.

_____, 『음악교육의 현대적 접근』, 서울: 세광출판사, 1991.

전학석 외, 『중국 조선족 언어 문자 교육 사용 상황 연구』, 중국: 연변대학출판사, 2000.

최순덕 외,『중국조선족문화대계-음악사』, 중국: 민족출판사, 1994.

허명철 외,『연변조선족교육의 실태조사와 대안연구』, 중국: 료녕민족출판사, 2003.

허청선 · 강영덕 · 박태수,『中國朝鮮民族敎育史料集』1, 2, 3集, 중국: 연변교육출판사, 2002-2003.

황도남,『중국 조선족교육의 현황과 전망』, 중국: 연변대학출판사, 1995.

<중국 문헌>

中华人民共和国国家教育委员会制定,『九年义务教育全日制中小学音乐教育纲』, 1992.

郭声健,『艺术教育论』, 中国: 上海教育出版社, 1999.

扬力 · 郭声健,『国家级中小学校音乐骨干教师教案精选』, 中国: 湖南艺术出版社, 2002.

柳斌, 中国著名特级教师教学思想录,『中小学音乐卷』, 中国: 江苏教育出版社, 1996.

延边大学,『中国朝鲜族 近代教育100周年 学术研讨会』, 中国: 延边大学师范学院, 2006.

金亚文, 『小学音乐新课程教学法』, 中国: 高等教育出版社, 2005.

_____, 『初中音乐新课程教学法』, 中国: 高等教育出版社, 2005.

_____, 『高中音乐新课程教学法』, 中国: 高等教育出版社, 2005.

中华人民共和国国家教育委员会制定,『中国音乐课程标准』, 中华人民共和国教育部网站(www.moe.edu.cn), 2006.

国家教育发展研究中心,『中国教育绿皮书』, 中国教育科学出版社, 2001.

中等师范学校,『音乐教科书』第一, 二, 三册, 中国: 人民教育出版社, 2004.

管建华,『中国音乐教育与世界音乐教育』, 中国: 南京师范大学出版社, 2002.

马达,『音乐教育科学研究方法』, 中国: 上海音乐出版社, 2005.

国家新闻出版署,『中国音乐教育』, 中国: 人民教育出版社, 1997-2002.

延边朝鲜族自治州教育委员会,『延边教育统计资料』, 中国: 延边朝鲜族自治州
　　　教育委员, 2001-2002.

<음악 교과서 자료>

중・소학교음악교재 편,『소학교음악』1~6학년, 연변교육출사, 1983.

중・소학교음악교재 편,『중학교음악』2학년, 연변교육출판사, 1985.

미음체 편,『소학교음악』총12권, 1~6학년, 동북조선민족교육출판사, 1992.

미음체 편,『중학교음악』1~3학년, 동북조선민족교육출판사, 1992.

미음체 편,『소학교음악교과서』총12권, 1~6학년, 연변교육출판사, 2000.

미음체 편,『초급중학교음악교과서』1~3학년, 연변교육출판사, 2000.

미음체 편,『소학교음악교과서』총12권, 1~6학년, 연변교육출판사, 2004.

미음체 편,『중학교음악교과서』1~3학년, 연변교육출판사, 2004.

중등사범학교,『음악교과서』1~4권, 동북조선민족교육출판사, 1987-1990.

조선족 소학교 무용교재 편,『무용교과서』1학년용, 동북조선민족교육출판사,
　　　1991.

<음악 교사용 지도서 자료>

제1차: 조선족 중・소학교음악교수요강 집필조,『전일제조선족소학교음악교

수요강』, 연변출판사, 1988.

제1차: 조선족 중・소학교음악교수요강 집필조, 『전일제조선족초급중학교 음악교수요강』,동북조선민족교육출판사, 1989.

제2차: 조선족 중・소학교 음악교수요강 집필조, 『의무교육전일제조선족소 학교음악교수요강(시용)』, 동북조선민족교육출판사, 1994.

제2차: 조선족 중・소학교 음악교수요강 집필조, 『의무교육전일제조선족초 급중학교음악교수요강(시용)』, 동북조선민족교육출판사, 1994.

미음체 편, 초급중학교『교수참고서』, 동북조선민족교육출판사, 1997.

미음체 편, 의무교육 조선족 학교『음악교수요강 1~6』, 연변교육출판사, 2000.

미음체 편, 의무교육 조선족 학교『음악과정표준』, 연변교육출판사, 2005.

<논문>

권덕원, 「학교음악교육 50년 그 반성과 전망」, 『한국교원대학교 개교20주년 학술심포지엄』, 한국: 한국교원대학교, 2004, 580-611쪽.

김성희, 「중국 조선민족 음악의 실태와 전망」, 『동양예술』제2호, 한국: 한국 동양예술학회, 2000, 219-237쪽.

_____, 「중국의 교육제도와 조선족 초등음악교육 현황」, 『교육논총』제19집, 한국: 인천교육대학교 초등교육연구소, 2002a, 449-474쪽.

_____, 「中・韓小學校中學年音樂科教科書歌唱領域內容構成比較考察: 중국 조선족 소학교와 한국 초등학교의 3,4학년을 대상으로」, 『교육논총』 제20집, 한국: 인천교육대학교 초등교육연구소, 2002b, 297-314쪽.

_____, 「중국조선민족 대학음악교육의 실태와 전망: 연변대학교 예술대학을 중심으로」, 『연세음악연구』제9집, 한국: 연세대학교음악연구소, 200

2c, 21-52쪽.

김성희, 「中國東北3省의朝鮮族中小校音樂敎科書分析」, 『藝術硏究論叢』第一
　　　輯, 中國: 延邊大學藝術學院, 2003, 227-258쪽.

_____, 「중국 조선족의 이주와 조선족 민요의 형성」, 『지역문화연구총서』③,
　　　한국: 집문당, 2004a, 77-110쪽.

_____, 「중국 땅에서의 청주아리랑과 음악적 특징고찰」, 『동양예술』, 中·韓
　　　國際東洋藝術學術會發表, 2004b, 354-377쪽.

_____, 「音樂課程的敎育理論之我見」, 『東疆學刊』第4期, 中國: 東疆學刊, 20
　　　06, 102-106쪽

_____, 「종합성예술표현수업의연구」, 『중국조선족교육』4기, 중국: 연변교육
　　　출판사, 2007, 46-55쪽.

김예풍, 「조선족민요의 전승현황과 변용에 대한 음악적 연구」, 한국: 한국정
　　　신문화연구원 박사학위논문, 2004.

김용희, 「제7차 음악과 교육과정의 내용분석 및 개선방안」, 『교원교육』, 한
　　　국: 한국교원대학교 교육연구원, 2005, 270-283쪽.

민경훈, 「초등학교 음악교육에 있어서 통합 예술적 수업모형 개발에 대한 연
　　　구」, 『음악교육연구』, 한국: 한국음악교육학회, 2005, 53-77쪽.

박정희, 「중국 조선족 농촌교육의 개혁과 발전연구」, 『중·한 학술세미나』,
　　　중국: 연변대학교 사범학원, 2006, 45-57쪽.

백미옥, 김선녀, 「조선족 전통문화로 특색학교를 건설」, 『중국조선족교육』4
　　　기, 중국: 연변교육출판사, 2007, 39-41쪽.

변미혜, 「음악과 교과용 도서 개발 방향 연구 : 문화 예술 주제 중심의 교과간
　　　통합을 중심으로」, 『교과교육 활성화 방안연구 '음악교과발표'』, 한

국: 한국교육과정평가원, 2005, 569-589쪽.

이도식, 「音樂科教育과 바람직한 교사의 역할」, 한국: 한국교육연구사, 1991.

이애순, 「전통문화의 현대화과정에서 생성된 전통문화의 실체」, 『문학과 예술』 6기, 중국: 문학과 예술편집부, 2004, 31-47쪽.

이홍수, 「음악과 교육연구의 과제와 전망」, 『교원교육』 제11권 , 한국: 한국교원대학교 교육연구원, 1995, 79-90쪽.

_____, 「음악과 수준별 교육과정의 개발 방안 탐색」, 『교육과정연구』, 한국: 한국교육과정학회, 1996, 287-305쪽.

_____, 「음악과 교과용 도서개발 현황 및 개선방안」, 『한국교육』 제19권2호, 한국: 한국교원대학교 교육연구원, 2004a, 264-278쪽.

_____, 「중등학교 음악교육 50년 반성과 전망」, 『한국교원대학교 개교20주년 학술 심포지엄』, 한국: 한국교원대학교, 2004b, 624-668쪽.

이훈, 「중국 조선족 공연단체에 관한 음악사회사적 연구」, 한국: 서울대학교 박사학위논문, 2005.

부 록

<부록 1-1> 교사 설문지

중국 조선족 초·중학교

음악교육의 변천과 발전방향 연구에 대한 설문지

안녕하십니까?

선생님들께서 바쁘시다는 것을 알면서도 이렇게 설문지 작성 의뢰를 한 것을 이해하여 주시기 바랍니다.

저는 연변대학 예술학원 음악학부에서 교학을 하던 중 한국교원대학교에서 음악교육 박사과정에 다니고 있는 김성희입니다. 제가 준비하고 있는 연구를 위해 설문지 작성을 부탁드리오니 솔직하게 답해 주시기 바랍니다.

우리 조선족의 음악교육에 대한 실태를 정확히 파악하고 새로운 개선 방향을 찾아내기 위한 연구이니 번거롭게 여겨지더라도 성실하게 답하여 주십시오. 이 설문지는 음악교육 개선을 위한 자료로만 사용될 것임을 밝혀 둡니다.

2007년 월 일까지 도착하도록 운송하여 주십시오.

2007년 월 일 김성희 올림

☞ 질문 내용과 가장 가깝다고 생각하시는 것 하나를 골라 해당번호에 표(√)로 표시하여 주십시오. 그 외에 다른 사항이 있으시면 기타란에 자유롭게 기재하여 주시기 바랍니다.

1. 선생님의 근무지는? | 1) 도시   2) 현 소재지

3) 진 소재지   4) 농촌지역

2. 선생임의 교직경력은?

　1) 30년 이상 2) 11-20년

　3) 5-10년　4) 5년 미만

3. 선생님의 성별은 ?

　1) 남　　2) 여

4. 선생님의 출신학교는?

　1) 사범대학 2) 사범전과

　3) 음악학원 4) 일반대학

5. 선생님의 담당교과는?

　1) 음악교과전담

　2) 음악교과와 예능 교과

　3) 음악교과와 일반교과

　4) 음악교과와 담임

6. 선생님의 담당 학년은?

　1) 소학 1,2,3학년

　2) 소학 4,5,6 학년

　3) 중학교 1학년

　4) 중학교 2학년

　5) 중학교 3학년

7. 선생님의 전공 영역은?

　1) 성악   2) 기악

　3) 이론   4) 무용

8. 선생님의 지도 영역은?

　1) 성악　2) 기악

　3) 감상-이론   4) 과외예술활동

9. 선생님의 최고 학력은?

　1) 전과　　2) 본과

　3) 석사　　4) 박사

*음악과정표준(교육과정)에 대하여

1. 교육과정은 몇 년에 한번 씩 바뀌는 것이 적합하다고 봅니까?

　1) 5년　　2) 10년

　　다른 의견은?(　　)

2. 새로운 음악교육과정을 개정한다면 아래의 경우 어느 교육과정이 적합하다고 봅니까?

　　1) 소학교와 중학교를 통합한 교육과정

　　2) 소학교와 중학교를 분리한 교육과정

　　다른 방법이 있다면 (　　)

3. 현행 음악과정표준은 어떤 교육이념에 맞게 개정되었다고 봅니까?

　　1) 조선족 민족음악특성에 맞게 개정되었다.

316 중국 조선족 음악교육의 변천 과정 및 발전 방안

2) 중국 특성에 만 맞게 개정되었다.

3) 기본은 중국, 정신은 조선족에 맞게 개정되었다.

4. 음악교육과정 편성작업은 어떤 사람들이 참여하는 것이 좋다고 봅니까?

 1) 교육과정 행정담당자

 2) 대학교수

 3) 행정담당자, 대학교수

 4) 현직 교사, 음악가

　　기타 (　　)

5. 현행 의무교육 조선족 학교 '음악과정표준'(음악교육과정)의 명칭에 대하여 적합하다고 봅니까?

 1) 아주 적합하지 않다

 2) 적합하지 않다.

 3) 보통이다.

 4) 적합하다.

 5) 아주 적합하다.

　　고친다면 (　　)

6. 현행 음악과정표준의 학년별 교학 분량배정은 적합하다고 봅니까?

 1) 아주 적합하지 않다

2) 적합하지 않다.

3) 보통이다.

4) 적합하다.

5) 아주 적합하다.

　　기타 (　　)

7. 현행 음악과정표준 영역분류(가창, 표현, 창조, 음악상식)는 적당하다고 봅니까?

 1) 전혀 적당하지 않다.

 2) 적당하지 않다.

 3) 보통이다.

 4) 적당하다.

 5) 아주 적당하다.

　　고친다면 (　　)

8. 현행 음악과정표준은 학교, 사회 발전 실정에 적합하다고 봅니까?

 1) 아주 적합하지 않다

 2) 적합하지 않다.

 3) 보통이다.

 4) 적합하다.

 5) 아주 적합하다.

9. 현행 음악과정표준을 읽어보고 연구한 적이 있습니까?

 1) 전혀 읽어보지 않았다.

2) 읽어본 적이 적다.

3) 보통이다.

4) 읽어보았다.

5) 읽어보면서 연구하였다.

* 음악교과서에 대하여

1. 음악교과서는 몇 년에 한 번씩 바뀌는 것이 적합하다고 봅니까?
   1) 5년   2) 10년
   다른 의견은 (년)

2. 새로운 음악교과서를 개정한다면 어떻게 편찬하는 것이 적합하다고 봅니까?
   1) 학년별 교과서
   2) 학기별 교과서
   다른 방법이 있다면 (   )

3. 음악교과서 편찬에는 어떤 사람들이 참여하는 것이 좋다고 봅니까?
   1) 교육과정 행정담당자
   2) 대학교수
   3) 행정담당자, 대학교수
   4) 현직교사, 음악가
   기타 (   )

4. 현행 음악교과서의 편집 순서는 어떻습니까?
   1) 수업하기 편하게 영역별로 편집하였다.
   2) 수업하기 불편하게 영역별로 편찬하였다.
   그 외 의견 (   )

5. 현행 음악교과서의 명칭에 대하여 적합하다고 봅니까?
   1) 아주 적합하지 않다
   2) 적합하지 않다.
   3) 보통이다.
   4) 적합하다.
   5) 아주 적합하다.
   바꾼다면 (   )

6. 현행 음악교과서의 학년별 교학분량배정은 적합하다고 봅니까?
   1) 아주 적합하지 않다.
   2) 적합하지 않다.
   3) 보통이다.
   4) 적합하다.
   5) 아주 적합하다.
   교학시수분량은? (   )

7. 현행 음악교과서의 영역분류는

적당하다고 봅니까?

1) 전혀 적당하지 않다.

2) 적당하지 않다.

3) 보통이다.

4) 적당하다.

5) 아주 적당하다.

　　바꾼다면 (　　)

8. 현행 음악교과서의 규격과 분량은 어떻다고 봅니까?

1) 분량이 너무 많다.

2) 분량이 많다.

3) 분량이 적당하다.

4) 분량이 적다.

5) 분량이 매우 적다.

　　다른 의견이 있다면 (　　)

9. 현행 음악교과서의 내용은 교과 표준 내용을 충분히 반영하였다고 봅니까?

1) 전혀 반영하지 못했다.

2) 반영하지 못했다.

3) 보통이다.

4) 반영하였다.

5) 아주 잘 반영하였다.

　　그 외 의견은(　　)

10. 현행 음악교과서의 내용 수준이 해당학년에 맞는다고 봅니까?

1) 잘 맞는다.

2) 맞는다.

3) 보통이다.

4) 맞지 않는다.

5) 전혀 맞지 않는다.

　　기타 의견은 (　　)

*음악교수참고서(음악교사용지도서)에 대하여

1. 새로운 음악교수참고서를 개정한다면 어떻게 편찬하는 것이 적합하다고 봅니까?

1) 학기별 교과서

2) 학년별 교과서

　　다른 방법이 있다면 (　　)

2. 음악교수참고서는 몇 년에 한 번씩 바뀌는 것이 적합하다고 봅니까?

1) 5년　　2) 10년

　　다른 의견은 (　　년)

3. 음악교수참고서 편찬작업은 어떤 사람들이 참여하는 것이 좋다고

봅니까?

1) 교육과정 행정담당자

2) 대학교수

3) 행정담당자, 대학교수,

4) 현직교사, 음악가

　　기타 있다면(　　)

4. 구교재 음악교수참고서의 편집 순서는 어떠하였다고 봅니까?

1) 수업하기 편하게 영역별로 편집하였다.

2) 수업하기 불편하게 영역별로 편찬하였다.

　　기타 의견은 (　　)

5. 음악교수참고서 명칭에 대하여 적합하다고 봅니까?

1) 아주 적합하지 않다

2) 적합하지 않다.

3) 보통이다.

4) 적합하다.

5) 아주 적합하다.

　　고친다면 (　　)

6. 구교재 음악교수참고서의 학년별 분량배정은 적합하였다고 봅니까?

1) 아주 적합하지 않다

2) 적합하지 않다.

3) 보통이다.

4) 적합하다.

5) 아주 적합하다.

　　고친다면 (　　)

7. 구교재 음악교수참고서의 영역 분류가 적당하였다고 봅니까?

1) 아주 적당하다.

2) 적당하다.

3) 보통이다.

4) 적당하지 않다.

5) 전혀 적당하지 않다.

　　고친다면 (　　)

8. 구교재 음악교수참고서의 규격과 분량은 어떻다고 봅니까?

1) 분량이 너무 많다.

2) 분량이 조금 많다.

3) 보통이다.

4) 분량이 적다.

5) 분량이 아주 적다.

　　다른 의견이 있다면 (　　)

9. 음악교과서의 내용을 교수참고서에 충분히 반영하여야 한다고 봄

니까?

1) 모두 반영하여야 한다.

2) 조금 반영하여야 한다.

3) 반영하여야 한다.

4) 반영하지 않아도 된다.

5) 반영할 필요가 없다.

　　그 외 의견은 (　　)

10. 구교재 음악교수참고서의 내용이 교사 수준에 맞았다고 봅니까?

1) 잘 맞는다.

2) 조금 맞는다

3) 보통이다.

4) 맞지 않는다.

5) 전혀 맞지 않는다.

　　기타 의견은 (　　)

*음악교사 양성과 재교육에 대하여

1. 소·중학교 음악담당 교사의 학력은 어느 정도여야 한다고 봅니까?

1) 4년제 음악대학

2) 4년제 사범대학음악교육과

3) 대학원 석사과정

　　기타 (　　)

2. 선생님은 출신학교에서 음악교육에 대한 강의를 받았습니까?

1) 일반음악이론만 강의 받았다.

2) 음악교육이론을 강의 받았다.

3) 실기위주로 강의 받았다.

4) 음악이론과 실기 강의 받았다.

3. 선생님은 교직생활 중에 음악교육에 대한 재교육(연수)을 받았습니까?

1) 재교육을 받았다.

　　받았다면 교육시간은?

　　10시간이상, 30시간이상,

　　60시간이상 (　　)

2) 받지 않았다.

4. 재교육 연수는 어디에서 주최하는 것이 좋다고 봅니까?

1) 대학교 사범대학(음악대학)

2) 대학교 예술학원(음악교육)

3) 교원진수학교 및 교육학원

4) 교육행정 기관(교육국)

5. 재교육 연수는 어느 정도 시간을 받는 것이 좋다고 봅니까?

1) 3일 정도(18시간 정도)

2) 5일 정도(30시간 정도)

3) 10일정도(60시간 정도)

4) 학기마다(1-2번 정도)

6. 재교육 연수 내용은 어떤 것을 주로 해야 한다고 봅니까?

1) 음악일반 이론

2) 음악실기

3) 음악교육 이론

4) 음악교육이론과 실기

7. 선생님은 최근 5년 이내에 공개 연구수업을 해 보셨습니까?

1) 해 보았다.

　해 보았다면 횟수는?

　1회. 3회. 5회 이상

2) 하지 않았다.

8. 공개 연구수업을 위해 준비하는 것은?

1) 교수-학습과정안

2) 교수-학습과정안과 학습자료

3) 학습 자료

4) 기타

9. 공개 연구 수업을 하고 나면 토론회를 합니까?

1) 토론회를 전혀 하지 않는다.

2) 토론회를 할 때가 적다.

3) 보통이다.

4) 때론 한다.

5) 아주 잘한다.

10. 음악교육 개선을 위한 의견을 쓰시길 바랍니다.

1)

2)

3)

4)

5)

6)

수고하셨습니다. 감사합니다. 음악교육개선을 위한 자료로 잘 활용하겠습니다.

<부록 1-2> 학생 설문지

중국 조선족 초·중학교
음악공부 실태와 개선을 위한 학생용 설문지

학생 여러분 안녕하세요?

나는 연변대학교 예술학원 음악학부에서 교학을 하던 중 한국교원대학교에서 음악교육박사과정에 다니고 있는 김성희입니다. 나는 "음악교육에 대한 개선 연구" 라는 연구를 하기 위해 조선족 초·중학교 학생들을 대상으로 설문지 작성을 부탁하는 것이니 학생 여러분의 솔직한 의견을 표시하거나 답해 주십시오.

우리 조선족 학교의 음악교육에 대한 실태를 정확히 파악하고 새로운 개선 방안을 찾아내기 위한 연구이니 성실하게 답하여 주시기 바랍니다. 이 설문지는 음악공부 개선을 위한 연구 자료로 활용할 뿐 다른 어느 것으로도 사용하지 않고 공개하지 않을 것이니 염려하지 말고 성의를 다하여 써 주시기 바랍니다.

2007년 월 일까지 도착토록 우송하여 주시길 바랍니다.

2007년 월 일 김성희 올림

☞ 질문 내용과 가장 가깝다고 생각하시는 것 하나를 골라 해당하는 곳에 표(√)로 표시하여 주십시오. 그 외에 다른 사항이 있으면 기타란에 자유롭게 기재하여 주시기 바랍니다.

* 일반사항에 대하여

1. 다니는 학교가 있는 곳은?

 1) 도시   2) 현 소재지

3) 진 소재지   4) 농촌지역

2. 지금의 다니는 학년은 ?

 1) 소학1,2학년

 2) 소학 3,4학년

 3)소학5,6학년 4)중학1학년

 5) 중학 2학년   6) 중학 3학년

3. 학생의 성별은 ?

 1) 남   2) 여

4. 출신 유치원은?

 1) 도시유치원

 2) 현-진 소재유치원

 3) 농촌지역유치원

 4) 안 다님

5. 출신 소학교는?

 1) 도시소학교

 2) 현-진 소재 소학교

 3) 농촌지역소학교(중학생만답)

* 좋아하는 것에 대하여

1. 음악교과 공부는 전체교과 중 몇
번째 정도로 좋아합니까?

 1) 1,2,3위   2) 4,5,6위

 3) 7,8,9위   4) 10,11,12위

2. 음악수업 중 제일 좋은 영역은?

 1) 가요부분   2) 기악부분

 3) 음악 감상   4) 음악활동

    기타 (   )

3. 다음 악기 중 가장 좋아하는 악기
는?

 1) 피아노   2) 손풍금

 3) 전자풍금 4) 민족 악기(장구,

    북, 가야금) 기타(   )

4. 학교에서 배운 노래 중에서 가장
좋아하는 노래는?

1) 교가 또는 국가 2) 동요

3) 민요   4) 외국동요

    기타(   )

5. 가장 존경하거나 좋아하는 음악
가는? 이름쓰기

 1) 중국의 음악가(   )

 2) 우리 민족 음악가(   )

 3) 서양의 음악가(   )

    기타(   )

6. 장래에는 어떤 사람이 되고 싶으
세요?

 1) 성악가 2) 연주가

 3) 무용가 4) 음악선생님

기타 (　)

* 학교 음악공부에 대하여

1. 학교 음악공부는 누가 가르쳐 줍니까?
  1) 담임선생님
  2) 학교음악선생님
  3) 외부음악선생님
    기타 (　)

2. 음악공부는 1주일에 몇 시간 배웁니까?
1) 1 시간   2) 2시간
3) 3시간   기타 (　)

3. 음악시간에는 무슨 책을 가지고 공부합니까?
  1) 음악교과서 2) 음악참고서
  3) 선생님이 만든 음악책
    기타 (　)

4. 음악시간에 무슨 영역 공부를 많이 합니까? 순서대로 번호를 써 넣으세요.
  1) 가창 (　) 2) 기악 (　)
  3) 감상 (　) 4) 이론 (　)

5. 음악시간에는 무슨 영역 공부를 많이 해야 한다고 생각합니까?
  1) 가창 (　) 2) 기악 (　)
  3) 감상 (　) 4) 이론 (　)

6. 음악시간 중 성악(노래하기)지도를 할 때 선생님은 무슨 악기를 가장 많이 사용하십니까?
  1) 피아노 2) 전자풍금
  3) 손풍금 4) 민족 악기
    기타 (　)

7. 음악시험은 어떤 영역을 가장 많이 봅니까? 순서대로 번호를 써 넣으세요?
  1) 가창 (　) 2) 기악 (　)
  3) 이론 (　)
  4) 종합예술표현 (　)

8. 음악시험은 어떻게 평가해야 한다고 생각합니까?
  1) 여러영역을 고르게 합하여 성적을 낸다.
  2) 노래하기, 악기다루기 등 실기시험만으로 성적을 낸다.
  3) 노래하기만으로 성적을 낸다.
  4) 악기다루기 만으로 성적을 낸

다.

5) 종합예술표현으로만 성적을
낸다.

* 음악교과서에 대하여

1. 지금 사용하고 있는 음악교과서
는 배우기에 어려운 정도가 어떠합
니까?
 1) 아주 쉽다.
 2) 쉽다.
 3) 보통이다.
 4) 조금 어렵다.
 5) 많이 어렵다.
2. 음악교과서는 학년별 교과서와
학기별 교과서 중 어느 것이 좋다고
봅니까?
 1) 학년별 통합교과서(상+ 하)
 2) 학기별 교과서(상, 하)
3. 지금 사용하고 있는 음악교과서
는 음악시간에 비하여 분량(공부 할
내용)이 어떻다고 생각합니까?
 1) 분량이 너무 적다.
 2) 분량이 적다.

3) 분량이 적당하다.
4) 분량이 많다.
5) 분량이 너무 많다.
4. 지금 사용하고 있는 음악교과서
는 다른 교과서에 비하여 아름답게,
보기 좋게 꾸몄다고 생각하십니까?
 1) 잘 꾸미지 못했다.
 2) 꾸미지 못했다.
 3) 보통이다.
 4) 조금 잘 꾸몄다.
 5) 아주 잘 꾸몄다.
5. 지금 사용하고 있는 음악교과서
의 각 영역별구성 비례는 타당하게
되어 있다고 생각하십니까?
 1) 너무 안 되어 있다.
 2) 안 되어 있다.
 3) 보통으로 되었다.
 4) 조금 되어 있다.
 5) 너무 잘 되어 있다.
6. 지금 사용하고 있는 음악교과서
에 나오는 노래 곡목에는 어떤 것이
많이 들어가는 것이 좋다고 봅니까?
 1) 다른 나라 노래
 2) 우리민족 노래

3) 중국 노래

　기타 (　　)

＊ 과외 음악공부에 대하여

1. 과외 음악공부는 누가 가르쳐 줍
니까?

　1) 담임선생님

　2) 학교음악선생님.

　3) 외부음악선생님

　4) 학원 선생님

2. 과외 음악공부는 1주일에 몇 시
간 정도 합니까?

　1) 1 시간　　2) 2시간

　3) 3시간　　　기타 (　　)

3. 과외 음악시간에는 무슨 책을 가
지고 공부합니까?

　1) 음악교과서　2) 음악참고서

　3) 선생님이 만든 음악책

4. 과외 음악활동에 무슨 영역 활동
을 많이 합니까?

　1) 가창활동　2) 기악연주활동

3) 창작활동　기타 (　　)

5. 과외 음악시간에는 무슨 영역 공
부를 많이 해야 한다고 생각합니까?

　1) 가창 (　　) 2) 기악 (　　)

　3) 이론 (　　) 기타 (　　)

6. 과외 음악시간 중 가창(노래하기)
지도를 할 때 선생님은 무슨 악기를
가장 많이 사용하십니까?

　1) 피아노　2) 전자풍금

　3) 손풍금　기타 (　　)

7. 과외 음악공부를 할 때 1개월에
과외비를 얼마 정도 내고 공부합니
까?

　1) 100-200원 정도

　2) 200-500원 정도

　3) 500-1,000원

　　기타 (　　　　)

수고하셨습니다. 감사합니다. 음악
교육 개선을 위한 자료로 잘 활용하
겠습니다.

<부록 1-3> 교사 설문지 – '일반사항'에 대한 분석

선생님의 근무지?	도시		현소재지		진소재지		농촌
	48%(24)		42%(21)		6%(3)		4%(2)
선생님의 교직경력?	30년 이상		11-20년		5-10년		5년 미만
	6%(3)		58%(29)		28%(14)		8%(4)
선생님의 성별	남				여		
	22%(11)				74%(37)		
선생님의 출신학교는?	사범대학		사범전과		음악학원		일반대학
	14%(7)		40%(20)		40%(20)		6%(3)
선생님의 담당교과는?	음악교과전담		음악교과와 예능 교과		음악교과와 일반 교과		음악교과와 담임
	68%(34)		24%(12)		8%(4)		
선생님의 담당학년은?	소학교 1,2,3학년	소학교 4,5,6학년	중학교 1학년		중학교 2학년		중학교 3학년
	40%	32%	22%		20%		8%
선생님의 전공영역은?	성악		기악		이론		무용
	42%(21)		64%(32)		10%(5)		14%(7)
선생님의 지도영역은?	가요		기악		이론		과외예술 활동
	40%(20)		44%(22)		10%(5)		42%(21)
선생님의 최고학력은?	전과		본과		석사		박사
	48%(24)		50%(25)		2%(1)		

<부록 1-4> 교사 설문지 – '음악과정표준'에 대하여

교육과정의 개정주기?	5년	10년
	78%(39)	14%(7)
새로운 음악교육 과정을 개정한다면?	소학교와 중학교를 통합한 교육과정	소학교와 중학교를 분리한 교육과정
	34%(17)	58%(29)

음악과정표준의 교육이념?	조선족 민족음악 특성에 맞게		중국 특성에만 맞게		기본은 중국, 정신은 조선족에 맞게	
	26%(13)		12%(6)		56%(28)	
음악교육과정 편성작업은?	교육과정 행정 담당자	대학교수		행정담당자, 대학 교수		현직교사, 음악 교육전문가
	28%(14)	4%(2)		8%(4)		66%(33)
"음악교육과정표 준"의 명칭에 대하여?	아주 적합하지 않다	적합하지 않다	보통이다	적합하다		아주 적합하다
		6%(3)	34%(17)	44%(22)		6%(3)
음악과정표준의 학년별 교학 분량 배정은?	아주 적합하지 않다	적합하지 않다	보통이다	적합하다		아주 적합하다
		28%(14)	34%(17)	22%(11)		6%(3)
음악과정표준 영역 분류는?	전혀 적당하지 않다	적당하지 않다	보통이다	적당하다		아주 적당하다
		18%(9)	28%(14)	34%(17)		6%(3)
학교, 사회발전 신정에 적합한가?	아주 적합하지 않다	적합하지 않다	보통이다	적합하다		아주 적합하다
		18%(9)	50%(25)	22%(11)		
음악과정표준을 읽어보고 연구한적이?	전혀 읽어보지 않았다	읽어본 적이 있다	보통이다	읽어보았다		읽어보면서 연구하였다
		18%(9)	18%(9)	44%(22)		12%(6)

<부록 1-5> 교사 설문지 – '음악교과서'에 대하여

음악교과서의 개정 주기는?	5년		10년	
	74%(37)		14%(7)	
새로운 음악교과서 를 개정한다면?	학기별		학년별	
	30%(15)		58%(29)	
음악교과서의 편찬 작업은?	교육과정행정 담당자	대학교수	행정담당자 대학교수	현직교사 음악교육전문가
	22%(11)	4%(2)	10%(5)	74%(37)
음악교과서의 편집 순서는?	수업하기 편하게		수업하기 불편하게	
	64%(32)		20%(10)	

음악교과서의 명칭에 대하여?	아주 적합하지 않다	적합하지 않다	보통이다	적합하다	아주 적합하다
		6%(3)	44%(22)	40%(20)	
음악교과서의 학년별 교학 분량배정은	아주 적합하지 않다	적합하지 않다	보통이다	적합하다	아주 적합하다
		6%(3)	56%(28)	28%(14)	
음악교과서의 영역 분류는?	전혀 적당하지 않다	적당하지 않다	보통이다	적당하다	아주 적당하다
		12%(6)	56%(28)	22%(11)	
음악교과서의 규격과 분량은?	아주 적합하지 않다	적합하지 않다	보통이다	적합하다	아주 적합하다
	6%(3)	18%(9)	44%(22)	22%(11)	
음악교과서의 내용이 교과표준을 반영한 정도?	전혀 반영하지 못했다	반영하지 못했다	보통이다	반영하였다	아주 잘 반영하였다
		34%(17)	22%(11)	28%(14)	6%(3)
음악교과서의 내용 수준은?	잘 맞는다	맞는다	보통이다	맞지 않는다	전혀 맞지 않음
	6%(3)	22%(11)	50%(25)	12%(6)	6%(3)

<부록 1-6> 교사 설문지 - '음악교수참고서'에 대하여

음악교수 참고서의 개정주기?	5년		10년	
	74%(32)		14%(7)	
새로운 음악교수 참고서를 개정한다면?	학기별		학년별	
	38%(19)		56%(28)	
음악교수참고서의 편찬작업은?	교육과정행정담당자	대학교수	행정담당자 대학교수	현직교사 음악교육전문가
	24%(12)	2%(1)	16%(8)	72%(36)

음악교수참고서의 편집순서는?	수업하기 편하게		수업하기 불편하게		
	50%(25)		38%(19)		
음악교수참고서의 명칭에 대하여?	아주 적합하지 않다	적합하지 않다	보통이다	적합하다	아주 적합하다
		12%(6)	50%(25)	28%(14)	
음악교수참고서의 학년별 교학 분량 배정은?	아주 적합하지 않다	적합하지 않다	보통이다	적합하다	아주 적합하다
		28%(14)	34%(17)	18%(9)	
음악교수참고서의 영역 분류는?	전혀 적당하지 않다	적당하지 않다	보통이다	적당하다	아주 적당하다
		28%(14)	44%(22)	12%(6)	
음악교수참고서의 규격과 분량은?	아주 적합하지 않다	적합하지 않다	보통이다	적합하다	아주 적합하다
		28%(14)	40%(20)	12%(6)	
음악교수참고서의 내용이 교과표준을 반영한 정도?	전혀 반영하지 못했다	반영하지 못했다	보통이다	반영하였다	아주 잘 반영하였다
	44%(22)	22%(11)	12%(6)	6%(3)	
음악교수참고서의 내용수준은?	잘 맞는다	맞는다	보통이다	맞지 않는다	전혀 맞지 않는다
	6%(3)	34%(17)	40%(20)	6%(3)	

<부록 1-7> 교사 설문지 – '음악교사 양성과 재교육'에 대하여

음악교사에 대한 학력 요구	4년제 음악대학	4년제 사범대학 음악교육과	대학원 석사과정	기타
	38%(19)	62%(31)	4%(2)	6%(3)
출신학교에서 배운 내용	일반음악 이론만	음악교육이론	실기위주로	음악이론과 실기
	26%(13)	58%(28)	28%(14)	12%(6)
재교육받은 정황	재교육을 받았다		재교육을 받지 않았다.	
	88%(44)		12%(6)	
재교육 연수 주최단위는?	대학교 사범대학	대학교 예술학원	교원진수 학교 및 교육학원	교육행정 기관 (교육국)

	32%(16)	44%(22)	38%(19)	
재교육 연수 시간은?	3일정도 (18시간)	5일 정도 (30시간)	10일 정도 (60시간)	학기마다 (1-2번 정도)
	8%(4)	24%(12)	46%(23)	22%(11)
재교육 연수내용	음악일반이론	음악실기	음악교육 이론	음악교육이론과 실기
	10%(5)	12%(6)	22%(11)	70%(35)
공개 연구수업 정황(5년내)	해보았다		하지 않았다	
	90%(45)		6%(3)	
공개수업을 위해 준비	교수-학습 과정안	교수-학습과정안과 학습자료	학습자료	기타
	18%(9)	80%(40)	8%(4)	4%(2)
공개연수 수업후 토론회	토론회를 전혀 안함	토론회를 할 때가 적음	보통이다	때론한다	아주잘한다
		12%(6)	12%(6)		62%(31)

<부록 1-8> 학생 설문지 - '일반적 사항'에 대하여

다니는 학교가 있는 곳은?	도시	현소재지	진소재지	농촌지역		
	52.93%	5.69%	24.08%	8.34%		
지금 다니는 학년은?	소학교 1-2학년	소학교 3-4학년	소학교 5-6학년	중학교 1학년	중학교 2학년	중학교 3학년
	5.61%	9.66%	38.50%	13.64%	13.80%	11.85%
학생의 성별은?	남			여		
	47.39%			52.14%		
출신 유치원은?	도시유치원	현-진 소재유치원	농촌유치원	안 다닌 학생		
	41.23%	31.25%	19.72%	3.12%		
출신 소학교는?	도시소학교	현-진 소재소학교	농촌지역소학교			
	39.83%	32.58%	17.93%			

<부록 1-9> 학생 설문지 - '좋아하는 것'에 대하여

음악교과의 전체 교과중 몇 번째?	1,2,3위	4.5.6위	7.8.9위	10,11,12위	
	40.76%	29.46%	13.56%	10.91%	
음악수업중 제일 좋은 영역?	가요 부분	기악 부분	음악 감상	음악 활동	기타
	18.24%	13.56%	47.93%	9.43%	7.64%
가장 좋아하는 악기?	피아노	손풍금	전자풍금	민족 악기	기타
	46.30%	7.56%	11.07%	11.77%	22.68%
가장 좋아하는 노래는?	교가 또는 국가	동요	민요	외국동요	기타 (현대가요)
	20.42%	20.19%	9.20%	13.95%	33.44%
좋아하는 음악가?	중국	우리 민족	서양	기타 (현대가수)	
	27.05%	29.31%	32.27%	15.20%	
미래 되고 싶은 사람은?	성악가	연주가	무용가	음악선생님	기타
	14.81%	9.66%	5.53%	14.26%	48.71%

<부록 1-10> 학생 설문지 - '학교 음악공부'에 대하여

음악공부는 누가?	담임선생님	학교음악선생님	외부음악선생님	기타
	5.07%	85.50%	1.79%	5.69%
음악공부는 1주일에 몇 시간?	1시간	2시간	3시간	기타
	50.97%	21.20%	0.94%	7.87%
음악시간에 무슨 책을 사용?	음악교과서	음악참고서	선생님이 만든 음악책	기타
	85.11%	2.73%	3.20%	4.75%
무슨 영역의 공부를 많이 합니까?	가창	기악	감상	이론
	50.66%	6.47%	29.46%	8.42%
무슨 영역의 공부를 많이 해야 합니까?	가창	기악	감상	이론
	40.22%	12.39%	29.46%	7.64%
가창지도를 할 때 무슨 악기를 많이 사용?	피아노	전자풍금	손풍금	민족 악기 기타
	7.33%	70.85%	10.44%	4.68%

음악시험은 어떤 영역을 많이 봅니까?	가창	기악	이론	종합예술표현
	34.14%	19.64%	15.90%	24.55%
음악시험은 어떻게 평가?	여러 영역 고르게	실기시험만	노래하기만	악기다루기만	종합예술표현으로만
	26.11%	17.85%	14.58%	6.00%	28.22%

<부록 1-11> 학생 설문지 – '음악교과서'에 대하여

음악교과서의 어려운 정도	너무 쉽다	조금 쉽다	보통이다	어렵다	아주 어렵다
	35.70%	29.93%	15.2%	5.92%	13.25%
음악교과서는 학년별, 학기별이 어느 것이?	학년별			학기별	
	52.92%			39.44%	
음악교과서의 분량에 대하여?	분량이 아주 적다	분량이 적다	보통이다	분량이 많다	분량이 아주 많다
	26.97%	19.17%	36.63%	6.63%	9.98%
음악교과서는 아름답게, 보기 좋게 꾸몄는가?	잘 꾸미지 못했다	꾸미지 못했다	보통이다	조금 잘 꾸몄다	아주 잘 꾸몄다
	14.96%	44.97%	13.88%	20.58%	5.61%
음악교과서의 영역별 구성 비례는?	너무 잘 되지 못함	잘 되지 못함	보통이다	잘 되었다	아주 잘 되었다
	13.56%	10.13%	8.34%	35.00%	32.97%
음악교과서에 나오는 노래곡목은?	다른 나라 노래	우리민족 노래	중국노래	기타	
	21.12%	45.36%	16.76%	11.93%	

부록 2

<부록 2-1> 소학교 1학년 음악교과서 내용구성 분석

번호	이론영역 내용구성			가창곡 내용구성(국가별, 곡의 형태)	
	악기소개	음악지식	종합연습	가창곡	음악감상
상1				조선족	미국동요
2			음악유희	외국동요	조선족
3	카스타네트	음의길이	음악유희	조선족	외국동요
4			음악유희	일본동요	독일
5		음의강약	음악유희	조선족	조선
6	트라이앙글			조선족	오지리
7	탬부린		음악유희	조선족	조선민요
8			음악유희	조선족	오지리
9			음악유희	조선족	프랑스
10			음악유희	영국아동가요	조선족
하1	방울	음의 높고낮음		우크라이나민요	일본 동요
2			음악유희	조선족	노르웨이
3	종		음악유희	조선족	조선민요
4			음악유희	중국동요	미국
5	목탁		음악유희	조선족	노르웨이
6			음악유희	조선족	중국
7	우드불로크			뽈스까동요	오지리
8			음악유희	조선족	아제르바이쟌 동요
9				조선족	로씨야
10	마라카스		음악유희	조선족	독일

<부록 2-2> 소학교 2학년 음악교과서 내용구성 분석

번호	내용구성방법			기창곡내용구성 (국가별, 곡의 형태)	
	악기이해	음악지식	종합연습	가창곡	음악감상
상1		2/4박자		중국	중국
2			음악유희	외국동요	프랑스
3		3/4박자	음악유희2	조선동요	미국
4			음악유희	조선족	뽈스까
5	합주연습		음악유희	외국동요	조선
6		안땅장단	음악유희	조선	조선민요
7			음악유희	조선족	조선
8	리듬악기합주		음악유희	조선족	조선족
9			음악유희	외국동요	프랑스
10			음악유희	조선족	오지리
하1		5선4간, 고음 높이표	음악유희	독일아동가요	조선족
2			음악유희	조선족	조선족
3	악기합주		음악유희	조선동요	외국
4			음악유희	조선족	독일
5		소절, 소절선, 종결선	음악유희	조선족	독일
6			음악유희	조선족	조선민요
7	악기합주	4/4박자	음악유희	외국동요	독일
8			음악유희	프랑스동요	중국
9			음악유희	중국	중국
10		목소리의 분류	음악유희	조선족	조선족

<부록 2-3> 소학교 3학년 음악교과서 내용구성 분석

번호	내용구성방법			가창곡내용구성 (국가별, 곡의 형태)	
	악기소개	음악지식	종합연습	가창곡	음악감상
상1		윤창	음악유희	조선족	조선민요
2	리코터		음악유희	조선족	조선족
3	리코더연습		음악유희	조선족	조선동요
4		8분 소리표	음악유희	조선동요	조선족
5	리듬악기연습	속도술어		중국	프랑스
6	리듬악기연습			조선족	독일
7		2분소리표	음악유희	조선민요	조선민요
8		강약표	음악유희	조선족	프랑스
9	리코더연습		음악유희	미국동요	프랑스
10		16분소리표	음악유희	일본동요	로므니아
하1		4분쉼표	음악유희	조선족	미국
2		2박자지휘도식	음악유희	조선동요	조선족
3	하모니카		음악유희2	독일동요	프랑스
4		8분쉼표	음악유희	조선민요	외국동요
5		속도표	음악유희	외국동요	독일
6	리듬악기연습		음악유희	조선	조선족
7		3박자지휘도식	음악유희	체스꼬민요	중국
8		옹근소리표	음악유희	조선족	구쏘련
9			음악유희	조선족	독일
10	리듬악기 합주연습		음악유희	조선족	로씨야

<부록 2-4> 소학교 4학년 음악교과서 내용구성 분석

번호	내용구성방법			가창곡내용구성 (국가별, 곡의 형태)	
	악기소개	음악지식	종합연습	가창곡	음악감상
상1	서양현악기	4분점소리표	음악유희	조선족	체스꼬
2		8분점소리표	음악유희	조선족	조선족
3			음악유희	외국	웽그리아
4		2분점소리표	음악유희	조선가요	조선
5	건반악기	4박자지휘도식		조선족	조선족
6		이강음	음악유희	조선족	영국
7	서양목관악기		음악유희2	조선족	프랑스
8		반복표	음악유희	에스빠냐동요	조선족
9	리듬악기연주		음악유희	조선민요	단마르크 민요
10	리듬악기합주		음악유희	조선족	중국
하1		선율진행	음악유희	조선족	프랑스
2	금관악기	레가토, 타이	음악유희	조선족	조선족
3			음악유희	중국	프랑스
4			음악유희	조선족	조선족
5			음악유희	독일동요	중국
6	타악기		음악유희	조선	프랑스
7		민요	음악유희	조선민요	조선민요
8		변음표	음악유희	조선족	뽈스까
9	기악합주		음악유희	로므니아	조선족
10		취주악	음악유희	조선족	조선족

<부록 2-5> 소학교 5학년 음악교과서 내용구성 분석

번호	내용구성방법			가창곡내용구성 (국가별, 곡의 형태)	
	악기소개	음악지식	종합연습	가창곡	음악감상
상1			음악유희	조선동요	조선민요
2			음악유희	조선족	중국
3		휄마따	음악유희	조선족	조선족
4	리듬악기 연주		음악유희	조선족	조선족
5		6/8박자	음악유희	일본	독일
6			음악유희	조선족	중국
7		6박자 지휘도식	음악유희	한국	조선민요
8	리듬악기 합주		음악유희	오지리	조선족
9			음악유희	유고슬라비아	중국
10	리듬악기 합주		음악유희	중국	미국
하1	리듬악기 합주		음악유희	오지리	독일
2			음악유희	중국	우르꽈이-아르헨띠나
3			음악유희	조선족	영국
4	리듬악기 합주	만장단	음악유희	조선족	외국
5		9/8박자의 강약	음악유희	조선민요	조선족
6		아름다운 소리내기	음악유희	중국	중국
7	리듬악기 합주		음악유희	조선족	중국
8			음악유희	조선족	조선족
9			음악유희	조선족	중국
10			음악유희	조선족	조선, 한국

<부록 2-6> 소학교 6학년 음악교과서 내용구성 분석

번호	내용구성방법			가창곡내용구성 (국가별, 곡의 형태)	
	악기소개	음악지식	종합연습	가창곡	음악감상
상1		속도표	음악유희	조선족	중국
2			음악유희	슬로벤스꼬	외국
3			음악유희	조선족	스웨리예
4		변환박자	음악유희	조선족	중국
5	기악합주	5음음계	음악유희	조선민요	조선민요
6		강약표	음악유희	조선족	중국
7		변성기의 성대보호	음악유희	중국	오지리
8			음악유희	조선족	조선
9			음악유희	독일	쏘련
10	기악합주	자연대조음계	음악유희	조선족	조선족
하1			음악유희	조선족	조선
2	리듬악기합주		음악유희	일본동요	중국
3	리듬악기합주		음악유희	조선족	로씨야
4		12/8박자의 강약	음악유희	조선족	프랑스
5			음악유희	조선족	이딸리아
6			음악유희	독일	독일
7		조선민요의 일반적 인 특성	음악유희	조선민요	조선
8	리듬악기합주		음악유희	인도네시아민요	독일
9			음악유희	조선족	중국
10			음악유희	조선족	중국

<부록 2-7> 중학교 1학년 음악교과서 내용구성 분석

번호	내용구성방법			가창곡내용구성 (국가별,곡의형태)	
	악기소개	음악지식	종합연습	가창곡	음악감상
상1		행진곡, 음의 네가지 성질, 음의 4대요소	실천과 창조	조선족	독일, 오지리
2		가요의 악식결구 변성기	실천과 창조	조선족	조선족, 영국
3	리듬악기합주	무곡, 선률 중복진행	실천과 창조	조선족	중국
4		선률 모방진행, 송가	실천과 창조	조선족	중국, 중국
5		양산도장단, 조선민요	실천과 창조	조선민요	조선민요
6		음정, 교향시	실천과 창조	중국	조선족, 중국
7	리듬악기합주		실천과 창조	로씨야민요	로씨야
하1		3박자지휘법, 속도표, 탕고	실천과 창조	조선족	조선족, 미국
2		폴카, 절분음	실천과 창조	조선족	조선족, 오지리
3		화음, 3화음, 강약표	실천과 창조	조선족	중국, 미국
4	장구 기악합주	굿거리장단, 협주곡	실천과 창조	조선민요	오지리,중국,이딸리아
5		자장가,4박자지휘법	실천과 창조	외국	오지리, 오지리
6	장구연습	가극,	실천과 창조	조선	조선
7		교향음악	실천과 창조	로므니야	외국, 로씨야

<부록 2-8> 중학교 2학년 음악교과서 내용구성 분석

번호	내용구성방법			가창곡내용구성 (국가별,곡의형태)	
	악기소개	음악지식	종합연습	가창곡	음악감상
상1		무용극	실천과 창조	조선족	로씨야

2		성악연주형식, 장식음	실천과 창조	조선족	조선족
3	기악합주2	바로끄음악	실천과 창조	일본민요	이딸리아
4		변주곡형식	실천과 창조	조선족	외국, 오지리
5	기악합주		실천과 창조	중국	조선민요 프랑스
6		고전파음악 및 그 특징	실천과 창조	조선민요	조선족, 오지리
7			실천과 창조	외국	조선족, 로씨야
하1	기악합주	원무곡, 랑만파음악과 그 특징	실천과 창조	조선족	조선족, 독일
2		약기박자, 스타카토와 테누토	실천과 창조	이딸리아민요	에스빠냐, 조선
3		쏘나타, 쏘나타형식	실천과 창조	조선족	오지리, 독일
4		《조》란	실천과 창조	구쏘련	로씨야민요,
5	리듬악기 연주	민족악파음악과 그 특징	실천과 창조	미국	중국, 노르웨이
6		관현악 편성	실천과 창조	조선족	중국, 스위스
7	리듬악기 연주		실천과 창조	한국	독일, 프랑스

<부록 2-9> 중학교 3학년 음악교과서 내용구성 분석

번호	내용구성방법			가창곡내용구성 (국가별, 곡의형태)	
	악기소개	음악지식	종합연습	가창곡	음악감상
상1			실천과 창조	조선족	조선족, 조선족
2			실천과 창조	조선족	프랑스, 중국
3			실천과 창조2	미국	오지리, 로씨야
4		근대, 현대음악과 그 특징	실천과 창조	조선족	조선족, 미국
5			실천과 창조	조선족	로므니아, 체스꼬

6			실천과 창조	조선신민요	조선족, 조선
7			실천과 창조	스코틀랜드 민요	체스꼬, 체스꼬
하1			실천과 창조	조선족	프랑스, 프랑스
2			실천과 창조	외국	미국, 중국
3			실천과창조	조선족	로씨야, 중국
4		가극, 아리아	실천과 창조	한국	조선, 로씨야
5			실천과 창조	미국	미국, 독일
6	리듬악기 연주		실천과 창조	중국	프랑스, 중국
7		교향곡	실천과 창조	조선족	미국, 독일

부록 3

<부록 3-1> 초·중학교 음악교과서의 강약·속도 용어 비교 분석

구분	원어(영어)	중국 조선족 음악교과서	한국 음악교과서
강약 ― 셈 여림 ―	pp	피아니시모(아주약하게)	피아니시모(매우여리게)
	p	피아노(약하게)	피아노(여리게)
	mp	메조피아노(좀약하게)	메조피아노(조금여리게)
	mf	메조포르테(좀강하게)	메조포르테(조금세게)
	f	(포르테)(강하게)소6	포르테(세게)
	ff	포르테씨모(아주강하게)	포르티시모(매우세게)
	cresc<	크레쎈토(점차강하게)	크레센도(점점세게)
	decresc>	데크레쎈토(점차약하게)	데크레센도(점점여리게)
	dim	디미누엔드(점차약하게)	디미누엔도(점점여리게)
	fine	Fine 끝	피네(끝)
	accent	이강음	악센트(센소리)
속도 ― 빠 르 기	Adagio	아다지오(천천히)	아다지오(아주느리게)
	Andante	안단테(약간느리게)	안단테(느리게)
	Andantino	안단티노(걸음거리보다좀빨리)	안단티노(조금느리게)
	Allegretto	알레그레토(좀빠르게)	알레그레토(조금빠르게)
	Allegro	알레그로(활기있고빠르게)	알레그로(빠르게)
	a tempo	아템포(원래속도로)	아템포(본디 빠르기로)
	Lento	렌토(천천히)	렌토(아주 느리게)
	Moderato	모테라토(보통속도로)	모데라토(보통빠르기로)
	Poco rit	Poco rit(약간 점점 느리게)	포코리타르단도(조금씩점점느리게)
	Presto Vivace	Presto Vivace	프레스토비바체(아주빠르게)
	rit	리타르단도(점차 느리게)	리타르단도(아주느리게)
	Vivace	비바체(생기있고, 빠르게)	리바체(아주빠르게)

<부록 3-2> 초·중학교 음악교과서의 용어 호칭 비교 분석

번호	중국 조선족 음악교과서	한국 음악교과서
1	소리표	음표
2	옹근 소리표	온음표
3	대조	장조
4	소조	단조
5	자연 대음계	자연장음계
6	자연 소음계	자연단음계
7	주 화음-(도.미.솔)	으뜸화음
8	하속화음-(파.라.도)	버금딸림화음
9	속 화음-(쏠.시.레)	딸림화음
10	속7 화음-(쏠.시.레.화)	딸림 7화음
11	# 올림표	샤프
12	♭ 내림표	플랫
13	제자리표	내추럴
14	소절선	세로줄
15	종결선	끝세로줄
16	삼련음	셋잇단음
17	소절	마디
18	악절	두마디
19	악구	4마디(앞 작은 악절)
20	악단	8마디(큰 악절) 한도막
21	반복기호	도돌이표
22	⁀ 연장기호(훨마따)	늘임표
23	⁀ 연결선	붙임줄
24	𝄞 고음높이표	높은음 자리표
25	𝄢 저음부 기표	낮은음 자리표
26	중음부 기표	가온음 자리표
27	경과음	지남음

<부록 3-3> 음악교과서에 나타난 속도와 정서표현 분석

1	열정적으로 쾌활하게	28	성수나게
2	빠르고 수다스럽게	29	약간 빠르게 재미나게

3	환락적으로 활발하게	30	느리지 않게
4	좀 늦게 송가적으로	31	빠르지 않게
5	서글픈 정서	32	환상에 잠겨 빠르지 않게
6	쾌활한 정서	33	활발하게
7	안온한 정서	34	들썽들썽하게
8	생기있고 활발하게	35	좀 느리게 서정적으로
9	이야기하듯이	36	좀 빠르게 활발하게
10	약간 느리고 절절하게	37	아름답게
11	약간 빠르고 흥겹게	38	즐겁게
12	깜찍하게	39	환락적으로
13	재미나게	40	서정적으로
14	덤비지 말고	41	조용히
15	빠르지 않게	42	열렬하고도 쾌활하게
16	열정적으로 빠르게	43	자랑차게
17	좀 빨리	44	약동적으로
18	원무곡 속도로	45	친절하게
19	류창하고 부드럽게	46	좀 빠르고 성수나게
20	거칠게	47	자유롭게
21	흥겹게	48	포근하게
22	명랑하게	49	정겹게
23	사랑스럽게	50	빠르지 않고 정답게
24	경쾌하게	51	좀 빠르고 명랑하게
25	경쾌하고 아름답게	52	랑만적으로
26	경쾌하고 락천적으로	53	절절하게
27	좀 빠르게		
행진조로	행진조로 행진조로 경쾌하게 행진조로 자랑스럽게 행진조로 박력있게 행진조로 명랑하게	보통속도로	보통 속도로 보통속도로 폭넓게 보통속도로 명랑하게 보통속도로 재미있게 보통속도로 흥겹게 보통속도로 부드럽게
장단정서	양산도 장단으로 흥겹게 굿거리장단으로 흥겹게 서정장단 맑은 정서로 만장단 즐겁게		보통속도로 즐겁게 보통속도로 아름답게 보통속도로 박력있게 보통속도로 다정하게

부록 4

<부록 4-1> 중국교육위원회 행정기관조직도

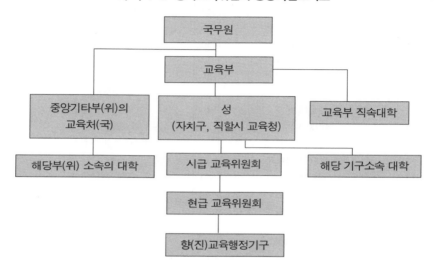

<부록 4-2> 중국 현행 각급 소수민족 교육행정 계통 조직도

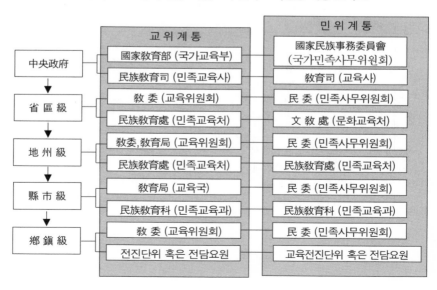

	교 위 계 통	민 위 계 통
中央政府	國家敎育部 (국가교육부)	國家民族事務委員會 (국가민족사무위원회)
	民族敎育司 (민족교육사)	敎育司 (교육사)
省 區 級	敎 委 (교육위원회)	民 委 (민족사무위원회)
	民族敎育處 (민족교육처)	文 敎 處 (문화교육처)
地 州 級	敎委, 敎育局 (교육위원회)	民 委 (민족사무위원회)
	民族敎育處 (민족교육처)	民族敎育處 (민족교육처)
縣 市 級	敎育局 (교육국)	民 委 (민족사무위원회)
	民族敎育科 (민족교육과)	民族敎育科 (민족교육과)
鄕 鎭 級	敎 委 (교육위원회)	民 委 (민족사무위원회)
	전진단위 혹은 전담요원	교육전진단위 혹은 전담요원

<부록 4-3> 중국의 현행 학제

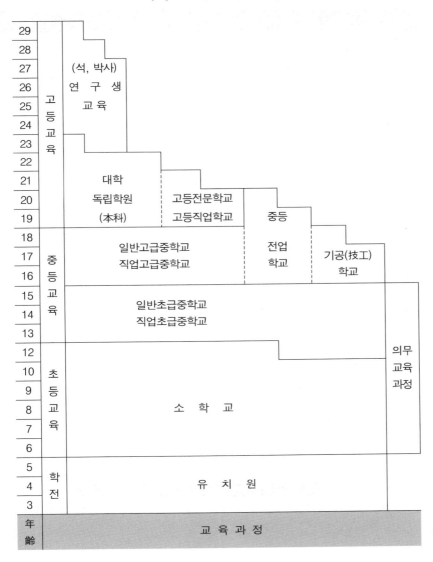

<부록 4-4> 중국 소수민족 인구 및 지역 분포 현황도

민족	인구	100 200 300 400 500 600 700 800 900 1000 1500	
장족 壯族	15,555,820		광서.운남,관동
만족 滿族	9,846,776		요녕,길림,흑룡강, 내몽고,하북
회족 回族	8,612,001		연하,감숙,하남, 신강 등 18개성
묘족 苗族	7,383,622		귀주,호남,광서, 중경,호북,사천
위글족 維吾爾族	7,207,024		신강
이족 (彝族)	6,578,524		운남,사천,귀주
토가족 (土家族)	5,725,049		내몽고,요녕,길림, 하북,흑룡강,신강
몽고족 (蒙古族)	4,802,407		내몽고, 동북3성, 감숙,청해,신강
장족 (藏族)	4,593,072		서장,서강,청해,감 숙,사천,운남
포의족 (布依族)	2,548,294		귀주
동족 (侗族)	2,508,624		귀주,호남,관서
요족 (瑤族)	2,137,033		광서,호남,운남, 광동
조선족 (朝鮮族)	1,923,361		길림,요녕,흑룡강
55족 계	90,567,944		중국 전체

부록 5

<부록 5-1> 조선족 소·중학교 음악교과서 실물도

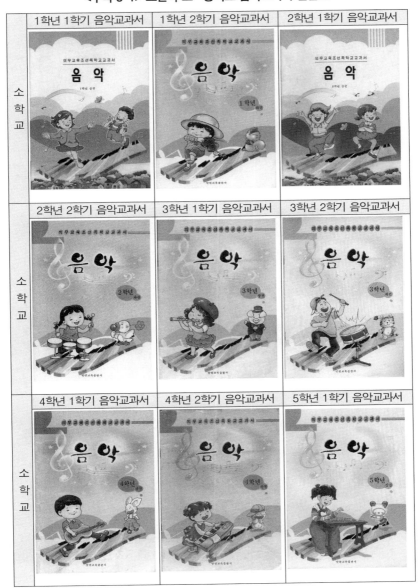

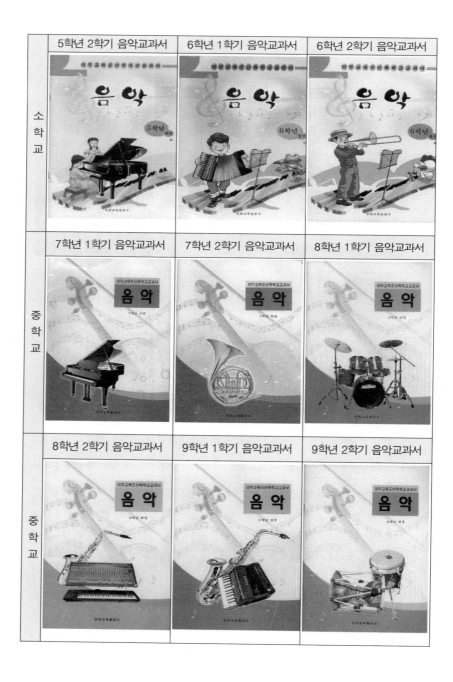

<부록 5-2> 조선족 소학교 음악교과서 내용 악보 및 삽화 실물도

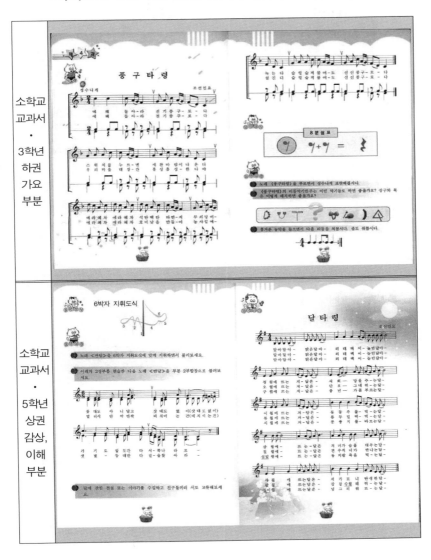

<부록 5-3> 조선족 소학교 음악교과서 내용 악보 및 삽화 실물도-2

<부록 5-4> 조선족 중학교 음악교과서 내용 악보 및 삽화 실물도-1

<부록 5-5> 조선족 중소학교 음악교과서 자기평가, 음악회 실물도

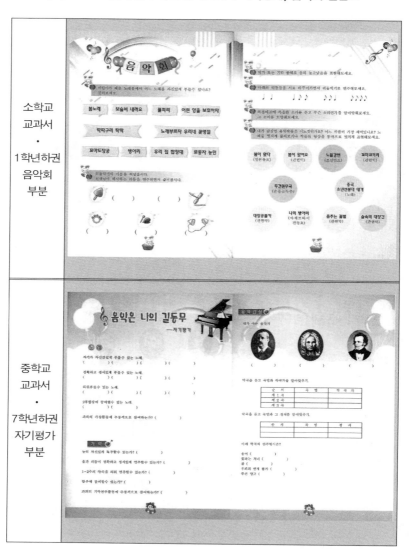

부록 6

<부록 6-1> 중국 조선족 개량악기

피 리	해 금
단 소	가 야 금
연변양금	고음젓대
중음젓대	저음젓대
장새남	장 고

<부록 6-2> 중국 조선족 음악-예술 활동

<부록 6-3> 중국 조선족 음악-예술 활동

<부록 6-4>중국 조선족 음악-예술 활동

359

찾아보기

용어편

【ㄱ】

인명편

저자 **김성희** 金成姬 중국 연변대학교 예술학원 교수

중국 길림성 도문시 출생 | 중국 연변대학교 예술학부 졸업(음악교육) | 서울대학교 대학원 음악학 석사졸업(음악학 석사) | 한국교원대학교 대학원 음악교육 박사 졸업(교육학 박사)

주요 논문「중국 조선민족 음악의 실태와 전망」「중국의 교육제도와 조선족 초등음악교육 현황」「중국 조선민족대학 음악교육의 실태와 전망」「종합성 예술표현수업의 연구」「중국 조선족 민요의 형성과 음악적 특성」「중국 땅에서의 청주아리랑과 음악적 특징 고찰」「中-韩小学校中学年音乐科教科书歌唱领域内容」「中国东北三省朝鲜族中小学音乐教科书分析」「音乐课程的教育理论之我见」등

중국 조선족 음악교육의
변천 과정 및 발전 방안

1판 1쇄 인쇄 2008년 4월 30일
1판 1쇄 발행 2008년 5월 15일

지은이 김성희
펴낸이 박길수
편집인 소경희
디자인 이주향
마케팅 김미애

펴낸곳 도서출판 모시는사람들(1994.7.1 제1-1071)
　　　　110-775 서울시 종로구 경운동 88 수운회관 1207호
　　　　전화 02-735-7173   팩스 02-730-7173
　　　　http://www.donghakbook.com | sichunju@hanmail.net

용지 종이와믿음(02-2263-5426)
출력 삼영그래픽스(02-2277-1694)
인쇄제본 (주)상지피엔비(031-955-3636)

ⓒ 김성희 | 도서출판 모시는사람들, 2008

ISBN 978-90699-57-2